日本最漫長的一天

半藤一利

楊慶慶、王萍、吳小敏 譯

日本のいちばん長い日——運命の八月十五日

日本最漫長的一天

日本のいちばん長い日——運命の八月十五日

作者｜半藤一利
譯者｜楊慶慶、王萍、吳小敏
總編輯｜富察　責任編輯｜洪源鴻　企劃｜蔡慧華
封面設計｜莊謹銘　內頁排版｜洪祥閔

社長｜郭重興　發行人兼出版總監｜曾大福
出版發行｜八旗文化／遠足文化事業股份有限公司
地址｜新北市新店區民權路108-2號9樓　電話｜02-22181417
傳真｜02-86671065　客服專線｜0800-221029　信箱｜gusa0601@gmail.com
Facebook｜facebook.com/gusapublishing　Blog｜gusapublishing.blogspot.com

法律顧問｜華洋法律事務所／蘇文生律師　印刷｜成陽印刷股份有限公司

出版｜2015年8月／初版一刷　2021年6月／初版五刷
定價｜400元

國家圖書館出版品預行編目（CIP）資料

日本最漫長的一天／半藤一利著；
楊慶慶、王萍、吳小敏譯
新北市：八旗文化，遠足文化，2015.08
384面，15x21公分 --
譯自：日本のいちばん長い日——運命の八月十五日

ISBN 978-986-5842-58-1(平裝)

1. 日本史 2. 第二次世界大戰
731.2788　　104011011

一九四五年八月十五日——日本最漫長的一天

日文版原序

我想對於當今的日本國和日本人來說，最要緊的事恐怕莫過於運用「平衡感覺」掌握復原能力了。隨著國內外形勢的變化，國人的思想發生劇烈的左右搖擺在所難免。但是，能否在恰當的時期內恢復平衡，卻決定著一個民族或個人的命運。

我在拙著《火焰在流動》一書中，雖然重點探索了日本民族的精神架構——構成其核心的「忠誠意識」的起源和本質，但當我參閱各式各樣的資料，回顧自幕府末期日本一路走來的足跡時，我發現日本國民左右搖擺得十分厲害。但是他們恢復平衡的能力，絕不比世界上任何國家的民族遜色。正是靠著這種恢復平衡的能力，才成就了今天的日本，使日本成為整個亞非地區唯一的現代化國家，並邁入「先進國家」的行列。

戰敗後日本的情況似乎也是如此。二十年前的八月十五日，與幕府末期相似的一場

「強震」襲擊了日本。這是近代日本第N次測試民族「平衡感覺」的範例。

建國以來，可以說在第一次面對「戰敗」這個巨大變化的時候，全日本是如何劇烈地搖晃的？如果以當時位於日本中樞的人們為中心，對他們的行動開展調查，並與幕府末期的情況進行比較，那一定會得出有趣的結果。

《文藝春秋》下屬的「戰史研究會」企劃了《日本最漫長的一天》一書，他們收集了能弄到手的一切事實材料，從而寫成並出版了該作品。書中講述的可稱之為「二十四小時維新」，其主要事件是在國民大眾的目光所無法企及的地方發生的。

因而，本書不是羅列「終戰之日」的回憶故事，而是以直到前不久仍被埋沒的資料為基礎，以日本人的精神架構為主題寫成的書，是一部二十四幕的「長篇連續劇」。

書中粉墨登場的人物在各自所擁有的「日本式忠心」的驅使下行動，相互碰撞著。但是，因為缺乏能把握全域做出冷靜判斷的大政治家、「大導演」，以致在同樣情況下別的國家所見不到，而為日本所獨有的悲喜劇，就不以「演員」們的意志為轉移在各地一一上演了。正因為如此，這齣連續劇充滿了驚險恐怖的場面。

當然，這裡所描寫的連續劇並不是完整的。即便是在二十年後的今天，在當事人中，仍有很多人不願將真實的事情原封不動地說出來，也有很多人主張不要寫。雖說現在「已經不是戰後了」，但是「戰敗」這個大強震之後的餘震仍然在看不到的地方繼續發生著。

這本書就是在這種情況下寫出來的。它給了我在《火焰在流動》中所求索的關於日本特性的問題一個明確的回答。與此同時，本書以戰敗為契機，雖不能說描繪了正在發生巨大變化的日本民族嶄新的歷史第一頁，但可以認為是開了個頭。

昭和四十年（1965年）七月

大宅壯一

目次

序章

「我們對此不予理睬」

《波茨坦公告》震撼了東京的中樞神經，發佈的這一天決定了日本的命運。

早上天氣晴朗，預言了午間的酷熱。相關人士估計今夜將平安無事，直到深夜，海外傳來的電報像一把巨大的楔子，唐突地劃破寧靜，把日本的歷史劈成兩半。開戰四年以來，戰局對日本不利，令人絕望。區區日本竟敢與全世界為敵，是投降還是戰鬥到底？在這種情況下，許多相關人士深知，決定命運的時刻已迫在眉睫。

儘管這一時刻來得突然，但該來的終於來臨，日本接受了《波茨坦公告》。此時，各處出現了無法掩飾的混亂局面和緊張情緒，驚恐和狼狽在軍部尤其嚴重。政府下屬的各省部廳剛上班，軍人們就像事前商量好了似的，異口同聲地叫喊道：「喂，公告裡有史達林的名字嗎？」當大家從最初受到的驚嚇中平靜下來，才意識到：蘇聯首腦既未對日宣戰，自然不會在公告裡簽名。

首先接到報告而感到振奮的是外務省。數月以來，外務省的長官們就在暗地盤算如何結束這場戰爭。由於軍部號召本土決戰，國民對此深信不疑，在這樣狂熱的氣氛中，終戰一事最終未能說出口來。所以，當公告在握之時，他們意識到自己必須成為——不，「已經」成為「主角」了。

在外務省召開的緊急幹部會議上，外務次官松本俊一、條約局長涉澤信一、政務局長安東義良聚圍在外務大臣東鄉茂德的身邊，彼此交換了看法，以為應該接受公告，並就此達成共識。但還有一個問題值得關注，那就是蘇聯的態度。蘇聯政府恪守中立，波茨坦會議上，與會諸國就日本問題曾徵詢過蘇聯的意見，這一點大體上毋庸置疑，但是蘇聯政府並沒有參與公告。外務省對此形勢做出的分析是：這難道不意味著蘇聯將一直保持中立嗎？公告應該接受，但是拋開已經在進行的對蘇工作——即請蘇聯展開和平斡旋——立刻接受公告，這多少令人感到不快。最終他們達成共識——靜觀其變，對日本來說或許是個明智之舉。

經過一番討論之後，上午十一點，東鄉外相進宮覲見天皇。在將《波茨坦公告》譯文初稿恭恭敬敬呈上去之後，東鄉用低沉顫抖的聲音說道：「公告裡沒有蘇聯首腦的簽名；國體或天皇陛下的地位還不明朗；『無條件投降』這句話只是針對軍方而立的。」

在一陣令人感到沉重的沉默之後，天皇說道：

「無論如何，總算可以預料戰爭終將結束。我想，僅此一點就很好了。儘管還有各種討價還價的空間，但原則上只得接受公告，不是嗎？如果不接受的話，戰爭還將繼續下去。不能再讓國民受苦了。」

遵照天皇的旨意，最高戰爭指導會議⑪在下午一點三十分召開。此時，除了東鄉外相，身為會議成員的其餘五人都認為《波茨坦公告》只不過是一紙宣言。這天下午召開了定期內閣會議，全體閣員一致贊成東鄉外相主張的「靜觀」策略，於是政府決定採取「靜觀」的態度——這就犯了一個極大的錯誤。《波茨坦公告》在結尾處嚴正聲明：「上述條件必須兌現。」除此以外的任何談判、活動一律不予理睬，這就是同盟國的意志。儘管如此，最高戰爭指導會議也好，內閣會議也好，竟沒有一個人認真把它看做是「最後通牒」⑫。

第二天，二十八日，各日報在內閣情報局的指示下，向國民公開了《波茨坦公告》。但在報導中，各大報紙儘量保持低調，如刪除了削弱國民鬥志的條款，沒有公開政府的正式看法等⑬。而且，為了不削弱國民的鬥志，報紙上反倒出現了鬥志昂揚、意志堅定的文字。《讀賣報知》以「可笑，對日投降條件」為標題刊登了文章摘要，強調「戰爭邁入最後階段，帝國政府並不在乎」。《朝日新聞》登出兩大排標題：「政府對此不予理睬！」《每日新聞》則誇口說：「可笑！美英蔣共同宣言。粉碎敵人的自我陶醉，將聖戰進行到底！」

在報紙的煽動下，軍隊總部的態度突然強硬起來。在蘇聯政府做出正式答覆以前，日本政府不公開表態——軍統帥部對這種懦弱的約定表示了極大的不滿，從最前線接連不斷地發來詰問電報。軍令部次長大西瀧治郎中將一夥對首相鈴木貫太郎施壓，說在這種情況下，對盟軍諸國予以堅決的反攻，反倒有助於昂揚國民鬥志。陸軍中央也隨聲附和。

政府被夾在外交工作和軍隊旺盛的抗戰意識之間，難以調和，處境艱難。碰巧那天下午舉行了預定的首相新聞記者招待會，鈴木首相在現場輕描淡寫地陳述了自己的意見，以便達成某種妥協，軍方姑且表示認可。

下午四點，當記者團問到如何看待《波茨坦公告》時，鈴木首相表情陰鬱地回答說：

「我們認為那個共同聲明是開羅會議的重新演繹。身為政府，我們認為它沒有任何重大價值。我們對此不予理睬。我們只管邁入戰爭的最後階段。」

但是，當這個傀儡性的發言通過對外廣播網向全世界播放的時候，卻被當做是日本首相的正式言論而受到了極大的重視。爾後，這個「不予理睬」最終在外國的報紙上被報導成了「日本拒絕（reject）《波茨坦公告》」。眾所周知，這為日後美國投放原子彈和蘇聯對日宣戰的正當化提供了理由。

儘管已經沒有轉圜的餘地，但如此寶貴的時間依舊一天天被浪費掉了。除了接受《波茨坦公告》，再沒有第二條路可以拯救日本，但政府和統帥部都沒有意識到這一點。所有人的眼睛都盯在蘇聯身上，卻始終沒有採取任何行動。遠赴蘇聯進行和平談判的特使及其隨從人員已大致選定：以前首相近衛文麿為中心，有外務次官松本俊一、加瀨俊一、哈爾濱總領事宮川船夫、高木惣吉少將、松谷誠大佐，還有酒井鎬次、富田健治、伊藤述史、松本重治、細川護貞等近衛文麿的知交們。前外相重光葵是位蘇聯通，也在候補人選之列。

但是大家對談判能否取得成功缺乏正確的判斷，只是在不耐煩地等待著蘇聯的答覆，這比什麼都不做更糟糕。明知空白浪費的任何一天都將釀成千古之恨，但大家仍然無所作為地任時間流逝……

眼見談判沒有任何進展，東鄉外相有些沉不住氣，不禁焦慮起來。為此，在內閣會議席上等場合，鈴木首相說：

「要急著結束戰爭，最好的辦法就是讓最前線的官兵發動叛亂。古話說，『將在外，君命有所不受』……」

雖然激進的發言實屬違心之言，但鈴木的心情的確很憤慨，卻又一籌莫展。從前首相近衛文麿和內大臣木戶幸一以及其周邊與會人員那裡，不斷地傳來對鈴木首相不信任的耳語。置國內形勢於不顧，苦等靠不住的蘇聯的答覆而任光陰荏苒，由此產生的焦慮和不安，在日本的領導階層裡引起了混亂。

但是，鈴木首相繼續等待著。

「必須忍難忍之事」

八月六日，廣島清晨晴空萬里，幾乎沒有一絲悶熱的雲彩。七點零九分，三架B-29超級堡壘轟炸機（B-29 Super fortress）進入雷達的監測系統，雖然拉響了警報，但敵機沒有露面；七點三十一分，警報解除。收音機裡廣播說敵機是為偵察而來。原來如此！約四十萬市民放心地恢復了日常的生活。

八點十五分，伴隨著一道強烈的閃光，大爆炸發生了。一枚炸彈給四十萬人帶來的只有一個字——「死」。

廣島市瞬間從地球上消失了。

在位於東京的日本各大重要部門中，最早知道廣島被毀滅消息的是海軍省。八點三十分，由吳鎮守府最先送來消息。海軍省決定正午派出調查團。陸軍中央直到很晚才知道這個消息。廣島的通信網完全被破壞了，所以第二總軍司令部（位於廣島）的報告，都是經過吳鎮守府送來的。

約莫傍晚，陸軍省才透過內閣書記官長迫水久常向內閣報告了廣島的最新消息。天皇也幾乎在同一時間，從侍從武官長蓮沼蕃那裡得知了廣島市被毀的消息。僅僅一枚炸彈就讓廣島市變成了一座死城。天皇滿面愁容，沒有再問什麼。

第二天，八月七日早晨，美國廣播播放了杜魯門（Harry S. Truman）總統的聲明：「我們投入二十億美元進行了一場歷史性的賭博，並且取得了最終的勝利……六號，我們在廣島投下的炸彈是一顆給戰爭帶來革命性變化的原子彈。只要日本不答應投降，我們就將在其他城市再次投放。」侍從長藤田尚德大將從外務省那裡得知此消息，立刻直奔御文庫稟報天皇。天皇聽完稟報後，透過侍從長命令政府和陸軍提供更詳細的報告。

雖然陸軍承認此事「有可能」發生，但在激憤和混亂之中，仍故作頑強和冷靜，聲稱這可能是盟軍方面的宣傳或謀略。全國各地都發佈了強行限制言論的命令。情報局、科學技術院以及軍隊的有關人士之間頻繁地召開會議，討論如何向國民公開被炸的事實以及公開的內容等問題。經過激烈的爭論，最後達成協議，即在通過正式調查對事實進行確認之前，不使用「原子彈」一詞。日本帝國竟敢對地球上突然冒出來的全能支配者說「不」

——毫無疑問，這將是壓垮駱駝的最後一根稻草。

下午三點三十分，大本營④通過無線電，用一種簡潔卻令人毛骨悚然的文字向國民作了如下的廣播：

「（一）昨天，八月六日廣島市遭少數B-29超級堡壘轟炸機的襲擊，死傷相當嚴重；（二）敵機在上述襲擊中似乎使用了新型炸彈，詳細情況目前正在調查中。」

該消息播送出去後，持不同立場、不同見解的人便絡繹不絕地來到首相官邸。其中，有要求立即停戰的，有揚言戰鬥到底的，也有大聲疾呼捍衛國體的，還有宣傳皇國使命的。但政府仍未作出任何回應。

接著，八日的早報刊登了昨日大本營廣播的有關「新型炸彈」的報導，但是，瀰漫在日本政界以及媒體的卻是杜魯門聲明。誰也不相信大本營的「謀略」之說。當天下午，東鄉外相決意進宮覲見天皇。外相在御文庫的地下室見到天皇，他向天皇詳細稟報了從昨天開始的英美有關原子彈的廣播，並對天皇說，短波無線電正在瘋狂地反覆播送有關原子彈的消息。天皇對此早有所聞，並已作出重大決策。天皇低聲地對外相說：

「連這種武器都使用了，看來戰爭不能再繼續下去了。不可能了。要想得到有利的條件，就不能錯失良機。要想辦法儘快結束戰爭！把這個意思轉告給木戶內府、鈴木首相！」

得知天皇準備投降的決定之後，鈴木首相著急想在當天召開一個最高戰爭指導會議，但有兩三個與會人員另有他事，會議被迫推遲到隔日早上。此時，鈴木首相收到了決定性的報告。這是一份飛往廣島的調查團送來的實地考察報告，報告裡正式確認「投放廣島的炸彈是原子彈」。迫水書記官長拿著報告敲開了總理的房門。

「明天是九號，上午必須召開內閣會議，決定今後的方針。」

「就照這樣辦吧。」首相說道，然後又以十分輕鬆的語氣補充說道，「在明天的內閣會議上，我要講清楚，戰爭應該結束了……官長，請寫一下發言稿。」

首相的意志很堅定，但停戰方案仍確定不下來，又一天被毫無意義地浪費掉了。不，不是毫無意義的一天，而是決定性的一天結束了。

八月九日凌晨三點，首相官邸桌上的電話鈴聲響了。迫水書記官長在半夢半醒之間，聽到同盟通信的外信部長的聲音：

「不得了啦！三藩市⑤的廣播裡說，蘇聯對日宣戰了！」

天一亮，迫水書記官長就拿著各式各樣的情報資料和在內閣會議上的發言稿，朝首相私邸飛奔而去。鈴木首相冷冷地說：「要來的終於來了。」

凌晨五點，東鄉外相也急匆匆地趕到首相私邸。首相只說了一句話：「就讓這場戰爭在這次內閣會議上結束吧。」說完，就再次陷入了沉默。

由內閣提出的請蘇聯從中斡旋的和平工作以失敗告終，鈴木內閣此時應集體辭職，這是長期以來的政治常識。書記官長一見到首相，馬上就提出了這件事。然而，首相剛才說的那句話，卻表明了他對該常識的蔑視以及準備火中取栗的決心。

局勢危急，上午十點三十分，最高戰爭指導會議在宮中召開了。鈴木首相直接進入正題：

「廣島原子彈爆炸也好，蘇聯參戰也好，從形勢上看，戰爭不可能再繼續下去了。我們只有接受《波茨坦公告》，結束戰爭。我想聽聽諸位的想法。」

讓人心情鬱悶的沉默籠罩著整個會場，長達數分鐘之久。陸軍大臣阿南惟幾、參謀總長梅津美治郎等仍在考慮：是否要將戰爭進行到底，要對這個根本性的問題進行討論。

海軍大臣米內光政打破沉默，開始發言：

「沉默是無濟於事的，不是嗎？大家儘管發表意見。如果要接受《波茨坦公告》的話，我們是無條件地全盤接受呢，還是提出我們的要求，有條件地接受？我看有必要對此進行討論。」

此言既出，大家便在無意之中接受了《波茨坦公告》，並在此基礎上，開始討論追加附帶條件的問題。會議進展頗不順利，甚至中途觸礁。

米內海相、東鄉外相提出接受《波茨坦公告》的前提是：（一）不改變天皇在國家法律上的地位。阿南陸相、梅津參謀總長、豊田軍令部總長主張：為了保住天皇制，除了

（一）裡的條件外，還要（二）佔領範圍小，佔領兵力少，佔領時間短；（三）解除武裝；（四）戰犯交給日本人處置。鈴木比較傾向於接受海相、外相的意見。

這四個條件是為捍衛國體而提出的最低要求。如果連這些要求都不堅持，而只是一味地無條件屈服的話，這對天皇，對國家，只是一種不負責任的態度。阿南陸相這樣說道：「將我們的天皇交給敵人，以此來捍衛我們的國體，作為臣子，這種事是無論如何都做不出來的……蘇聯不可信，美國慘無人道。我堅決反對將沒有任何安全保障的皇室交給這些國家。」

外相質問陸相，如果提出（一）以外的條件導致談判破裂，該怎麼辦？陸相回答說，只有進行最後的決戰。有獲勝的信心嗎？不敢斷言一定能取得勝利，但也不能說一定會失敗。雙方各執一詞，互不相讓。

會議陷入混亂。眾人議論紛紛，然而聲音卻平靜而沉鬱，沒有高談闊論。一切都在黯淡的氣氛中進行著。就在此時，第二枚原子彈在長崎投下了。

第二枚原子彈投放的消息傳來，大家憂心忡忡，神色黯然。最高戰爭指導會議比預定時間延長了一個小時，最終仍然沒有結果。因為接下來要召開內閣會議，所以下午一點過後最高戰爭指導會議就休會了。內閣會議連續召開了兩次，第一次是從下午兩點三十分開始，持續了三個小時，吃過晚飯後，第二次從下午六點一直開到晚上十點。會議上就是否應該接受《波茨坦公告》進行了討論，但這裡也一樣，閣僚們的意見也不統一。但至少有一點，大家達成了共識，那就是——日本幾乎無力再戰了。阿南陸相憤然說道：

「我十分清楚目前的局勢。但今天我決定：面對現實，繼續戰鬥。」

大家對爭論已經感到有點厭煩。文部大臣太田耕造像突然想起一件事似的，對首相說：

「對蘇談判失敗，而現在內閣意見又不統一，從道理上講，內閣應該集體辭職，不是嗎？總理，您說呢？」

這是重要的發言。事實上，請蘇聯出面斡旋以求和平的計劃是上奏了天皇並得到首肯的。但因判斷失誤而造成徹底失敗，僅此一點，內閣就理所當然地應該集體辭職。

鈴木首相睜開緊閉的雙眼，漫不經心地說道：

「我沒有集體辭職的打算。我決定讓我的內閣來解決現在所面臨的重大問題。」

有幾位閣僚此時都在注視著阿南陸相。如果陸相贊同太田文相的提案，就能逼迫內閣全體總辭職。然而，陸相卻像什麼也沒有聽到一樣，挺直了背，端然而坐。

陸軍部內不停地對阿南陸相施加壓力，而且勢頭越來越猛。參謀次長河邊虎四郎中將私下向應邀參加內閣會議的陸相提出建議：向全國發佈戒嚴令，發動軍事政變，推翻內閣，建立軍人政權。

然而，阿南不為所動。面對閣僚，他繼續用冷靜但鏗鏘有力的語氣侃侃而談，要想結束戰爭，就必須迫使同盟國先答應這四個先決條件。如果對敵人唯命是從，在連國體能否繼續存在下去都不知道的情況下就無條件投降，這樣做未免太不負責任，也太可悲了。手腳都被擰了下來，還怎麼去捍衛國體呢？

「如果就這樣結束戰爭，大和民族的精神與死何異？」陸相陳述完自己的主張後，便一動也不動地坐在那裡。

繼第一次內閣會議之後，緊接著召開了第二次內閣會議，兩次會議沒完沒了地開了七個小時。晚上十點，鈴木首相決定稍事休息，說還要再召開一次最高戰爭指導會議，為了謀求政治戰略上的意見統一，將再次召開內閣會議。首相的想法是，把這次最高戰爭指導會議作為御前會議來開，將一切交由天皇聖斷。

接到在御前召開最高戰爭指導會議的通知，大本營更加擔心起來。

「為什麼要召開御前會議？結論會是什麼？」

在電話的另一邊，憤怒的聲音震得迫水書記官長的耳朵嗡嗡直響。

「沒有結論。只是將沒有結論的爭論向陛下稟報一下。」

「愚蠢透頂！……即便如此，有陸海兩總長的『花押』⑥嗎？」

法律上規定，召開御前會議，需要有首相、參謀總長和軍令部總長的「花押」。當天上午迫水書記官長已經拿到了他們的花押。

「事情發生得太突然了。我這麼到處追著兩位總長畫花押，實在是非常抱歉。但情況十萬火急，請在文件上畫花押吧。我們得遵守相關的程序，在開會之前先取得二位的同意。」聽書記官長這麼一說，兩總長也沒多想就畫了花押，卻並不知道這是一個策劃了很久的計謀。

就這樣，召開御前會議所需的正式手續都齊全了。

八月九日晚上十一點五十分，研議是否接受《波茨坦公告》的御前會議在御文庫附屬的地下防空洞裡召開了。除了最高戰爭指導會議的六位成員以外，樞密院議長平沼騏一郎、陸海兩軍務局長和書記官長陪同出席了會議。雖然有通風設備，只有十五坪的狹小房間仍悶熱難當，令人窒息。但沒人在乎這一點，只是偶爾見到有人用白色手帕擦拭額頭上的汗水。

在天皇面前，圍繞著是提出一個條件還是四個條件的問題，大家都輕言細語但卻極其認真地爭論著。爭論的結果是三比三：東鄉（外相）、米內（海相）、平沼（樞密院議長）對阿南（陸相）、梅津（參謀總長）、豊田（軍令部總長）。

時間已過十日凌晨兩點，爭論仍然沒有結果。這樣下去，會議有可能無果而終，首相想，總不能採取投票表決這樣的強硬手段吧。到底該怎麼辦呢？大家都等著首相表態，於是注意力自然都集中在了首相身上。此時，只見首相慢慢地站了起來。

「爭論已達兩個小時之久，遺憾的是結果為三比三，無法進行表決。然而事態緊急，刻不容緩。事已至此，雖然是第一次，確實感到不勝惶恐，但還是請陛下聖斷為妥，以聖上考量作為本次會議的結論吧。」

剎那間，會場上立刻響起一片急促的嘈雜聲。陸海軍首腦們感到挨了一記悶棍。

應首相的請求，天皇向前探了探身子，平靜地說道：

「那我就說說我的意見。我同意外務大臣的意見。」

剎那間，整個會場陷入死寂般沉默。天皇繼續用發自肺腑的聲音侃侃而談：

「空襲越演越烈，我不希望再看到國家生靈塗炭，文化遭受破壞，整個人類招致不幸。我的任務是將祖先傳下來的日本國再完整地傳給子孫後代。事到如今只有讓更多的國民，哪怕是多一個人也好，存活下來，希望他們將來能東山再起。除此之外，別無他路。當然，解除忠勇將士的武裝，把直到昨天都還在忠於職守為我戰鬥的人們推上戰爭罪犯的席位接受懲罰，對於我來說，是於心不忍的。但是今天我們必須忍難忍之事。想起三國干涉時期⑦明治天皇的無奈心情，我忍住眼淚贊同外相的提案。」

決定投降了。此時是八月十日凌晨兩點三十多分。當晚明月高懸，皇宮庭院裡那棵老松樹映在地面上，清楚得似乎能數出一根根針葉。遠處傳來公雞報曉的聲音。整夜無空襲。

走出地道，首相來到大門的門廊，走樓梯上來的陸軍軍務局長吉積正雄中將，從後面趕上來，不客氣地擋住了首相的去路。

「總理，當初我們可不是這樣說的。今天的決定合適嗎？」

吉積正雄中將逼問道，他故意要冒犯首相。然而首相卻和顏悅色，一副笑眯眯的樣子，不做任何回答。

忽然，身板結實的阿南陸相擠了進來，用身體擋住了吉積強烈的衝動。陸相拍了拍軍務局長的肩膀，說：「吉積，算了。」

軍務局長的極度憤慨也不是沒有道理的。召開御前會議前，他就讓迫水書記官長講好了條件，即：開會一事要事前得到大家的同意，而且當日不做決定。然而首相自己竟厚顏無恥地仰仗聖斷，做出令人惶恐的事來，這樣做可以說是愚弄了陸軍。

御前會議之後，馬上再次召開了內閣會議。雖然仍有關於細節的爭論，但內閣會議還是原封不動地通過了御前會議的決定。會上，阿南陸相問鈴木首相：「在無法確認敵人是否明確承認天皇大權的時候，還要繼續戰爭嗎？」「當然要繼續。」首相回答道。陸相也問了米內海相同樣的問題，海相也同意繼續戰爭。快凌晨四點的時候，全體閣僚在必要的文件上畫了花押，內閣會議便散會了。阿南陸相也毫不猶豫地畫了花押。由於過分操心，東鄉外相的頭髮都變白了。

陸軍出身的國務大臣安井藤治和阿南陸相在陸軍士官學校是同年級的同學，他理解陸相的心情和立場。在沒有人的地方，他坦誠地問道：

「阿南，很辛苦吧？再也沒有像你這個陸軍大臣一樣操勞的人了。」

「可是安井，我是不會讓內閣辭職的。我認為能救國的只有鈴木內閣，所以我要與鈴木總理共進退，堅持到最後的最後。」

阿南陸相堅定地說。

「天皇還有一個叫秩父宮的弟弟」

八月十日上午七點，在國民陸續起床的時候，一份電報送到了中立國瑞士和瑞典的日本公使手中。這是一份接受《波茨坦公告》的電報，電報裡附帶了一個條件，其內容是「對天皇統治權加以變更的要求，不包含在內」。瑞士公使加瀨俊一負責通知美國和中國，瑞典公使岡本季正負責通知蘇聯和英國。

陸軍中央聽說下了聖斷，驚愕萬分。雖然不是完全出乎意料，但最擔心的事情還是成了現實，幕僚們暴跳如雷。上午九點，阿南陸相召集陸軍省各課的高級部員並呼籲：「要在嚴肅的軍紀下保持冷靜和團結！」阿南陸相臉上流露著悲壯的神情。

「事已至此，只有按照天皇的旨意行事了。是和還是戰，取決於敵方的答覆。」

此時，一個課員問道：「大臣您說過，無論進退都要『跟隨阿南』。這麼說，大臣您也在考慮退了？」

剎那間，一股寒氣流過地下室。「戰鬥到底」的大方針到哪裡去了？

阿南陸相提高了嗓門說道：

「不服氣的，先把阿南斬了！」

雖然陸軍大臣試圖干預，但隨著時間的流逝，陸軍部內抗戰派的圖謀越發明顯了。他們公開而又秘密地背叛國家的決定，國內形勢變得越發險惡。

下午一點召開了重臣會議。幾乎所有的重臣都贊同政府的方針，即只要能確保天皇制繼續存在，日本就接受《波茨坦公告》。但陸軍出身的前首相小磯國昭和東條英機表示反對。小磯憤怒地說道：

「今天的集會不能稱之為會議，是決定通知。這究竟是根據誰的想法做出的決定？」

首相佯裝不知，一副若無其事的樣子。於是視線轉移到了東鄉外相的身上，東鄉外相勉勉強強地回答道：

「是陛下的意思。」

「那我就無話可說了。」

面對小磯失望的發言，東條倨傲地大聲說道：

「下官與小磯大將意見相同。」

日本帝國就此踏上了投降的道路。同盟通信社在下午七點（華盛頓時間凌晨五點），用短波播報了日本接受《波茨坦公告》的消息。很快收到消息的AP通信社馬上將此消息作為同盟通信社的報導向全世界傳播。華盛頓時間早上七點一過，杜魯門總統拿到了同盟通信社的報導。白宮正在裝修，此時油漆工恰好進入白宮，已粉刷了一半的建築物周圍聚集著很多聽到消息的群眾。

「我們要見哈利，我們要見哈利。」

哈利是杜魯門總統的名字，群眾一個勁地齊聲叫喊著。上午九點杜魯門召開了緊急會議，審議對日答覆一事。陸軍部長史汀生（Henry Lewis Stimson）、國務卿伯恩斯（James Byrnes）、海軍部長福萊斯特（James Vincent Forrestal）和總統參謀長萊希（William Daniel Leahy）等四人參加了會議。

陸軍部長史汀生是位日本通，他對日本的瞭解程度遠在國務次卿格魯（Joseph C. Grew）之上。「日本陷入了如此艱難的困境，卻仍希望保全天皇制。」為了避免在日本本土的登陸作戰中再次發生硫磺島和沖繩等地的可怕流血事件，史汀生主張接受日本的要求。萊希也表示贊同。

「與將戰爭拖長相比，保全天皇制是個小問題。答應他們就是了。」

史汀生勸說著。海軍部長福萊斯特基本同意該意見。

但是，國務卿伯恩斯的態度很強硬。

「日本的要求不是無條件的。在這之前，我們宣佈必須『無條件投降』已經好幾次了。為什麼要對日本讓步呢？」

接著伯恩斯請求杜魯門總統給他一個小時來寫對日答覆方案，總統同意了。

方案由國務省遠東課的課員負責起草，在正午以前起草完畢。其大致內容是：對日本的要求不給予任何形式的明確答覆，既不否定天皇制，也不做明確的承諾，並重申《波茨坦公告》是不會做任何更改的。下午，杜魯門總統再次召集陸軍部長史汀生、國務卿伯恩斯、海軍部長福萊斯特和總統參謀長萊希等人，通過了該方案。

關於天皇制，福萊斯特覺得用一種更加明確的表達方式來約束它也許會更好。在離開的時候，福萊斯特拉住伯恩斯，試探其真正的用意。國務卿胸中自有想法，他意味深長地笑了一笑，低聲說道：

「天皇還有一個叫秩父宮的弟弟。無論誰當天皇，只要天皇制保留下來就可以了⑧。」

為了得到同盟國的認可，這個答覆方案被分別送往倫敦、莫斯科和重慶。重慶方面馬上表示同意；倫敦方面經過慎重討論之後，也同意了該方案。

莫斯科態度強硬，說要第二天才給予答覆。但是美國駐蘇大使哈里曼（William Averell Harriman）卻拼命催促，說情況緊急，必須連夜將答覆送往華盛頓。很快，蘇聯的答覆來了。在答覆裡，蘇維埃政府同意了對日答覆方案，但提出了一個條件，即在佔領日本的時候，除了美國派出的一名最高司令官以外，蘇聯也要派出一名最高司令官。就像對德國一樣，蘇聯的意圖很明確，就是要瓜分戰後的日本。「我們完全不接受。」哈里曼嚴厲拒絕了蘇聯的要求。

像這樣針鋒相對的討價還價還進行了好幾次，最終蘇維埃政府妥協了，無條件同意了伯恩斯的對日答覆方案，此時是莫斯科時間凌晨兩點。這樣，在八月十一日這一天，華盛頓將同盟諸國的答覆都收齊了。

八月九日到十五日這一周在日本引起了強烈的震撼，而八月十一日這一天，對一周以來不知道上述內情的日本來說，是一個相對平靜、無所事事的日子。一整天，日本全國各地都沒有空襲警報。一心等待同盟國答覆的鈴木首相上午就在讀書和冥想中度過，下午與書記官長、親信等人商量一些細節問題，以此來打發時間。

「隸屬於盟軍最高司令官」

八月十二日是星期天。午夜十二點三十分過，迫水書記官長從同盟通信社外信部長那裡得知，三藩市廣播開始播放對日答覆。

「還不知道全文的內容是什麼。不過，好像不是一個很善意的答覆。」

迫水的心情頓時黯淡下來。

陸軍中央也在收聽三藩市廣播，為了不重蹈覆轍，這次準備親自動手翻譯。

外務省幹部對同盟國的答覆雖不滿意，但還是制定了國體如能得到捍衛，就接受《波茨坦公告》的方針。通閱了答覆全文，裡面沒有對維護天皇制作出明確的承諾。但是，「日本政府的最終形式……應該由日本國民的自由意志來決定……」這句話表示天皇制得到了一半的保證。

這次大本營及早採取了行動。上午八點過後，梅津參謀總長和豊田軍令部總長就進宮上奏天皇，表明了軍隊堅決反對接受答覆文本。軍隊將答覆文本中的「subject to」直截了當地翻譯成「隸屬」一詞。這樣一來，譯文就成了「天皇和日本政府統治國家的許可權……隸屬於盟軍最高司令官」。如果接受這樣的答覆，「就明顯冒瀆了作為國體根基的天皇的尊嚴，將招致我們的國體破裂，皇國滅亡」。兩總長極力勸說道。

外務省幹部單方面斷定「反正軍人只會通過譯文來作出判斷」。於是經反覆推敲，確定了更好的譯法，即將 subject to 譯為「置於○○○的限制之下」。但這次陸軍不再上當受騙，他們的態度變得強硬起來，堅持認為既然是「隸屬」，又怎能捍衛國體呢？有十幾個少壯軍官闖進陸軍大臣的房間，個個精神亢奮、血氣方剛、意氣用事。陸相的內弟竹下正彥中佐代表大家，逼近阿南陸相，「應該設法阻止大家接受《波茨坦公告》。如果做不到的話，大臣就應該剖腹自殺。」阿南陸相緊閉雙唇，一言不發。

東鄉外相去見鈴木首相，核實了首相接受答覆文的意向。上午十點三十分剛過，外相進宮覲見天皇，時間上比軍隊晚了兩個小時。此時天皇決心已下。「一旦爭論起來，就會永無休止。儘管違背我的意願，但戰爭已經不可能再繼續下去了，難道不是嗎？我已別無他求，你立刻去辦理所需的外交手續。還有，好好地將我的意志傳達給鈴木首相。」

下午三點，皇族會議和內閣會議分別在宮中和首相官邸召開了。

在御文庫的防空洞裡，與會的十三名各宮宮主，按照皇族的等級順序坐在弧形的長桌子後面，圍繞在天皇的周圍。從左邊開始，高松宮、三笠宮、閑院宮、賀陽宮……最後是竹田宮、李王垠、李鍵公。大家已經很久沒有見到天皇了。

高松宮和三笠宮都表示贊成接受伯恩斯的答覆，閑院宮顯得有些顧慮，只是說：「既然陛下決心已定，我也就沒有什麼意見了。只是真的很擔心我們的國家能否繼續存在下去。」久邇宮也同樣對捍衛國體一事流露出極大的擔心。除這兩位以外，其餘的人都無條件贊成接受伯恩斯的答覆。李王垠和李鍵公只說了一句：「遵命。」各皇族對此留下了深刻的印象。會議結束後，冰鎮紅茶和西式點心端了上來，大家圍繞在天皇周圍，談笑了一會兒。大家都談了談各自的近況和見聞，天皇也露出了難得的微笑。

與這種充滿祥和氛圍的會議不同，內閣會議籠罩著沉悶的氣氛。會議上眾說紛紜，混雜著各種不同的意見。有東鄉外相提出的馬上接受的方案，有阿南陸相提出的全面反對的方案，也有人提出再進行一次照會以確認國體是否能得到捍衛。東鄉外相激動地說：

「如果再進行一次照會的話，等於一切都要重新開始。真是豈有此理！」

阿南陸相神色嚴肅地斷言：

「如果就這樣接受了伯恩斯的答覆，日本必將亡國，國體捍衛終將化為泡影。」

內閣會議傾向於在某個時候再進行一次照會。東鄉外相終於忍無可忍：

「我們在為三藩市廣播裡的答覆而爭論不休。為了一個非正式的答覆而議論紛紛，這簡直太荒謬了。總理，我提議在正式答覆到來之前，先休息一會兒。」

每個人都鬆了口氣。大家肩負責任，反覆進行著這種沒有結果的爭論，然而越爭論越有可能說出一些違背自己本心和真意的話來，大家為此深感不安。所以這樣的爭論還是早點結束為好。

但是，被逼得走投無路的日本帝國不可能有多餘的時間「休息」了。蘇聯繼續進攻樺太（即庫頁島）、滿洲，關東軍總司令部搬到了通化。駐外軍隊對「也許接受《波茨坦公告》」的電報感到群情激昂。他們把表示堅持戰鬥到底的電報一個接一個地發到大本營。由陸軍中央戰鬥派的幕僚們策劃的軍事政變計劃正在仔細琢磨和反覆推敲之中。即使最終沒有必要發動政變，也應該頒發戒嚴令以應付局勢的變化，這個意見得到了大多數人的支援。

「阿南要死了」

十三日的早上來臨了。警戒警報器的嘯叫聲打破了東京上空的平靜。

在一片嘯叫聲中，阿南陸相像一隻勇猛的老虎，仍然沒有屈服。陸相請求謁見天皇。同時位於廣島的第二總軍司令部的司令官畑俊六元帥也受到天皇的召見，當天皇在聽取畑俊六元帥報告的時候，陸相對天皇本人說出了自己對天皇的地位能否繼續保持下去一事的擔心。但是，天皇很清楚地說道：

「阿南呀，我看還是算了吧。」

不知為什麼，從侍從武官時代開始，天皇就常常這樣親暱地叫著阿南。

「你為我擔心，我很高興，不過不用擔心，我有確鑿的證據。」

陸相的鬥志稍稍有些衰減。如果再提出什麼反對意見，豈不就是造反了嗎？正是出於捍衛國體和對天皇地位的憂慮，才會感到如此的困惑和苦惱。但是，天皇所說他對此有確鑿的證據，是指……

置天皇當機立斷的決心於不顧，上午九點召開的最高戰爭指導會議一而再再而三地陷入混亂之中。是無可奈何地接受答覆，投降以求和平呢？還是死裡求生決一死戰，以取得些許有利條件之後再講和呢？在通過外交途徑送來的正式答覆面前，六個男人仍執著地、鬥志昂揚地爭論著。

陸相、參謀總長、軍令部總長三人主張針對答覆，再進行一次照會。他們認為神聖的天皇地位不是談判的內容，天皇的地位必須要得到可靠的保證。而且，應該自主解除武裝。

東鄉外相猛烈地反駁說，再進行一次照會就意味著談判破裂。外相聲稱：「陛下的皇位不變，這一點是得到了保證的。應該更多地考慮好的一面。」

米內海相一副很著急的樣子，平時沉默寡言的他這次也大聲地議論道：「不是已經決定了嗎？現在又老調重彈，這是違抗陛下的意志。」

梅津參謀總長神色嚴峻地說：「我們不是在反對陛下的意志。我們是在討論必須要搞清楚的問題。」

一直在默默地傾聽大家爭論的鈴木首相，此刻，重新坐好，插了一句：

「我認為，軍部是針對答覆裡面的一個詞的解釋而爭論不休，並想借此來推翻政府好不容易取得的邁向和平的外交努力。為什麼不能按外務省專家所理解的方式對答覆做出解釋呢？」

外相不再愁眉緊鎖，陸相則顯得有些委靡不振，在場的每個人都看得很清楚。包括午飯休息時間在內，會議一共進行了五個小時，結果仍是三比三。由於找不到任何可以打破僵局的頭緒，鈴木首相終於宣佈散會。

回到陸軍省的阿南陸相，受到了神采奕奕的少壯幕僚們的迎接。他們終於有了一個成熟的方案。為了說明該計劃的要旨，他們首先造訪了陸軍次官若松只一中將。若松次官默默地聽著，好像不大同意這個方案。他們隨後來到陸軍大臣的房間，恰好阿南陸相又受到邀請，正準備去參加內閣會議。於是少壯幕僚們請求已經佩好刀的陸相給他們一點時間，並向陸相說明實行計劃的必要性。在房間裡，除若松次官外，人事局額田坦中將、戰備課長佐藤裕雄大佐也在場。

佐藤課長打斷了正精神抖擻、侃侃而談的少壯幕僚，說：

「就現狀而言，我不同意實行這樣的計劃。」

此時，房間裡的一個少壯幕僚，軍務課員畑中健二少佐鐵青著臉，指著戰備課長說：

「軍內出現了叛徒。對這些人得馬上進行人事處理。」

室內氣氛變得異常緊張，此時阿南陸相平靜地告誡大家：

「在這非常時期，相互信賴是最重要的。」

說完，陸相準備起身。此時，少壯幕僚的代表說：

「省部內的軍官們，無論是右傾還是左傾，都決心以大臣為中心，有條不紊地採取行動。這一點請您放十萬個心。」

大家因為激動而面色潮紅。

下午三點，內閣會議再次召開。這次會議是早上就開始了的那場沒完沒了的會議的延續。老首相精神飽滿，沒有露出絲毫疲憊的神態。與事前預想的一樣，甲論乙駁的會議無止境地繼續著。

會上，陸相繼續主張附加條件。

「自主解除武裝，這才是捍衛國體所需的最基本的條件。以此作為條件，在這個時候提出來一點也不奇怪。如果無條件接受答覆，投降的話，就不要指望天皇制能得到捍衛了。如果可能的話，還不如下定死裡求生的決心，繼續戰鬥。」

多數閣僚已不想再認真地去看主張繼續戰鬥的陸相那張悲慟的臉了。

閣僚們對爭論已疲憊之至，都陷入了沉默。此時，首相站了起來，並一反常態，用一種鏗鏘有力的聲音開始陳述自己的意見。

「我認為對方的答覆裡也有令人難以接受的條件。我曾下決心背水一戰，但一而再再而三，反反覆覆閱讀該答覆後，我感到美國並無惡意。雖然國情各有不同，思維方式也不一樣，但在本質上天皇的地位是不會改變的。我認為不應該咬文嚼字。這個時候，就是提出修改詞句，對方可能也不知道是怎麼回事。」

首相諄諄教誨道：

「問題是國體能否得到捍衛。當然我也感覺這裡面存在危險，那麼一直將戰爭持續下去嗎？不勝惶恐，御旨要求和平停戰。如果照這樣打下去的話，即便是決一死戰，在原子彈已經出現的今天，也為時已晚，而且國體也絕對不可能得到捍衛了。還可以死裡求生是吧，雖然不是一點希望都沒有，但考慮到捍衛國體這一點，我必須要說這樣做太冒險了。」

阿南陸相神色嚴峻地抬起頭，挺起胸膛，對首相的話表示抗議。

「我們必須要體察陛下為我們全國人民的子孫後代著想的博大情懷。為臣的理應盡忠報國，戰鬥到底的想法也是可以理解的。即使我們的意願得到滿足了，日本今後該怎麼辦？國家處於千難萬險之中。陛下也是在瞭解了這種危險的情況下作出聖斷的，我相信我們只有服從聖斷，全心全意為國效勞才是唯一的出路。」

這段長長的發言集中體現了自八月六日以來，鈴木貫太郎身為首相所進行的反覆思考、權衡利弊的全部內容。是首相不帶任何政治意味的真情告白。

「所以，有鑑於此，我打算將今日會議內容如實上奏，明天下午再次恭請陛下聖斷。」

這就是內閣會議的結論。時間已經過六點三十分了。

阿南陸相的想法很複雜。他知道政變計劃已經在秘密地策劃中。形勢一觸即發。他把擺放在巨大橢圓形桌子上的文件整理好，交給副官。然後下定決心似地朝總理室走去。

鈴木首相愉快地迎接了阿南陸相。

「總理，能否請您等兩天再召開御前會議？」

首相對彬彬有禮、心平氣和的陸相頗有好感。但他還是毅然拒絕了陸相的要求。

「現在正是大好時機，不能錯失良機。請原諒。」

阿南陸相還想說什麼，但看上去很快就決定放棄了，他很有禮貌地敬了個禮，說聲打擾了，就走出了房間。在場的軍醫小林堯太大尉對首相說：

「總理，如果能等的話，等他一下何妨？」

鈴木首相回答道：

「小林，這不行。如果錯過今天，不僅是滿洲、朝鮮、樺太，蘇聯恐怕要打到北海道來了。日本將像德國一樣被瓜分。那樣的話，日本的根基就會全盤崩潰。必須趁現在對手是美國的時候，做好善後工作。」

小林說：「阿南要死了。」

「嗯，是很可憐。」

鈴木首相低頭說道。

阿南回到陸相官邸，等待他的是剛才被迫看了一眼的兵力動員計劃⑨。這其實是一份政變計劃：

（一）動用兵力：東部軍及近衛師團。

（二）行動方針：把皇宮和主和派要人隔離開來。調兵將木戶、鈴木、東鄉、米內等主和派要人隔離開。隨後戒嚴。

（三）目的：在我方提出的捍衛國體條件得到確實保證之前決不投降，繼續談判。

（四）方法：以陸軍大臣執行警戒時所擁有的局部地區應急出兵權，發動政變。

但是，上面寫著：「實施上述計劃，以大臣、總長、東部軍司令官、近衛師團長等四位將軍意見達成一致為先決條件。」

要來的終於來了，陸相這樣想著，然後將計劃重新看了幾遍。

「這就是深思熟慮後得出的結論嗎？從根本上說，計劃含混曖昧。」

陸相說道，既沒有表示支持該計劃，也沒有說不支持。

列入計劃裡的人有：軍事課長荒尾興功大佐、同課課員稻葉正夫中佐、同課課員井田正孝中佐、軍務課員竹下正彥中佐、同課課員椎崎二郎中佐、同課課員畑中健二少佐等六人，全都是阿南陸相的心腹。在他們之間，最意氣用事的青年軍官是畑中和椎崎兩人。荒尾身為這一夥人的首領，負責與陸相聯絡。他在計劃實施方案裡追加了「要四名將軍的意見達成一致」的條件，以防止政變暗中爆發。

以軍事課長荒尾興功大佐為首的這幾個人在那裡竭盡全力地呼籲著、解釋著。他們的具體做法是，闖入明天（十四日）上午十點將要召開的內閣會議，監禁主要的主和派，逼迫天皇改變聖意。他們已經作好準備，即便是背負叛逆的污名也要採取此行動。之所以要這樣做，是因為萬世一系的天皇君主制才是日本的國體，必須要保護它。在他們看來，與身為天皇的裕仁相比，國體更加重要。

他們決定在十四日上午實施該計劃，且意志堅決，不容動搖。爭論進行了兩個小時仍沒有結果。阿南陸相以極大的耐心，反覆告誡自己的心腹，不能違反天皇的旨意。最後，陸相說，午夜十二點，他將在陸軍省向荒尾軍事課長表態，對此表示同意的青年軍官們這才三三兩兩地消失在陸相官邸外的夜色之中。

午夜十二點，阿南陸相來到市谷台的陸軍省上班。陸相給等在那裡的荒尾軍事課長一個明確的答覆，即十四日清晨，與梅津參謀總長舉行會談，討論是否要實行該計劃。這個時候，陸相突然對自己信賴的荒尾流露出真情，他說：

「如果訴諸政變，將得不到國民的支持。本土決戰會變得極為困難。」

「事已至此，一舉終戰」

八月十四日清晨五點，一如往常在此時醒來的鈴木首相沐浴在窗前格外耀眼的朝陽之中，左思右想。在昨天的內閣會議上，雖然作出了「再次請求聖斷」的決定，但御前會議究竟該如何召開呢？首相陷入了苦思冥想。這次，陸海兩統帥部長堅決反對事前沒有聯繫好就召開御前會議。按照通常的手續，奏請文件上是要簽名，畫花押的，顯而易見，這次他們將拒絕這樣做。

「這比打仗難多了。」

看到老首相一個人在那裡嘟嘟囔囔的，首相夫人面露慍色。讓夫人本就滿佈皺紋的臉變得更加皺紋重重，首相感到很不好意思。

緊接著，獲悉陸軍有政變計劃的迫水書記官長慌慌張張地來到首相私邸，一看到首相就說：

「形勢異常緊迫。內閣會議預計在十點召開，然而再討論下去也無濟於事了。總理，事到如今，只有當機立斷了。」

「嗯……哪……」不明確發表意見是首相的一貫作風。書記官長推卸責任般說道：

「要不請求陛下再做一次聖斷……」

話音剛落，首相就大聲說道：「好的。」他顧不上看大吃一驚的迫水一眼，就繼續說道：

「可以採取天皇召見的辦法召開御前會議。這是最後一招了⑩。」

首相對夫人說了一句：「我馬上進宮。」然後就霍地站了起來。

十四日早上七點，阿南陸相、梅津參謀總長相繼來上班了。按照昨夜的約定，阿南陸相與荒尾軍事課長一起會見了梅津參謀總長，就兵力總動員計劃徵求了總長的意見。儘管在這些日子裡受到做事優柔寡斷等批評，梅津參謀總長依舊表示反對該計劃，並告誡他們切勿輕舉妄動。陸相對此表示完全同意。只要陸相和參謀總長都表示反對，那就沒什麼可說的了。「〇七〇〇（上午七點）大臣與總長會談，〇七三〇（上午七點三十分）大臣與東部軍司令官和近衛師團長會談，〇八〇〇（上午八點）高級課員以上集合，一〇〇〇（上午十點）發動政變」的計劃轉瞬化為泡影。

天皇沒有意識到自己差一點就陷入了危機之中。八點四十分，他接見了鈴木首相和木戶內府。當聽到「召開由天皇召見的御前會議」的上奏時，天皇立刻毫不猶豫地同意了。自昭和十六年（1941年）十二月一日召開的決定開戰的御前會議之後，就再也沒有召開過由最高戰爭指導會議的成員和閣僚全體成員共同參加的御前會議了。如今，這樣的御前會議又將召開；而且，這不是事前正式安排的，是由天皇召見的臨時御前會議……

策劃舉行聯席會議的也是首相。

「事已至此，一舉終戰吧。」

「是的。」木戶附和道，「我和您，還有其餘的兩三位就是捨去性命也在所不惜。」

計劃馬上就得到實行。「穿便服也無妨。上午十點三十分之前到吹上御苑集合。」在天皇的召見下，為準備內閣會議而聚集在總理官邸的全體閣僚不用說，就連梅津與豐田兩總長、平沼騏一郎樞相、迫水書記官長、綜合計劃局長官池田純久、陸軍吉積正雄與海軍保科善四郎兩位軍務局長也受到了邀請，參會人員共計二十三人，大家穿著便服便急急忙忙進宮去了。

在此之前，上午十點，天皇把永野修身、杉山元、畑俊六三位元帥叫到跟前，徵求了他們的意見。永野堅持戰鬥到底，他說，現在軍隊的士氣很旺盛，還有戰鬥餘力，要堅決擊退登陸美軍。杉山對此表示同意。畑元帥奉答道，即便是接受《波茨坦公告》，「也要努力爭取將十師團作為衛隊保留下來」。天皇聽了大家的意見後，清楚地下達了大元帥的命令：決定結束戰爭，軍隊必須服從該決定。

少壯幕僚們萬萬沒有想到會召開由天皇召見的御前會議，他們正忙著制定下一個方案，以代替已經化為泡影的兵力動員計劃。即便是速成的方案，也必須要實行。然而，梅津參謀總長改變想法了——一個不知從哪裡傳來的消息傳到正在擬定《兵力部署第二方案》⑪的竹下、畑中兩軍務課員那裡。聽到消息後，竹下中佐高興地跳了起來，他手裡拿著《第二方案》進入了首相官邸。既然參謀總長已經改變停戰的決心，如果得到陸相的同意，不是就有可能實施兵力部署方案了嗎？但是在首相官邸，竹下中佐卻得知御前會議要在宮中召開，而非內閣會議上，不僅陸相，參謀總長也正出席該會議。這是怎麼回事？「萬事休矣。」中佐不由得這樣想。

十點五十分，御前會議召開了。參會者面對天皇，橫著坐成兩排。一切全是按照天皇召見的形式來進行。會議一開始，鈴木首相就向天皇詳細敘述了十三日的最高戰爭指導會議的情況，並指出會議最後以意見不一致而告終，請求天皇在聽取了反面意見的基礎之上，做出聖斷。

鈴木首相一坐下，梅津、豐田、阿南就相繼站了起來。「如果就這樣無條件接受《波茨坦公告》的話，國體將幾乎不可能得到捍衛。因此，務必向敵方再進行一次照會；如果不答應，就決一死戰，死裡求生。」稟告者聲淚俱下地說道。

一陣令人毛骨悚然的寂靜頓時瀰漫在空中。

不久，天皇靜靜地站了起來……

01 原注：

最高戰爭指導會議共六名成員，分別為政府方面的首相、外相、陸相、海相，以及統帥部方面的參謀總長、軍令部總長。以上人員可根據需要，將其他閣僚加進會議。在該會議上，可對國務和統帥，即政略和戰略的統一、調節等所謂的戰爭指導進行控制。

02 原注：

德川夢聲在日記中把這天發生的事情有條不紊地記錄了下來，這篇日記因此聲名遠播，但在七月二十八日這天的記錄裡，連《波茨坦公告》的波字都找不到。高見順日記在二十八日這一天這樣寫著：「我在燭光下看報紙。英國的政變，波茨坦的廣播，對美英蔣的對日投降條件的廣播，《讀賣報知》和《每日新聞》都用了『可笑』這個形容詞。」緊接著引用了該新聞報導。

03 原注：

被刪除的字句是同盟國「不會將日本民族奴隸化或讓日本國民滅亡」，「允許日本軍隊的士兵在武裝解除之後返家，並給予從事和平生產的生活機會」。

04 編注：

大本營是甲午戰爭到太平洋戰爭期間大日本帝國陸海軍的最高統帥機關，能夠以大本營命令（大本營陸軍部命令或大本營海軍部命令）形式發佈天皇敕命，是直屬於天皇的最高司令部。甲午戰爭和日俄戰爭期間都臨時設置了大本營，戰爭結束後即告解散。侵華戰爭爆發後設置的大本營一直存在到太平洋戰爭結束，被同盟國稱為「帝國總司令部」（Imperial General Headquarters）。

⑤編注：

三藩市（San Francisco）：即「舊金山」，美國加利福尼亞州北部的都市。有「金門城市」、「灣邊之城」、「霧城」等別名。

⑥譯注：

花押：起源於十世紀左右的一種簽名方式，不同於簽字和圖章，是把文字打亂，畫成圖案的樣子。

⑦編注：

三國干涉還遼（簡稱三國干涉）之事件，乃發生於甲午戰爭後。清朝政府與日本明治政府在一八九五年四月十七日簽署《馬關條約》，割讓遼東半島予日本。六日後，俄羅斯、德國與法國以提供「友善勸告」為藉口，使日本把遼東半島交還給中國。

⑧原注：

根據《福萊斯特日記》。

⑨原注：

根據《稻葉正夫日記》。

⑩原注：

在此之前，昭和二十年（1945年）六月二十二日曾召開過由天皇召見的最高戰爭指導會議。因為會議沒有正式的規範，大家便以天皇為中心，坐在擺成U字形的椅子上，圍繞在天皇的周圍。這不像是御前會議，更像是一次親切的會談。這樣做是為了避免與憲法的責任內閣制相牴觸。這個方法是鈴木首相想出來的。

⑪原注：

《兵力部署第二方案》的要點如下：

一、近衛師團在皇宮的周邊進行警戒，切斷皇宮與外界的通訊與往來。

二、東部軍在都城內各要點部署兵力，保護要人，控制廣播局等。

三、雖然下了聖斷但仍要堅持上述陣勢，等待聖上改變主意。

四、實現上述計劃的前提是，大臣、總長、東部軍司令官、近衛師團長等意見積極並一致。

在竹下中佐記錄的《大本營機密戰爭日誌》裡還有如下的記載：「我在此時提出《兵力部署第二方案》，希望在詔書頒佈之前斷然實行，大臣對此好像深為所動，說要在內閣會議召開之前回陸軍省與次官、總長商量後再做決定。在此之前，總長說與以前的方案相比，同意早上的方案。對此大臣說『是嗎？真的嗎？』可以看出大臣對《兵力部署第二方案》動心了。」然筆者認為這是竹下中佐一廂情願的判斷。

午正

點一後午

八月十四日

「從我的屍體上跨過去。」——阿南陸相

八月十四日正午，歷史翻開了充滿淚水的新頁。日中戰爭自開戰以來，到這一天為止，陸軍陣亡一百四十八萬兩千人、海軍陣亡四十五萬八千人、平民死亡一百萬人，幾百萬間房屋在戰事中被摧毀。古老的歷史將以「日本帝國的覆滅」而告終。日本在人力、機械、軍備、資源等方面，從一開始就處於不利形勢，但在「我們要爭取勝利！」這種頑強不屈的鬥志的鼓舞下，讓戰爭走到了今天。這不是哪一個人的決心的問題，而是全體國民的意志的體現。

現在，這個意志被聚集在皇宮地下防空洞裡的二十四個男人否定了，一個新的國家意志將取而代之。四十四歲的天皇用白色的手帕⑫擦拭著面頰。

「那些我視為依靠的軍人，他們的武器將被收繳，那些對我忠心耿耿的人們將被視為戰爭罪犯，有可能被處死……一想到這些，我心裡就充滿了痛苦。」

怎麼回事？難道天皇失去了最高統帥的威嚴和自制力了嗎？不，天皇仍然冷靜，然而吃力地繼續說著。在此期間，只見天皇不停地用白手帕擦拭兩頰。

以鈴木首相為首坐成一排的閣僚們，誰都無法接受眼前這個沉浸在悲慟之中的天皇的形象。他們低垂著頭，嗚咽著，不時摘掉眼鏡擦拭眼淚。天皇的講話時斷時續，講話的語氣令憔悴不堪的人們十分感動。

「此刻，我要竭盡所能做好我力所能及之事。國民現在尚未知情，如果突然聽到這個消息，想必都會失去內心的平靜。如果由我親自向國民呼籲比較妥當的話，那我隨時都可以站在麥克風前。特別是陸海軍的官兵們，他們想必會受到極大的震撼。如果陸海軍大臣認為有必要，我願到任何地方去親自開導他們。」

不用說，接受《波茨坦公告》並不是「休戰」而是意味著「投降」。這不僅僅是結束一場戰爭，盟軍甚至會在日本的國體、天皇的地位等問題上發難。現在就連天皇的性命能否保住都是未知數。當人們對前景不再做任何預測和樂觀的想像時，面對的卻是「投降」的現實。但是，如果要把國民從更多無謂的犧牲中拯救出來的話，眼下只有這一條路可走。不管自己的處境如何險惡，戰爭非終止不可。——看到天皇豁出命去的悲慟的模樣，閣僚們感到身心撕裂般的疼痛。悲慟的氣氛很快渲染開來，有的人不顧體面，像孩子一樣嗚嗚地哭了起來；有的人拼命忍耐著，緊握雙拳，幾乎要將它們捏碎；有的從狹小的椅子上哧溜滑了下來，跪在地毯上，最後癱倒在地板上放聲痛哭。房間裡那盞離地面十公尺的小電燈泡照亮了這一切。

天皇的話講完了⑬。閣僚們仍然低著頭，坐在椅子上一動不動，就像被綁在椅子上似的。過了一會兒，天皇命鈴木首相將《終戰詔書》草稿呈上。首相站了起來，對天皇操心聖斷一事反覆表示歉意，然後深深地鞠了一個九十度的躬。受此禮之後，天皇站了起來。侍從武官長蓮沼蕃靜靜地打開門，天皇的身影消失於門外。

大家留在房間裡。大事解決後的虛脫感和過度的痛哭導致在場的每個人心力交瘁，精神恍惚。不行，不能一直這樣下去，還有很多問題尚待解決，需要大家付出非凡的努力和犧牲。而且，即使大家解決了這些問題，也得不到任何榮譽，留不下任何功績。不但如此，茫然不知所措的男人們現在沒人知道千頭萬緒該從何著手。大家穿過長長的地下通道，在御文庫的正面乘車，被送到宮內省。一路上大家仍然處於茫然自失的精神狀態之中，一想起剛才發生的一切就忍不住涕淚漣漣。

在五月二十五日的大空襲中，明治天皇時代建造的宮殿被飛濺的火星引燃的大火燒毀了。幸好戰爭剛開始不久，防空防火、用鋼筋混凝土建造的御文庫就完工，即使空襲來了也能確保平安無事，於是天皇的日常起居就搬到了那裡。戰爭末期，在御文庫旁邊的望岳台下面，近衛第一師團和水戶工兵隊建造了一座非常堅固的地下室，最高戰爭指導會議經常在這裡召開。為方便警戒和保守秘密，外來者無論是誰一律不能直接接近御文庫。一般是先到宮內省，在那裡換乘宮內省的汽車然後前往。回程則剛好相反。

侍從戶田康英在御文庫的前門給搭乘宮內省汽車的人們送行。看到大家過於沉痛的表情，戶田不知該說什麼才好，只是默默地低下了頭。他想現在是應該冷靜地做出決斷的時候了，是應該勇敢地面對任何人都無法避免的命運的時候了。此時此刻，時針正好指向正午十二點。

在首相官邸，手握《兵力部署第二方案》，越發焦躁不安的竹下中佐在等待阿南陸相的歸來。竹下中佐從陸軍發來的通知那裡得知，預定在下午召開的御前會議提前召開，陸相也參加了會議。剎那間，中佐像遭到毆打似的，臉色大變。如果再下一次聖斷的話，全盤計劃將化為泡影。「被人騙了，上了大當……」中佐痛苦地呻吟著。

但是，在這種情況下他仍不氣餒。「我們的想法是正確的。要竭盡全力做最後的努力，以便讓所有的人都認識到這一點。」他內心深處的軍人精神是絕對容不下「投降」和「退卻」這種字眼的。國土被佔領，武裝被解除，戰犯一個接一個地受到懲處，在這種情況下，「國體」該怎樣來保護才好呢？就連主張無條件接受《波茨坦公告》的東鄉外相和米內海相，在捍衛國體的問題上又有多少把握呢？與其莫可奈何地接受過於屈辱的條件，不如「戰鬥到最後一個人」，以此給敵人重創，並爭取在更好的條件下「停戰」。這樣的信念在竹下中佐的心中越發堅定了。正因為如此，當他得知宮中御前會議提前召開的消息後，不禁感到愕然。

如果天皇做出了聖斷，得出了最終的結論，誰還能將其推翻呢？天皇即大元帥的權力是至高無上的，天皇的命令是不允許違抗的，在這種情況下應該怎麼辦才好呢？他認真地思考著對策。可是時間是寶貴的。竹下中佐一邊盡可能地控制住自己，一邊掙扎著繼續思考。如果全體陸軍官兵團結一致，戰鬥到最後一個士兵的話，我們一定能死裡求生，但是要做到這一點，陸軍大臣必須站在全軍的最前列，統領全軍將士——總之，現在到了分秒必爭的時候了。

從宮內省出來，閣僚們乘上各自的汽車陸續來到首相官邸。他們感到前所未有的疲倦。當大家情緒穩定下來後，才發現肚子有點餓了，並再次意識到連日來大家幾乎都處於不吃不睡的緊繃狀態中。

迫水書記官長的車子最後一個抵達首相官邸。迫水連走帶跑地來到二樓的個人辦公室，立刻把木原通雄叫了來。木原兩眼含淚，苦笑著說，看到回來的大臣們大部分都含著眼淚，心裡很難受。迫水書記官長說，天皇陛下已經做出了決斷。木原回答道，「一看你的臉就全知道了。」

「陛下說要透過無線電廣播曉諭陸海軍官兵。必須把陛下今天說的話添進詔書裡去，我太忙了……請你想辦法起草一份針對陸海軍官兵的詔書……總之沒多少時間了。拜託。」迫水一口氣把話說完。

「《終戰詔書》我來寫。我想請安岡正篤先生也到場。」

太忙了，即使有分身之術也忙不過來，迫水和木原都沒有閒暇靜下心來沉湎於戰爭結束的感慨之中。現在這個時候，忙碌一點，到處活動一下身體反倒是一種解脫。此時兩個人都還沒有時間意識到自己已是這個國家命運不可缺少的存在。

閣僚們聚集在一個房間裡，只要了一點鯨魚肉和黑麵包。除了鈴木首相外，幾乎所有人都沒有胃口吃東西，味如嚼蠟。阿南陸相一個人在隔壁房間裡見到了竹下中佐。陸相眼睛微微有些發紅，顯得十分鎮靜，或者說從容不迫更恰當。他氣色很好，看不到精神上的委頓。聖上再次決定投降，這意味著國家對陸軍的不信任，令人一籌莫展。而且結局來得太快了，帝國陸軍孤立無援。雖然已經結束了在戰爭中扮演的重要角色，但是，身為支柱的陸相既沒有感到幻滅，也沒有陷入瘋狂，而是端正如昔。

竹下中佐站在陸相面前開始報告。在泰然自若的陸相面前，中佐恢復了冷靜，好不容易抑制住了激動之情。他按照計劃請求陸相行使陸軍大臣所擁有的「維持治安兵力使用權」，最後他說：

「請在內閣會議上行使該權力。總長已經改變了主意，同意了該計劃。」

陸相立即回答道：

「最後的聖斷已經下了。不要再拼命掙扎了。軍人必須服從聖斷。」

這個回答再清楚不過了。陸相拋棄了「死裡求生」、「最後一兵」等所有的幻想。意志非常堅定。他主動喝乾了屈辱之酒，放棄了過去的一切計劃。

內閣會議室的桌子上放著硯台盒。一看到它，竹下中佐就揣測到這是為詔書的副署⑭所準備的。即使陸相不同意，無法調動兵力，全陸軍也還有最後一招——那就是陸相辭職。

中佐想到了這一招。投降一事並不會因為御前會議上天皇的一句話就塵埃落定。御前會議不是憲法上的正式機構，它僅僅是在天皇面前舉行的政府和統帥部的聯席會議，會上天皇要發表個人意見。作為法制原則，如果天皇的個人意見沒有得到內閣會議的一致同意，就不能視為國家的意志。如果有一位閣僚置天皇的旨意於不顧，堅持反對到底，並且以意見不一致為由提出辭職的話，內閣就會垮台，一切將回到出發點，終戰將成為不可能。竹下中佐想以此作為最後的王牌。陸相要嘛辭職，即便不辭職，只要拒絕在《終戰詔書》上副署，詔書就不可能公諸於世。

「聽說軍令部次長大西閣下召集海軍作戰部的軍官開會，並對他們說：『如果天皇說要終戰，那我們即便是背負逆賊的污名，也必須為了更大的正義而戰鬥到底。』閣下，這個時候請您毅然辭職。」

竹下中佐站在那裡一動也不動，露出一副不達目的、絕不罷休的誓死模樣。陸相略微困惑了一下，但很快微笑著說：

「我即便是辭職了，終戰也是確定的事實。而且辭了職，就再也見不到天皇了……」

說完自己莞爾一笑。

無論怎麼勸說，陸相已經不為所動。此刻，天皇既下最後的聖斷，投降已成定局。陸相心意已決，軍隊應該服從該決定，政變計劃被扔進了廢紙簍。在中佐欺騙自己和他人的時候，陸相以最高指揮官及內兄的身分，告訴自己的部下及親愛的內弟，一切都已成為過去。

竹下中佐徹底絕望了，他覺得最後一線希望都被陸相一手奪走了。他知道這位忠誠老將的決心是不可動搖的，說什麼也無濟於事了。踏著一串腳步聲，他走出了房間，沒有目的地，他不知道該去哪裡，一切都完了。

在此期間，閣僚們約定從下午一點舉行內閣會議，然後回到各自的部門去。在接近一點的時候，到場的大臣將御前會議的最終結論傳達給了各省的主要官員們。雖然九日已做出了聖斷，但對於是和還是戰，大家一直處於徬徨之中。直到今天，大臣們才說：「現在日本核心部門的意志已經堅定了。」正因為如此，東鄉外相身為無條件和平派的首領大大地鬆了一口氣，他把次官松本俊一叫來做筆錄，自己口述御前會議的情況。東鄉外相完全恢復了以往的生機。看到大臣精力如此充沛，不知疲倦，松本次官向他投去了發自內心的崇敬目光。

「天皇說了，正如東鄉外務大臣所說的那樣，對方不可能有毀損日本國體的意圖……我對捍衛國體有信心。」

松本次官一邊記錄大臣們的話，一邊對天皇堅強的意志和自信讚歎不已。雖然天皇一直支持東鄉外相，堅持無條件接受《波茨坦公告》，如果追問：「就算無條件投降，國體就真的能得到保護了嗎？」老實說，沒人能斷定。雖然內心十分矛盾，但有一點天皇心裡是明白的：「如果現在不停止戰爭，機會就將永遠喪失。」現在是在最令人痛苦的簽字的時候了，天皇只相信這個。與軍隊猛烈的反對作戰，即使是無條件地接受了敵人的條件，天皇也堅信國體能得到捍衛。用自己寶座的安危做賭注，天皇顯示出終戰的堅強意志。

松本次官為此感動得渾身顫抖。因為激動，臉漲得通紅。他在心裡大聲地喊叫著：「我們贏了，我們的努力終於有了回報。」他的叫喊是正確的。

此時，敗軍之將阿南陸相一個人悄然回到了陸軍省。這個站在市谷台上仰視著的，威風凜凜的建築物的價值遭到了損害，帝國陸軍七十年的歷史正在眼前一點點地崩潰坍塌。

儘管陸相擁有堅強的意志，並且付出了巨大努力，但日本帝國還是同意無條件投降，將國家和軍隊的命運交付給盟軍，然後等待盟軍的指示。現在他必須勒緊韁繩，把那些鼓吹本土決戰，還想著衝鋒陷陣的全軍將士拉回到莊嚴肅穆的退卻——投降的方向上來。這也是陸軍大臣的使命。陸相要用自己整個身心承擔起挽救陸軍六百萬人命運的重任。陸相身材並不高大，但肌肉緊繃的身體裡卻牢牢地銘記著「責任」兩個字。

如果現在陸軍發生了混亂，除了最後關頭的戰鬥之外，在國內還會引起新一輪的戰鬥，最終將導致國家的完全崩潰。「能夠從容不迫退場的人不失為名將」，陸相想起這個自古以來的戰訓，不禁啞然失笑。他想不論黑暗的時間是多麼的痛苦漫長，都要順其自然，不要採取任何行動，不要將國家引向崩潰的境地。

迎接陸相的是一群血氣方剛的青年軍官。陸相還沒有來得及坐下來休息，軍事課、軍務課中二十多位少佐就聞訊前來，擠滿了並不寬敞的大臣室。他們大部分人臉色蒼白、雙手顫抖。對他們來說，陸相就是希望之星。他們對陸相非常信賴，全陸軍必勝的信念就寄託在他的身上。他們要聽聽陸相的報告和想法。陸相摘下軍刀，靠在身後的牆上，開始淡淡地講述御前會議的情況。

「陛下說他對捍衛國體有自信，所以決定無條件接受《波茨坦公告》的內容。事已至此，只有按照陛下的心意去做了。陛下之所以這樣說，完全是出於對全陸軍將士忠誠的信任。」

無論是左傾還是右傾，以阿南陸相為中心的全軍意志，從九日最初的御前會議以來，就牢牢鑲嵌在市谷台軍隊的戰鬥到底的意志，突然要踏上繳械投降的屈辱之路了。

但是，大部分青年軍官不想就這樣老老實實地接受失敗。一直以來大家團結一致，力戒輕舉妄動，不就是因為堅信以陸相為中心的領導們的最後決心嗎？最後的決心是什麼？陸相在十日面對緊急局勢發表的訓示中如實地講述了最後的決心。

「哪怕是吃草根，啃泥土，睡荒野，我也堅信在戰鬥中我們能死裡求生。」為此大家有一種不怕政變的精神。——忘掉這些，放棄一切吧，這難道就是今天要說的話嗎？

「請教大臣改變決心的理由。」軍事課員井田正孝中佐的詢問正是出於上述心態。

陸相回答道：

「陛下流著眼淚對我阿南說，你的心情我很理解，雖然很痛苦，但請務必忍耐。事到如今，我已經不能再表示反對了。」

他是忠誠的軍人，是忠於軍人天職的將軍。在他看來，對天皇的旨意再表示反對就是為不忠的行為了，這與他扎根骨髓的軍人精神水火不容。更何況推動政變計劃，只會在身後留下不忠不義的污名。然而，他對那些與自己兒子同齡的青年軍官們意氣用事的心情是非常理解的。儘管自己從未同意政變計劃，但在過去是原諒他們的。從某種意義上講，也是給了他們一個希望。當時的考慮是：清除君側的奸佞之後，情況不就可以朝有利的方向轉化了嗎？正因為如此，現在才更加明確了自己的想法，並意識到自己的重大責任：必須控制住青年軍官們的急躁情緒。

「聖斷已下，現在只能服從。不服從的就從我的屍體上跨過去。」

此時，一位軍官突然失聲痛哭。陸相和軍官們面面相覷，沉默不語。只聽見一種近似於喊叫的聲音時隱時現，在氣氛壓抑的房間裡迴盪著。畑中少佐低著頭，任憑淚水流淌。他什麼都不相信，什麼都不渴望，什麼都不接受。只聽見眼淚滴落在地板上的滴答聲。陸相默默地，凝視著畑中少佐悵然若失的身影。他也許從少佐身上看到了自己的影子。

此時此刻，不僅僅是在市谷台的陸軍大臣室裡才有眼淚流淌。歷史將用眼淚改寫。永田町首相官邸的地下大廳裡，有更多的男人一邊流著淚一邊在筆記本上作記錄。一位長者站在他們中間，嘴裡不停地說著什麼，任憑淚水簌簌流下。《朝日新聞》政治部記者吉武信和柴田敏夫凝視著正高談闊論的國務大臣兼情報局總裁下村宏那被淚水潤濕了的面頰和嘴角，當發現身前的筆記本漸漸地被潤濕時，才意識到他們自己也在哭泣。在他們眼裡，下村總裁雖然已是筋疲力盡，但他終於支撐住了在御前會議上因受到強烈的震撼而發軟的消瘦身體，沒有倒下。

「不管我的命運如何，我都想盡力挽救全國人民的生命。如果戰爭再繼續下去，結果就是我國將變成一片焦土。讓全國人民再次飽嘗痛苦，我實在是於心不忍……當陛下說這些話的時候，全體閣僚無不失聲痛哭起來。」

下村總裁詳細說明了九日的御前會議以來各種事情的來龍去脈，對此記者團的提問也變得不再客氣。大家既沒有關於戰敗的切身體會，也認為沒有必要考慮或預見將來會發生什麼。因為面對剛剛結束，剛剛從眼前靜靜地淌過的偉大歷史轉折，大家太想知道，也必須要知道的事情多如牛毛。天皇陛下不顧自身安危，也要把國民從戰火中拯救出來的決心令柴田記者感動流淚。東鄉外相、米內海相、阿南陸相、梅津參謀總長與豊田軍令部總長之間的論戰令他萬分激動，但記錄的筆一刻也沒有停止下來。他強烈地感覺到身為書寫現代歷史的新聞人所肩負的使命，強烈地感覺到歷史事件發生瞬間，身為目擊者所肩負的使命。他側耳傾聽，絕不放過下村總裁的隻言片語。

「這不是記者招待會。」情報局總裁秘書官川本信正一邊哭泣一邊作如是想。可是，這不是記者招待會，又是什麼呢？川本專注地探索著自己的內心。然而在心底探索到的卻是巨大的悲哀。

在這期間，興奮激動、混亂和幻滅，像燎原之火一樣，以皇宮為中心向四處蔓延開來。如果火勢蔓延到群情激昂，「要戰鬥到最後一兵一卒」的第一線的話，還不知道會引發什麼樣的暴亂呢！正因為如此，市谷台陸軍省、參謀本部必須放棄過去的一切計劃，並要事先接受阿南、梅津堅定的「承詔必謹」的決心。

到昨天為止的強硬態度煙消雲散了，今天大家都處於茫然若失的境地。幾乎所有決心堅持反抗到最後一刻，堅信能取得最後勝利的青年軍官們都像失了魂似的，要嘛坐在各自的座位上望著從窗外遠處飄過的盛夏的白雲，要嘛一個勁兒地流著悔恨的淚水。參謀次長河邊虎四郎中將在八月十四日的《次長日誌》裡將參謀本部內的情況做了如實的記錄：「到了今天下午，相對比較鎮靜的本部內部也禁不住有了動搖的前兆。在走廊上碰到了來來去去的一雙雙充血的眼睛，哭腫的雙頰。應該說發生這種情況，既自然而然，也無可奈何。」

但無論是和還是戰，完成被賦予的使命是唯命是從的將士們的第一義務。軍人只要遵守上司的命令就不會有錯，此一軍人的教育原則得到了忠誠的維護。

東部軍管區參謀不破博中佐在同一時間，在近衛師團司令部拜訪了師團長森赳中將，這是相同任務的一個組成部分。不破參謀和森師團長都是騎兵科出身，在陸軍大學是一種師生關係。這次來，相當於兒子帶著煩惱來徵求父親的意見。這個煩惱歸納起來就是一句話，「萬一朝廷決定終戰，東部軍該何去何從呢？」雖然不破參謀只說了「何去何從」這幾個字，然而對森師團長來說，無須做任何解釋，其中的含義不言自明。師團長表情嚴肅地說道：

「一旦決定了終戰，就要毫不含糊地『承詔必謹』，決不能輕舉妄動。今天一早，陸軍省的年輕軍人就接二連三地跑來，強行要求近衛師團奮起抗爭。我當場拒絕了他們。我說，沒有陛下的命令，我是不會動一兵一卒的……」

說完，森師團長看著不破參謀的臉，笑了笑，差點說出「他們也向東部軍遊說了吧」這句話來。參謀突然想起師團長的外號叫「和尚」，感覺這個稱呼不是用來描寫一個人的外貌，而是用來形容他無論什麼情況都不改變信念的堅強決心。

「但是……」師團長繼續說道，「他們非常固執。不管我怎麼說，他們絕對不會同意的。今後他們肯定還會再來。萬一我出了什麼事，也絕對不會屈服於他們的強行要求。東部軍在這種情況下也要好好地拿定主意，萬不能有任何背叛陛下的行動……但是，這都是決定終戰以後的話了。」

說完，森師團長拄著軍刀站了起來，走到窗邊。為防止爆炸氣浪，玻璃窗上貼滿了格子狀的紙帶，從格子裡望出去，可以看到從千鳥湖水面反射出的耀眼光芒，還可以眺望千鳥湖對面皇宮內吹上御苑茂密的森林。御苑裡面有御文庫。師團長在森林的最低處想像著被尊為「萬乘」的大君，苦惱無人傾訴，一切只有積壓在心裡的痛苦身影。

此時森師團長再也無心向自己最親信的內大臣木戶幸一描繪御前會議的詳情及天皇是如何表示自己終戰的決心了。

心情變得舒暢的不破參謀畢恭畢敬地對師團長說了句：「我回去了。」哪裡想到這一天竟是他與「和尚」的永別之日。此時下午一點剛過。

⑫原注：

在各式各樣的記錄中都寫著天皇用「白色的手套」擦拭面頰。也許所有的記錄都是依據下村的手記而來的吧。但是，據侍從局（掌管御璽、國璽及皇族等事務）其他人的證言，天皇用不著戴著手套出席這樣的御前會議。恐怕是下村將白色的手帕看成手套了。

⑬原注：

據說對天皇所說的話，在參照了左近司、太田、米內各大臣的手記，向鈴木首相確認過之後，下村做了如下最忠實的記錄：

「我也聽到很多反對的言論，但我的想法與之前所說的沒有什麼區別。我充分考慮了國內的情況和世界的現狀，我認為戰爭很難再繼續下去了。關於國體的問題雖然有各式各樣的擔心，但我認為對方的答覆電文並無惡意，要緊的是全體國民的信念和精神準備的問題，所以在這種情況下，我想可以無條件接受對方的答覆。我也很清楚對陸海軍的軍官和士兵來說，解除武裝和保障佔領是一件難以忍受的事情。我也很清楚國民寧可玉碎也要為君主和國家犧牲的心情，但是，不管我自己會怎麼樣，我都想盡力挽救國民的生命。如果戰爭再繼續下去的話，最終的結果就是我國將完全變成一片焦土，我不忍讓國民再飽嘗痛苦了。當然在這種情況下，即使是使用和平的手段，也難以對對方的做法寄予百分之百的信賴，但是比起日本完全滅亡這樣的結果來說，只要留下了哪怕是一點點的種子，就有可能看到復興的光明。我緬懷明治天皇在三國干涉時痛苦的心情，堪難堪之事，忍難忍之物，期待著將來的光復。

「從現在起，日本將作為一個和平的國家而得到重建，這是一件困難的事情，而且將花費很長的時間，但我想如果大家齊心協力、團結一致地努力的話，就一定能成功。我也將與國民一起努力。

「一想起到今天為止在戰場上戰死，或者在本土死於非命的人們和他們的家人，我就忍不住要悲歎，對身負戰傷，蒙受戰災，失去家業的人們今後的生活，我擔心不已。在這種情況下，我將全力以赴做我力所能及的事。國民現在還一無所知，屆時想必他們會思緒波動、心神不定吧，如果採取由我向國民呼籲的方式較好的話，我隨時都可以站在麥克風的前面。陸海軍官兵的情緒波動尤其強烈，陸海軍大臣雖然想要安撫他們的情緒，但我感覺會相當困難。因此如果有必要，我可以去任何地方好好地開導他們。希望內閣趕緊準備好《終戰詔書》。」

另外還有梅津參謀總長用鉛筆寫的便條。據此，天皇的發言被歸納如下：

「我的非常的決心沒有改變。我是根據國內外的形勢、國內的情況、彼此的國力和軍事力量對比做出的判斷，這不是輕率的決定。關於國體，我想敵人已經認可了，我沒有絲毫的不安。關於敵人的保障佔領，雖然不是沒有一點不安，但如果戰爭再繼續下去的話，國體和國家的將來都將不復存在，即連本帶利全部賠光、血本無歸。如果現在停戰的話，還可以留下將來發展的根基。雖然解除武裝讓人難以忍受，但為了國家和國民的幸福，必須以明治大帝對待三國干涉時的心情來應付不測。請同意我的決定。陸海軍的統制也很困難。我可以親自進行『收音機』廣播。儘快寫出詔書，傳達我的心情。」

⑭譯注：

舊憲法規定，以天皇名義頒發詔書等時，國務大臣須在天皇簽字下署名。

午後一點
兩點

八月十四日

「決定錄音廣播。」——下村總裁

下午一點，在位於首相官邸盡頭的房間裡，召開了內閣會議，全體閣僚出席。戰爭終於進入最後階段。自九日蘇聯參戰以來，內閣幾乎是在不眠的狀態下，匆忙地承受了停戰的決定，雖步履蹣跚卻終於走到了今天這一步。在過去召開的好幾次會議上，閣僚們大多只是沉痛地陳述各自的想法而已，但在今天的內閣會議上，大家的步調卻不可思議地一致起來。

就在不久前，為了捍衛國體，堅決主張提出必要條件迫使同盟國認可，而且寸步不讓的陸相，現在也不再固執己見了。該做的事情都做完了，他放鬆身體，神態自若地坐在沙發裡。

以鈴木首相為中心，圓桌周圍坐著十四個人。從首相的右邊開始，分別是米內光政

（海）、阿南惟幾（陸）、岡田忠彥（厚）、左近司政三（國務）、下村宏（國務兼情報局總裁）、太田耕造（文）、安倍源基（內務）、小日山直登（運輸）、安井藤治（國務）、石黑忠篤（農商）、廣瀨豐作（藏）、櫻井兵五郎（國務）、豐田貞次郎（軍需）、松阪廣政（司法）各大臣。首相身後坐著他的長子，秘書官鈴木一。因為首相耳背，他就經常作為特例列席會議，在一旁輔佐首相。另外，法制局長官村瀨直養和綜合計劃局長官池田純久坐在近旁待命，迫水書記官長負責會議討論的進展。

他們大部分人像害了病似的，連日來的抑鬱、煩悶在灰暗無光的臉上留下了明顯的痕跡，一個個垂頭喪氣，悲慟欲絕，眼睛都哭腫了。有趣的是，地位最高的老前輩——首相鈴木貫太郎的面頰最有光澤。老人強健得連年輕的秘書官鈴木一都感到吃驚。身為在驚濤駭浪中支撐到最後一刻的人，他睡得好，吃得香，心態平和。他在內閣會議上一言不發，一臉無動於衷的表情，對於眾人發言也不知是否聽見，自始至終保持著同一個姿勢。要看透他的內心可不是一件容易的事。

就這樣，雖然帶著如臨葬禮般的肅穆沉默，但鈴木首相卻擁有奇妙的政治力，敢採取非常手段，竟然九日、十四日連著兩次在御前會議上讓天皇的意志來決定一切，將國家的命運強行帶到今天這個地步。⑮

但是，在內閣會議上，老人還是顯露出自己的不悅，為何竟要兩次仰仗聖斷呢？內閣會議剛開始的時候，老人就斷斷續續地講，「我們努力不夠，實在是不勝惶恐。」一說完，神情非常冷淡，又陷入了往常深沉的靜默之中。首相一提到聖斷，就有好幾個閣僚再次掏出手帕阻止淚水流出。但是，沒有時間分析流淚的原因了，確認戰敗的內閣會議已經開始。

內閣會議的主要目的是審議，決定《終戰詔書》方案，然後是副署。迫水書記官長在報告中說，要在詔書草稿中對天皇剛才說的話進行文字加工，現在正在補充修改。於是大家決定暫時先審議，研討一些零碎的議案。為了補充修改詔書，安岡正篤也來到了書記官室。要討論的問題堆積如山，首先討論了大家認為比較簡單的，即隨著詔書頒佈後的大赦問題，當大家取得一致意見，並著手進行文字整理的時候，他們再次意識到這樣一個事實——他們在談如何弔唁日本帝國的末日。

回過頭想，再也沒有哪個內閣像鈴木內閣一樣，自成立以來就在沉悶的氣氛中反覆召開內閣會議。閣僚們第一次會面是在敗象已相當明顯，國內外形勢處於悲觀狀態的時候。生產、財政、運輸通信、糧食等，各司其職的大臣分別做了報告，無一例外地都抹上了絕望的色彩。實際上小日山運輸相、豊田軍需相每天的工作就是歎著氣報告空襲造成的損失和破壞；岡田厚相主要的工作就是救援戰爭受害者；安倍內相的主要工作是一面維持治安，一面強制疏散拆房；而太田文相不問教育行政管理，而是以動員學生出征為己任……沒有人從事任何建設工作，大家每天都任勞任怨地從事戰敗後的清理工作。

在被迫飽飲苦水、特別悲慘的人中就有石黑農商相。昭和十九年（1944年）稻穀歉收，因此，不得不在昭和二十年（1945年）的夏天減少每個人的糧食標準配給。不是將一日一升減為八合（一合為一升的十分之一），而是將一日兩合三勺（一勺為一合的十分之一）減為兩合。減少一成是既定的方針。如果還是保持兩合三勺的話，那麼整個八月，日本國民就將成為有這一餐卻無下一餐的流民，在新米下來的十月份到來之前，國民將全部餓死。兩合三勺也好，兩合也好，都是理論上的配給量。實際上配給的糧食很難送到老百姓的口中，耽誤配給和停止配給的現象連續發生，燃燒彈如雨點般落在一邊餓著肚子，一邊為本土決戰而瘋狂奔走的人們的頭上，石黑農商相除了仰天長歎，別無他法。

與以往充滿混亂、絕望但仍艱苦奮鬥的內閣會議相比，今天可以說是見證帝國結束的內閣會議。雖然像葬禮一樣陰鬱，但從某種意義上說，無疑也是一次心平氣和的會議。它不企圖阻止淒慘地呻吟著，不可避免的死亡所前進的步伐，而是踏踏實實地一個一個地解開那些通向已知結論的公式。所有來自軍人、官員、民眾的雜音開始消失，他們第一次能夠以自己的意志來制定收拾殘局的治國良策。為此，閣僚們在討論時，態度加倍認真嚴肅。

當內閣會議上的協商繼續進行之際，有幾個人等待某個決定已經失去了耐心。他們不知道為了結束戰爭，自己將被迫承擔重要的責任，而只是坐在那裡不耐煩地等待著內閣會議的命令。

以大橋八郎為會長的日本廣播協會的幹部們在一點鐘內閣會議開始後不久，接到了來自內閣官房的通知：「請火速到情報局來一趟，商討天皇廣播講話事宜。」大橋會長、國內局長矢部謙次郎和技術局長荒川大太郎一同來到情報局，在那裡聽到了一個令人震驚的重大消息：「《終戰詔書》即將公佈，現在內閣正在審議是讓陛下直接廣播，還是用錄音廣播。一旦決定，就會通知你們，無論如何請火速做好準備。」

大橋等人對下村總裁、木戶內府等策劃的由天皇親自廣播來結束戰爭的這件事一無所知，聽了這番話，都不敢相信自己的耳朵。戰爭結束了，這是一個意想不到的現實。「神的化身」——天皇——將站在麥克風的前面告知國民，這是一個破天荒的計劃。當聽到天皇在御前會議上所說的「如果向國民呼籲這樣做比較好的話，我隨時都可以站在麥克風的前面」這番話的時候，巨大的悲慟和強烈的震撼突然迎面襲來，他們像雕像一樣一個個被釘在那裡動也不動。

此時，沉浸在悲慟之中的矢部局長突然想起了一段不為人知的往事，那是關於天皇和麥克風的事。事後想起來就像是在大談自己的功績一樣，可是在當時卻是令人不寒而慄的廣播內幕中的一個片段。

昭和三年（1928年）十二月二日，當時的廣播部長矢部在自己的家裡收聽為紀念大典在代代木練兵場舉行的陸軍特別閱兵式的實況廣播。突然他聽到天皇的聲音從收音機裡傳來，不禁大吃一驚。麥克風放在天皇座位後方五十公尺遠的地方，現場戒備森嚴。可能是因為順風的緣故，天皇宣讀詔書的聲音進入了麥克風，傳到了全國人民的耳朵裡。

矢部大驚失色，立刻朝當時位於愛宕山的廣播局跑去。局裡一片混亂。這件事該怎麼處理呢？臉色蒼白的部員們面面相覷，一籌莫展，陷入了恐慌狀態。

這個時候，時任廣播部長的矢部毅然做出了指示：「如果郵政省問起是誰在監聽今天的廣播，你們就說是廣播部長親自在監聽。」

矢部做好了承擔全部責任的精神準備。但不知道會有什麼事態發生。宮內省⑯、陸軍部，還有右翼結社等部門會怎麼想？他們會提出什麼無理的要求呢？事態也正如預料的那樣嚴重，矢部部長不得不擔起責任。

但救援之手出人意料地伸了過來。久邇宮多嘉王的御附武官曾對陸軍次官說：「大妃殿下（絢子女王）聽了那次廣播，非常高興。」這句話令事態發生了急劇變化，並朝著好的方向發展。陸軍態度軟化了，與宮內省的交涉也進展順利，事件就這樣平和地解決了。

矢部局長想起的就是這件事情。他曾兩次受命負責天皇廣播，對此，他感到不可思議和責任重大。自從那次無意外解脫之後，在昭和十五年（1940年）和十八年（1943年）廣播局曾兩次提出天皇廣播申請，但都沒有得到批准，矢部局長感覺他和天皇廣播之間的因緣得到了加強。

不管怎麼說，廣播協會的首腦大橋、矢部、荒川帶著各自的感慨返回局裡繼續等待通知。是天皇現場廣播呢，還是通過錄音廣播的方式告知全國人民終戰的消息呢？內閣會議的決定很快就會從情報局傳來。無論怎麼決定，有一點是無庸置疑的——這是一個只准成功，不許失敗的重大使命。必須要採用最高的技術和投入萬分的謹慎才行。

這個時候，內閣會議還在集中討論廣播方式的問題。起初有幾個閣僚發出了反對的聲音，說請天皇直接站在麥克風前，令人不勝惶恐。但是，也沒有其他更好的結束戰爭的方式。即便如此，多數的人以「不勝惶恐」為由，傾向於播放錄音。下村總裁不停地擦著汗，被從記者招待會上叫了回來，再次參加了內閣會議。下村總裁也同意採用錄音的方式，問題最終得以解決。挑選錄音場所以及其他一切準備工作完全交給了總裁。廣播局的大橋會長等人不久接到下村總裁的命令，命令很簡單：

「決定用錄音廣播了。下午三點之前帶領錄音班到宮內省去。」

宮內省方面也接到同樣的通知。總務局長加藤進要求庶務課長筧素彥秘密進行錄音準備工作。大家考慮把錄音場所設在二樓的御政務室（即表御座所）。那裡無論環境還是空間大小都合適。

侍從入江相政去探望被疏散到鹽原皇室別邸的內親王，正巧返回京城。他已獲悉天皇再次下了聖斷，決定無條件接受《波茨坦公告》。由此，槍炮將停止射擊，炸彈、燃燒彈將不再拋投，久違的寂靜即將降臨。但，這一切都是真的嗎？他感到實在難以置信，感覺自己就像被留在了空蕩蕩的房間裡一樣。皇宮大部分地方都成了廢墟，究竟什麼樣的和平會從一片瓦礫中萌發呢？老實的侍從無法想像。於是，他向侍從長藤田尚德大將報告了內親王的近況之後，就率先投入了錄音準備工作之中，忙得暈頭轉向。需要做的雜務紛紜雜沓，他甚至為此感到激動。

藤田侍從長於一點三十分與木戶內府進行了面談，傳達了入江侍從的探望報告。木戶心情沉痛地稱陛下指示可以前往陸海軍省，當面向過激的軍官們進行曉諭。對此，木戶問藤田侍從長，這樣做是否妥當。要告訴自建軍以來未嘗過戰敗滋味，且被教育不能活著受被俘之辱的陸海軍最前線「戰敗為何物」，的確不是一件容易的事情。同為海軍大將的藤田侍從長只好回答說，事關重大，不能意氣用事，草率決定……

木戶內府又與侍從武官長蓮沼蕃大將見面，再次就這個問題進行了討論。蓮沼也很為難，不好明確答覆。即便是擁有老提督和老將軍的豐富閱歷和經驗，具備沉著冷靜的洞察力，也不可能預測到事態會發生什麼劇烈變化。是瘋狂的暴動、叛亂？抑或是靜靜地退卻、投降？

在一切行將結束之時，陸軍仍然強調本土決戰，並斷言只有不畏艱難困苦，斷然實行本土決戰，日本才能贏得最後的勝利。陸軍在竭盡全力地推行本土決戰，計劃在穩步而順利地實施著。政府的聲明和首相的誓言，均得到了陸軍的回應，在戰場上的拼死搏鬥就是證明。事態發展到這步田地，當形勢發生逆轉時，難道還能對國民保持沉默嗎？

木戶內府、藤田侍從長和蓮沼武官長為此憂心忡忡。但是因此而將結束戰爭的全部責任推諉到天皇身上，那實在是令人惶恐，他們不得不否定了這樣的想法；儘管三個人聚在一起，仍舊想不出更好的辦法來。除非把全部責任推諉到身為當前統帥的陸海兩大臣阿南與米內身上，除此以外……目前最好的方案就是根據兩大臣的意志來採取某些措施。一點五十分，蓮沼武官長說：「立刻派人到阿南、米內兩大臣那裡去徵求意見。」

事實上，老提督和老將軍的擔心在這一刻正緩慢但穩步地變成現實。不管天皇發出什麼旨意，陸相做何決定，也不管全體將士將何去何從，那些血氣方剛的、為信念而活的軍人開始活動了，他們步上台階，來到歷史舞台的最前面。

聽了阿南陸相措詞強硬的訓話，畑中少佐禁不住失聲痛哭，青年軍官們一個個像洩了氣的氣球，茫然自失地走出陸相辦公室。只有畑中留了下來，他很快就決心重新振作起來。

畑中少佐具有抗拒歷史潮流的堅強決心，不問是非曲直、單純的愛國熱情和拼死抗爭的心理準備；除此之外，畑中少佐還具備了奇妙的個人魅力：他充滿活力，卻又過於單純，反倒具有一份引人注目的純真。然而，最重要的是他是一個易動情感的青年，是一個軍人⑰。

還有一個叛逆的狂熱分子，他是一個更有實力的人物，而且是一名身經百戰的猛將，著名指揮官。面對敗北，他沒有像畑中少佐那樣失聲痛哭，而是將自己的鬥志毫不掩飾地表現出來。無論是上司，還是其他什麼人，不管三七二十一，他都要與之爭論一番。他絲毫沒有被勳章和級別章上星徽的數量所懾服。他爭論道：

「即便彈盡糧絕，只要有一口氣，即便是啃石頭，也要保護天皇陛下和國土。哪怕成了孤家寡人，我也做好了戰鬥到底的精神準備。」

他說到做到，十四日上午，一個人開始了頑強的戰鬥。為了說服懦弱的海軍省和軍令部，他給大臣、軍令部總長、總隊司令長官等人及海軍的最高指揮官發送了長長的電報。應該說電文就是一篇「出師表」，字裡行間充滿勇猛無畏的精神，其中一段更無所顧忌地透露出要發動政變的玄機：「帝國軍人絕對不相信投降，他們與強制推行投降條件的當局發生衝突是理所當然的事情……」但是，在這份電報傳達到各指揮官的手裡之前，中央政府已經決定投降，海軍的方針也已制定下來了。

不知道這一切的他，越發堅定了固守城池的決心。在宮中，當藤田侍從長和蓮沼武官長兩人蒼老的額頭靠在一起的時候，他正駕駛著汽車飛馳在橫須賀西北方炎熱的道路上。海軍三〇二航空隊⑱的厚木基地就位於這個方向，同意戰鬥到底的部下在那裡等著他。三〇二航空隊是直屬東部軍司令官的防空戰鬥機隊。集中了雷電、月光、彗星等新式戰鬥機，這是一支以見敵必殲而自豪的勇猛部隊。他是他們的司令——海軍大佐小園安名。

⑮原注：

關於鈴木首相的政治力，作家志賀直哉在隨筆《鈴木貫太郎》中有著精彩的評論：

「在當前的非常時代，政治伎倆不怎麼管用了，不是嗎？除了用更好的辦法度過難關，日本沒有別的路可走。……在正面衝突中，豁出性命，誰都做得到。鈴木希望能採用超常手段達到最終的目的。在這種情況下，只要鈴木提到哪怕是一丁點兒的和平意願，軍隊就越反其道而行之。於是鈴木將本意隱藏起來，最後將這艘破爛不堪的船划到了終戰的港口。我們至今還坐在這艘即將沉沒的破船上。軍隊說乘船出海吧，鈴木只是將船頭對著海上，卻意外地把船駛進了終戰的港灣。」

的確，在那個國民失去理智的瘋狂時代，一般的政治手腕是無濟於事的。單就政治手腕這一點來看，鈴木是遠遠不及岡田啟介、近衛文麿、若槻禮次郎、木戶幸一這些人的。鈴木不玩政治手腕，而政治影響卻得到了充分的發揮，原因何在？簡而言之，在於他無私無我的思想境界。因為沒有「我」，就不會顛倒事情的輕重本末，在即使現在都難以想像的瘋狂年代裡，因為沒有「我」，就能始終保持清醒的頭腦。

⑯譯註：

日本舊制中央機關之一，管理皇室、皇族、貴族事務，相當於現在的宮內廳。

⑰原注：

在《東部軍終戰史》中，關於畑中少佐這樣描寫道：「他是一個溫文爾雅的人，言談舉止極其溫和有禮」，「內心蘊藏著的激情連鐵石都能熔化」，以至於「與他有深交的人，在最後都離不開他」。當時少佐在陸軍省的上司、同事、晚輩都異口同聲地說，最重要的是，少佐是一個非常純情的青年。

下村宏在他的著作中這樣評價道：「少佐儘管純情，卻是一匹過於單純的、天真的拉車的馬」。他說：「椎崎中佐是一名體力超群、沉默寡言的軍人。他常常一邊吟誦《戰友》這首詩，一邊淚流滿面，這也是一種純情。」

⑱原注：三〇二航空隊以前直屬橫須賀鎮守府長官，但從昭和十九年（1944年）七月左右開始，在統一的國土防衛方針指導下，防空戰鬥機隊就分屬於各自管轄區內的陸軍防衛司令官指揮。

八月十四日

午後兩點——三點

「軍隊將自己負責解決一切問題。」

——米內海相

時值盛夏。火災後廢墟裡的馬口鐵四面反射著陽光，空氣悶熱，沒有一絲風，人們拖著瘦弱的身體。

陸軍省軍事課員井田正孝中佐胸前的軍服敞開著，衣冠不整、悵然若失地坐在自己的座位上。此時此刻的他變成了一個意氣消沉，被徹底打垮的有氣無力的男人。「就在一個小時前還心神緊繃，充滿鬥志，像出鞘戰刀一樣的我消失到哪裡去了呢？」井田中佐捫心自問，思緒煩亂，什麼事都不想做。

相信日本不滅的大和民族不是把國體看得比生命還寶貴嗎？這個美麗國家的歷史就要因為投降而被割斷。聖斷已經下了，應該沒有什麼疑問了……然而，井田中佐的心裡仍感到難以平靜。只因要珍惜生命，就躲在「承詔必謹」的美名後面，把全部責任推到聖斷上面，然後就認為責任已經盡到，大功告成了，不是嗎？井田中佐不由得對中央這麼卑劣的做法表示憎惡。「莫不是由於忍受不了痛苦，日本想要自殺了吧？」井田中佐胡思亂想著。

但是，井田中佐倏地奮然而起。他想振奮精神，卻感覺周圍的一切太虛幻了。唯一活得有意義的目的被剝奪，感覺如同死了一般。反正明天也會死的。生活變得毫無意義，身體像塵芥一樣行將消失，再大聲吵嚷又有什麼意義呢？井田中佐看破了這一切，他冷冷地遠望著為處理終戰而忙碌著的他的直屬上司荒尾軍事課長和同事們。

軍事課長荒尾興功大佐與井田中佐所持觀點不同，他敢於直視悲劇的發生。他想：到昨天為止，以阿南陸相為中心的陸軍號召本土決戰到底是有深刻意義的。這樣做的目的也是想借此來謀求全軍的統一，打消動輒就要離開的國民對軍隊的不信任感，讓日本國民團結一致，給敵人以迎頭痛擊，以便創造出哪怕是一丁點兒的有利的條件，體面地結束戰爭。這樣的重大戰略舉措被放棄了。在聖斷已下的今天再次強調了「承詔必謹」。其意圖是，通過貫徹執行這個方針，使全軍上下化為一體，秉承皇軍的榮耀，有條不紊地、平和地接受戰敗。本土決戰也好，「承詔必謹」也好，看似不同，其實出發點都是一樣的。「統率即道義」這句話是陸相的口頭禪，也是他的信條。全軍一致，貫徹道義，只有這樣才能將敗北的日本從瓦礫中拯救出來。荒尾軍事課長是這樣想的，也算是真正領會了陸相的用意吧。

在這種信念的支持下，他馬上採取了行動。他甚至冒著背負卑怯者污名的危險，立即展開工作。他接到陸軍次官若松只一中將的命令，接受了將「陸軍的方針」作為文件保留下來這麼一個極其重大的任務。戰敗不是亡國，最後時刻的內戰才會通向亡國之路。為此，必須將陸軍的方針視為絕對的方針。對終戰一事一定要採取有條不紊的行動，無論如何都要請陸軍的老前輩們好好商量一下。

第一總軍司令官杉山元元帥、留在東京的第二總軍司令官畑俊六元帥以及參謀總長梅津美治郎、教育總監土肥原賢二大將均希望有機會聚會一次。荒尾軍事課長透過副官與他們取得了聯繫，並決定派使者去找正在開內閣會議的阿南陸相以取得他的同意。接到荒尾軍事課長命令的使者馬上驅車前往首相官邸。

在首相官邸，內閣會議正在繼續進行。國務大臣兼情報局總裁下村宏再次回到記者招待會的座位上，其他的閣僚們繼續努力著，毫無倦色。不過，米內、阿南兩位大臣曾多次被來客叫出去，為此內閣會議也多次中斷。侍從武官領會木戶內府、蓮沼武官長的心意，以使者的身分從宮中來了。他向兩位大臣傳達了天皇的旨意，即為了平穩地收拾局面，天皇可以直接前往陸海軍省。兩位大臣異口同聲地回答道：「我們不會再給陛下添麻煩了。軍隊將自己負責解決一切問題，請向陛下轉達我們的意思⑲。」

不管怎麼說，雖然不時被打斷，但內閣會議還是持續進行著。內閣會議表面上看上去非常安靜，但閣僚們動輒就把目光轉到阿南陸相的身上，他們感到很困惑。在過去的內閣會議上，一直堅決反對無條件投降的陸相，現在就像得了健忘症似的，從容不迫地列席了主張投降的內閣會議，輪到發言的時候，就心平氣和地發表自己的意見。但是，這種表面的平靜令人疑心陸相懷裡揣著最後的王牌——辭呈。這可以說是暴風雨前的寧靜吧！陸相依然是「颱風眼」。

內閣會議採納了計劃局長官池田純久提出的方案，即嚴厲禁止在殖民地的破壞活動。軍隊撤退時，一般要將設施和軍需品毀掉，以免交給敵人。這是過去的戰術原則，如今禁止這樣做。現在要將海外的設施完好無損地保留下來，以用做將來必須負擔的賠償的一部分⑳。這一點如果不與終戰的命令一起通知軍隊的話，恐怕會誤事，所以池田強調有必要火速採取措施。閣僚們表示贊成。米內、阿南兩位大臣也約定要立即命令責任課員採取相應措施。

就這樣，閣僚們接連不斷地決定著各種議案，與此同時，在離首相官邸一公里左右的廣播協會所在的巨大的建築物裡面，其他的計劃也正在穩步而順利地實行著。技術局長荒川大太郎接到內閣會議決定進行錄音廣播的通知後，將此消息悄悄地告訴了技術局現業部㉑部長熊川嚴，並命令他進行錄音準備。熊川部長考慮了一下，把技師長友俊一叫到自己的房間裡，神色緊張地說：「要進行重要錄音……」說完，就下令進行準備。

此時，熊川部長沒有提到從荒川局長那裡聽說的有關目的地以及錄音內容等問題。不知為何，長友技師從部長的臉色中讀懂了「重要錄音」就是「天皇錄音」。從此刻開始，長友技師將加入到偉大的歷史的轉折期中。這是無法迴避的責任，技師強忍著內心的激動，肩負著重大的責任，一言不發地從房間裡走了出來。

兩台K型一四答錄機，兩組錄音擴大機等錄音器材被小心翼翼地準備好了。麥克風準備了性能最好的馬自達A型。器材是最好的，技術陣營的成員也是由一流的人員組成。誰都沒有提及天皇錄音一事，但每個人都意識到了這一點，並自覺地自願分擔重大責任。現業部副部長近藤泰吉是錄音組的負責人，長友俊一和春名靜人、村上清吾、玉蟲一雄等四人是工作人員。他們是分秒必爭地將混亂、破壞和頹廢加以轉換，引導到安穩和建設上的一群工作人員。

與此同時，使命完全相反的一個危險組織形成了。當廣播局這一組正埋頭準備錄音器材時，另外一組正埋頭於詮釋「天皇的心意」、「國體的精華」等重大命題。他們非常嚴肅認真，以至於工作氣氛非常緊張，充滿肅殺之氣。但是，正因為過於認真，所以他們顯得心胸狹隘。他們是帶著「軍人精神」的框架埋頭研究重大問題的，對此，他們毫無意識。他們受到了教育，被灌輸了一種神秘而徹底的觀念——要嘛全軍覆沒，要嘛取得勝利。對他們來說沒有投降一說。如果是為擁戴陛下而戰，即便是全軍覆沒，也不算是敗北。

椎崎二郎中佐、畑中健二少佐一起來到近衛師團司令部拜訪了石原貞吉、古賀秀正兩位參謀少佐，並陳述了自己的想法㉒：

「如果有外力把意志強加給天皇，捍衛國體就成了一句空話。排除這個外力是皇軍的權力和使命。接受《波茨坦公告》，就是外力強加給天皇的證據。以解除外力為己任的皇軍一旦被解除武裝，他們拿什麼捍衛國體呢？在要嘛全軍覆沒，要嘛取得勝利的緊急關頭，怎麼可以做出這樣的妥協來呢？在古今東西方的歷史中都沒有妥協性的講和，與其妥協講和，陸軍不如採取全民玉碎的態度。可是，光榮的陸軍大部分的指揮官們始終如一地認為終戰是天皇的旨意，只得服從。但投降果真是身為國君和大元帥的天皇的旨意嗎？難道不是失敗主義的重臣們隨意決定之後，強迫懦弱的天皇與皇后同意的嗎？同時也是大元帥的天皇的心意應該不是這樣的。對戰爭已感到筋疲力盡，開始吝惜起生命來的重臣們，他們的心思已完全凌駕於真正的愛國心之上了，不是嗎？」

他們這樣思考著，辯解著，相互說服著。很快他們就意識到只動嘴沒有任何意義。他們決定透過採取行動——即為了真正捍衛國體，而勇敢地戰死以此昭示全民。比起「承詔必謹」，他們的行動，他們的犧牲是至高的出路。不是為己而死，是為「大義」而死。是認識到自己的使命而決定死去。他們立志效仿楠木正成的「湊川之死」㉓。即便失敗了，也是為了探索一個理想的日本國而做出的必要的犧牲。他們情願背負污名，並為此下定了決心，做好了精神準備。他們自身具有的悲壯的美學在微妙地支配著他們的行動，他們要給走向滅亡的日本陸軍，其光榮歷史的最後一頁添上輝煌的一筆。

就這樣，悲歎、憤慨、震怒、哀傷等各種感情交織在一起，青年軍官們正逐漸確定了叛亂計劃，而此時此刻在陸軍省大臣的客廳裡，陸軍首腦會議召開了。被青年軍官們視為徒有美名而應被唾棄的「承詔必謹」的「陸軍方針」將正式被確定。列席的有三大長官（陸相阿南惟幾、參謀總長梅津美治郎、教育總監土肥原賢二），畑俊六、杉山元兩位元帥、次長、次官、本部長、部局長、報導部長、調查部長、軍事軍務兩位課長、總務部長，還有高級副官。

一份文件被取了出來，若松次官將該份文件放在了阿南、梅津、土肥原、杉山、畑五位將軍圍坐的桌子上，說：「這是本職根據參謀次長河邊閣下的提議寫成的書面形式的文件。請各位在文件上簽名。」

阿南陸相看了一遍，沒有說什麼，第一個簽了名。

「陸軍的方針：八月十四日十四點四十分，大臣客廳，皇軍要徹底按聖斷的旨意來採取行動。」

在阿南之後，梅津、土肥原、杉山、畑相繼簽了名，簽完之後梅津參謀總長說：「調整航空部隊的行動也很重要，我認為有必要讓航空總軍司令官也簽個名㉔。將軍們一致同意了。於是這個陸軍的方針更加完善了。

違反該方針的，就是叛逆者，就是叛軍。

⑲ 原注：
對此史事，多數書籍如此記載：「米內海相馬上這樣回答道，歪著頭在一旁思量的阿南陸相後來才表示同意」。但池田純久的著作和談話表明，阿南陸相立即就表了態。

⑳ 原注：
池田純久的這個先見之明結果卻出乎意料地失敗了。因為蘇聯把在滿洲的設施當做「戰利品」拿走了。如果是戰利品，就不能成為賠償的墊款。儘管如此，這個決定對亞洲的解放是相當有用的，這是不爭的事實。

㉑ 譯註：
技術局現業部：掌管專營企業的機關。

㉒ 原注：
無法確認四個青年軍官是否真的在這個時間裡合謀叛亂。但是，參照荒尾興功、井田正孝、竹下正彥等人的意見，從時間上類推，後來的皇宮事件大概就是從這個時間開始的。

㉓ 編註：
楠木正成：後醍醐天皇的建武二年（1335年），鎌倉幕府的足利尊氏反叛朝廷，經楠木正成奇蹟般地擊破足利大軍，始得守住京都。建武三年（1336年），足利尊氏再次以大軍進逼京都，楠木正成明知此戰必敗仍捨命出戰，率領少數親兵在湊川之戰中迎擊足利大軍，戰敗之際留下遺言「我願意七次轉世報效國家」（七生報國），與其弟楠木正季互刺而死。後世以楠木正成為忠臣與軍人之典範，視之為武神。

㉔原注：會議結束後，若松次官把文件帶給航空總軍司令官河邊正三大將看，把事情的經過做說明後，請大將簽了名。

八月十四日 午後三點 四點

「重蹈永田鐵山的覆轍。」——田中軍司令官日本全國籠罩在「死」的苦悶之中。東京已經死了。街道上行人急劇減少，天空中沒有一絲雲彩，陽光毒辣刺目。下午三點，廣播協會的大橋、矢部、荒川三位首腦和錄音組的五人分別乘宮內省的兩台汽車經過日比谷大街，朝坂下門駛去。一路上眾人沉默不語，很快就從木門進入了皇宮。

雖說是在戰時，皇宮內對著裝的要求仍然十分嚴格。這天因為事出突然，大家都顧不上那麼多，幾乎人人都穿著帶有禮儀徽章的國民服。矢部局長的國民服是從高橋武治報導部長那裡借來的。衣服不合身，有些寬大，他一路都在擔心，這會不會顯得不敬呢？來到宮內省後，他們發現情報局第一部長加藤祐三郎、廣播課長山岸重孝已先行抵達。加藤和山岸也穿著合身的國民服。大家都不清楚此行的目的，但個個神情異常緊張。

錄音人員被帶到宮內省二樓休息室，他們查看了放麥克風的御政務室，又查看了隔壁進行拜謁的房間等地後，馬上就開始準備工作。何時進行錄音，尚未確定，所以他們必須儘快做好準備。

此時，宮內省有人提出錄音完成後，能否立即將錄音內容放給天皇聽閱。因為沒有安裝錄音的重播裝置，所以他們答應有必要就安裝一個。雖然不清楚是否真有必要，但為了以防萬一，長友技師決定和玉蟲技術部員一起把東京唯一的一台雙聯錄音再生機取來。日比谷第一生命館的地下室裡有個「保密室」，是備用播音室，雙聯錄音再生機就放在保密室裡。保密室裡的設施齊全，萬一廣播會館被炸，播音室遭到破壞的時候，可以從這裡進行廣播。

汽車朝保密室駛去，在進入大樹下的陰涼處時，他們微微出汗的肌膚感受到了一絲涼意。是的，東京還殘留著綠色，他們還記得當時體驗到了一種奇妙的感動。

同樣美麗的綠色還殘留在市谷台陸軍總管轄處的周圍。但是，住在這裡的人們今天眺望著生機盎然的大樹，心中的寂寞、淒涼無法用語言文字來表達。又有誰會想到帝國陸軍的軍人竟會懷著如此淒慘的心情站在市谷台上呢？這也是應得的報應。帝國陸軍必須為昭和六年（1931年）「滿洲事變」以來自己的野心、殘暴和不誠實而付出代價。帝國陸軍不僅僅是一個戰鬥集團，他們忘記了日本的優越性，忘記了作為道德的規範，陸軍還是一個崇高榮耀的軍隊。這些軍人頭腦發熱，太強調純日本性，認為一億日本人應該只在軍人精神中生活，應該在這個精神中死去。如此狷介的精神越來越激烈，以至於產生了許多對政治感興趣的軍人。至忠至誠、戰鬥力強已不再是軍人的第一條件，甚至去最前線好像都成了一種懲罰。軍紀渙散，有等於無，全軍就像佈滿裂縫的瓷器一樣，失去了內部批判性。侮辱若不是應得的報應，那又該是什麼呢？通情達理的軍人都這樣想。

有一個通情達理的軍人——阿南陸相——在陸軍首腦會議結束以後，沒有回到內閣會議，而是把自己關在房間裡，獨自一人站在窗邊，想起了對天皇的承諾：「軍內的事情，軍隊自己負責處理。」他意識到現在的問題不是要把陸軍這個易碎的危險物打碎，而是要設法將它放在應有的地方。很快，陸相就命令陸軍省課員等級以上幹部火速到省內第一會議室集合。

在虛無、幻滅和痛恨的目光注視下，陸相登上講壇，慢慢地開始訓話。他首先陳述了事情的經過。十日那天陛下做聖斷時提出，是停戰，還是繼續戰鬥，完全取決於盟軍的回答。正因為如此，當時要求大家做好和與戰的兩手準備，靜觀時局變化。但是今天上午陛下做出了聖斷，決定停戰，而且說如果有必要，他可以親自前往陸軍省說服軍隊。

「陸軍已受到天皇多次恩惠，現在根據聖斷，陸軍的出路只有一條。即擁戴天皇並付諸行動。在捍衛國體的問題上，今天陛下表示『很有信心』，在元帥會議上，陛下重申『朕有確鑿的證據』。因此，在今天的三大長官和元帥的聚會上，大家決定皇軍要一致服從天皇的裁決。」

若在平時，話說到這裡就足夠了。全陸軍的方向已經決定。陸軍大臣的命令既已下，就不允許有任何違反。但是，現在時代不同了，有軍人公然斷言，即便是大元帥的命令，當確信是錯誤的時候，阻止命令的執行才是真正的忠誠。大臣繼續說道：

「今後皇國的苦難會日益加重，諸位……」

此時，台上台下一片寂靜，部屬們一邊聽一邊哭泣，在他們中間，可以看到表情嚴肅的竹下正彥中佐的身影。大約三個小時前，中佐還勸陸相辭職，勸陸相出面制止副署；竹下中佐希望通過本土決戰促成體面停戰，而此時此刻他和其他人一樣，為陸相所說的話感動不已。當聽到大臣說「諸位」的時候，他驚訝地抬起頭來。按理，大臣應該說「我們」，而不是「諸位」。大臣已經把自己排除在外了！這又引起了新的、強烈的感動。大臣已經作好了引咎自殺的準備，不是嗎？

「諸位，請銘記：過早的玉碎絕不是解決問題的途徑，即便是啃泥巴、睡荒野，也希望諸位為捍衛皇國而奮鬥到最後一刻。」

大臣平靜地結束了訓話。他勸告大家不要過早地玉碎，命令大家在國土被佔領後為捍衛國體而努力奮鬥。大臣開導說，在天皇的命令下玉碎，或在天皇的命令下忍受武裝解除，只有在這一點上才能體現皇軍真正的風采，皇國的命運也仰仗於此。感覺到這是陸相最後訓話的不止竹下中佐一個人。其他人也有一種直覺——陸相決定引咎自殺了。

接著，參加了御前會議的軍務局長吉積正雄站了起來，如實傳達了天皇的話，並詳述了大臣的訓示。緊接著，若松次官代表全體與會人員致答詞，表示要嚴格遵守大臣的訓示。此時此刻，一切已成定局。「滿洲事變」以來歷經十五年，全陸軍努力奮鬥的目標在陸相的訓示中最後得以實現。建軍七十年以來，創建帝國陸軍的將軍們的亡靈和人們的緬懷還活在這個建築物的每個角落裡。男人們神情肅然地聚集一堂，將要完成最後的任務。偉大的大陸軍先輩們對他們的行為將會給予怎樣的祝福呢？男人們懷著無比崇敬的心情目送大臣走下講壇，轉身離去。恐怕這是最後的訣別了。

但是，有幾個不服氣的青年軍官沒有參加大臣的訓示。因為沒有點名，所以不清楚究竟誰沒有與會。比如井田中佐，明知有集會，就是不想動身前往，而是待在陸軍省的地下防空洞裡。在他看來，一切都是愚蠢的。他感覺自己已失去魂魄，正輕飄飄地遊蕩在酷熱的空中。

集會中也沒有見到椎崎中佐、畑中少佐的身影。此時，他們在皇宮周圍到處跑動，為實現自己的理想，他們分工合作，打算集結更多志同道合的人。當阿南陸相登上講壇，環視部下的時候，畑中少佐正在東部軍管區司令部拜訪軍司令官田中靜壹大將。軍司令官室坐落在日比谷第一生命館的六樓。奇妙的偶然在支配著一切。在第一生命館的地下，此時此刻，長友、玉蟲兩位技師正大汗淋漓地設法卸下錄音再生機，把它搬運到宮內省去。畑中少佐紅著雙眼，跑上他們頭頂上的樓梯。

田中軍司令官爽快地答應了與畑中少佐會面。副官塚本清少佐以防萬一，手按軍刀刀柄，站在軍司令官室的內側戒備著。畑中少佐大聲通報了一聲，然後進入了房間。剛一進來，田中軍司令官就給了他當頭棒喝。

「你跑到我這裡來幹什麼？閣下的想法我很清楚。什麼都不要說。回去吧！」

決定停戰的消息也傳到了東部軍那裡，與此同時，年輕的軍官中有人企圖暴動，這個不祥的消息也不知不覺傳到了田中軍司令官的耳裡。

不能再戰鬥下去了，必須馬上結束這場悲慘的戰鬥，以田中軍司令官為首的參謀長高嶋辰彥少將等東部軍幹部們在內心深處越發堅定了這個決心。

他們是作戰部隊。正因為如此，不管願不願意，他們都得承認日本目前處於最後階段，要想生存下去，除了儘早結束戰爭以外，別無他路。他們管區內的軍工廠幾乎都被摧毀了，國民內心對戰爭已感到厭倦，軍隊本身也由於士兵人數的過度擴充導致戰鬥力低下。如果敵方在空軍的支援下，機械化部隊登陸後直衝上來，要保住關東平原不是一件容易的事。而且預計敵方的登陸地點全是生活、生產區域，這裡居住著一千二百萬居民，把他們轉移到什麼地方才好呢？根本就沒有轉移的土地和糧食，也不知道敵方登陸後將如何對待普通民眾。就日本人而言，因為有大和魂在，所以他們不會採取任何妨礙軍隊的行動，他們都很樂意為死守皇土而做出犧牲，這是軍人們解釋的精神論。可是要想在敵人登陸前殲滅敵人，真的像口頭上說的那麼容易嗎㉕？

而且，田中軍司令官和高嶋參謀長還面臨著悲劇性的矛盾，即在每日每夜狂轟濫炸的敵機的空襲之下，軍隊一方反倒安全了，而既沒有作戰能力也沒有歸屬的國民卻不得不在火海中掙扎。個人的力量是無能為力的，這就是日本最後階段的現實。他們負責防空任務，殘酷的現實讓他們的良心倍受煎熬。如果撇開軍人的職責於不顧，客觀地進行判斷的話，他們不得不承認，除了停戰以外沒有別的救國之路了。

正因為瞭解實情，所以田中軍司令官心裡十分明白，軍隊即便奮起違抗聖斷，國民也不會跟進的。軍司令官一看到畑中少佐的臉就忍不住狠狠地申斥了他一番，正因為有這樣悲慟的現實，軍司令官才有這樣的心理和行為。

畑中少佐臉色蒼白，嘴唇顫抖著，本想說些什麼，但聲音嘶啞，說不出話來。他像根棍子似的在那裡呆立了一會兒，然後像個機械玩偶一樣敬了個禮，一句話沒說就轉身離開了。塚本副官放下心來，看著田中軍司令官的臉。軍司令官也看著副官，說：

「塚本，此事如果不引起注意的話，我們將會重蹈永田鐵山的覆轍。」

東奔西走、汗流浹背到處活動的不僅僅是畑中少佐一個人。這邊廂，木戶內府也忙得分身乏術。三點二十分，三笠宮拜訪了木戶，大家暢談了一番。三點四十分，木戶與蓮沼武官長會了面。這裡的人以木戶為核心，都擔憂軍隊會奮起反抗。為此，如何讓軍隊接受停戰，不流一滴血就自動收兵呢？有什麼好的方案能做到這一點呢？兩人就此話題進行了討論。

四百三十萬陸海軍官兵、一萬架敢死隊飛機、三千三百枚海上特攻兵器，在日本國內各處已做好最後大決戰的準備，伺機而動；而且，士兵的身體就是武器，就是軍火，他們被教導要不惜一切代價拼死決戰，士氣受到了鼓舞。在整個戰爭期間，陸軍打的全是小規模的島嶼戰，而且，也只是在補給戰中失敗過。所以，如果十幾個師團正面迎戰，進行陸上作戰的話，陸軍是不會輕易失敗的。負責指揮的陸軍統帥誇下海口。如果連仗都沒有打，一夜之間就被稱之為敵人的對手解除武裝，無論是軍人，還是軍隊，都會留下千秋遺恨的。

木戶內府他們擔心的就是這一點。「活著受辱，成什麼體統？」這種強烈的感情會產生瘋狂。如何才能保證軍隊不發生難以預料的騷亂？蓮沼武官長將兩位大臣提出的陸海軍將全權負責處理軍內事務的答覆轉告了木戶。木戶也同意這個主張。但即便如此，憂慮還是沒有從他的腦子裡消失掉。

三點五十分，警視總監町村金五前來拜訪木戶。總監似乎想要驅散內府心中的困惑，肯定地對木戶說：「請不用擔心治安問題。」木戶點了點頭，等待總監的下一句話。為確保治安穩定，本應該提出一些條件的。但是，總監保持著沉默，木戶也不好問。儘管沒有用言語表達，但一切盡在不言中。不能再延誤時日了。「必須以電光石火的速度來完成停戰的手續。」這就是第一條件。可能阻撓這個條件執行的，恐怕只有陸軍了，兩個男人這樣想。

木戶他們的擔心不是沒有根據的。軍隊的大方針是「承詔必謹」，可就其具體內容而言，軍隊在戰敗後，老老實實地解除武裝這一條將如何操作？即使在解除武裝的方式、時間及其他方面發揮充分的想像，也描繪不出一個確切的實施方案來。自開天闢地，有歷史記載以來，大家第一次嘗到了滅亡的滋味。各種流言蜚語滿街亂竄，其中流傳最廣的是，敵人的登陸船隊明天一大早就會進入東京灣，登陸後馬上進駐京城，並將毫不留情地解除軍隊的武裝。大家相信就在明天，在光天化日之下，軍隊將不得不忍受軍刀被收繳、手槍被奪走、肩章被強行扒下這樣的奇恥大辱。有幾個少壯軍官大聲喊叫著，所謂「承詔必謹」，難道就是忍受恥辱、束手待擒嗎？到昨天為止還在殺戮戰友和同胞的敵人，如今就要出現在眼前，軍隊能否甘心忍受這樣的屈辱？沒有人知道。

在陸軍省的後院裡，重要文件接二連三地被搬出來，堆積在稍微有點凹陷的地方，澆上汽油點燃。工作人員退得遠遠的，將文件扔進火中。火星四散，煙霧直沖雲霄。火焰高高地燃起，像是在憑弔帝國陸軍的崩潰一樣，華麗而短暫。

井田正孝中佐走出地下室回到房間，久久注視著這樣的場景。軍務局軍事課員室裡，有幾個同事顯得非常沮喪。井田中佐對他們說：

「萬事休矣。一切都結束了。把所有的一切都燒掉吧。在做完該做的事情之後，我們軍人就該承擔起真正的責任了，並以此戰敗向陛下道歉。你們是怎麼想的？……我認為，市谷台上的軍官，如果可能的話，最好是陸軍的軍官全體切腹自殺謝罪，除此以外我們別無選擇。這才是確保我們的精神流傳萬世的唯一道路。沒有比這更完美的身影了。怎麼樣？你們不這樣認為嗎？大東亞戰爭期間，連一次感謝都沒有表示過。現在這樣做，是為了充分補償過去的所作所為。我們全體成員應切腹自殺以謝戰敗之罪。」

井田中佐在絕望、乾涸的精神中找出了一絲活力。他翻來覆去地想，每個人的命運都是不確定的，但這並不重要，重要的是我們要齊心協力、壯麗輝煌地走向滅亡。如果大家能以這種方式去死，那麼日本就能度過困難時代，並對神州不滅有了信心。這樣一來，與「承詔必謹」如此美名所帶來的卑怯的戰敗不同，日本敗北的意義就變得十分巨大了。井田中佐把獨自一人待在地下室，經深思熟慮得出的結論對同事們述說著。

㉕原注：

事實上，參謀本部首腦和阿南陸相等人考慮的是，十月在預計的九州登陸作戰中給予敵人最後一擊，再提出停戰。如果敵人在關東地區登陸，皇軍就沒有勝算，只有打游擊戰。

八月十四日

午後四點——五點

「反正明天都是一死。」——井田中佐

阿南陸相從陸軍省回來，一度中斷的內閣會議再次召開了。迫水書記官長將油印的印刷品交給閣僚們。這是好不容易才完成的投降詔書草案，為了將天皇在早上御前會議上的講話精神最大限度地體現在詔書裡，該草案徵求了安岡正篤的意見，書記官長、木原通雄等人也親自做了最後的加工修飾㉖。老人們從口袋裡取出眼鏡戴上，恭恭敬敬地捧著詔書草案，從頭到尾閱讀了一遍。

不知出於什麼考慮，首相官邸建得陰森森的。窗戶不僅小而且數量少，為防空襲的十字形紙條密密麻麻地貼在玻璃上，黑色布幔垂在窗邊以備燈火管制。房間裡很暗，以至於在白天就得開燈，室內空氣很潮濕。邁一步到陽台上，出現在眼前的就是戰敗後淒慘的景象。後面的日本館被殘酷地燒塌了，燒得焦黑的木頭亂七八糟堆積著，樹木也被燒空，枯死了。書記官長、書記官、秘書官等人的西式宿舍也全部遭到了直接轟炸，外牆搖搖欲墜，行將倒塌。外面是一望無際被野火燒過的蕭瑟原野。到處都是內部被焚毀、只剩外殼的高樓，孤零零的保險櫃和倉庫的殘垣斷壁等。隔著貯水池，在對面丘陵的斜坡上白色牆壁的美國大使館，只有屋頂被燒毀，仍儼然聳立在一片瓦礫的荒地之中。

戰敗的悲慘狀況令人刻骨銘心。老人們讀著無條件投降詔書，不由得感慨萬千。讀罷詔書，文部大臣太田耕造發言了：「就把它當作議題來討論吧。」其實，他還草擬了另一份詔書，但他把這份草稿收了回去。他建議將油印的詔書作為內閣會議正式提案來進行討論㉗。

迫水、木原草擬的方案當成試行方案得到了大家的認可，米內海相和阿南陸相談了自己的意見。他們提議將部分印刷品分發給各省內的負責人看。該提議得到了大家的贊同，於是詔書部分草案由副官分別送往陸軍省，海軍省。正因為大家都瞭解陸海兩相的苦衷，所以對他們提出的請求，當即就表示同意。

總之，估計再過一個小時審議就會結束，於是就這樣把詔書草案作為通知，直接帶到了宮內省。三點三十分左右，一切準備就緒，在別的屋子裡待命的錄音相關人員被告知，錄音預定最遲在六點左右開始。

但是，在非常事態下，很多意想不到的事情發生了，一切都沒能按計劃實行。第一個障礙是陸軍省向阿南陸相提出的要求。該要求是：從法制上來看，接受《波茨坦公告》應該視為締結條約，所以有必要向樞密院進行諮詢，政府在公佈詔書前，應該先辦理該項手續。陸相不是沒有想過這個問題，因為事前對此有所擔心，所以特地讓樞密院議長平沼騏一郎代表樞密院參加了御前會議。但是，從憲法的原則來說，不能佯裝不知。

閣僚們意見紛紜。如果剛才那個意見正確的話，那就有必要馬上召開樞密院會議，可要召開正式的會議今天是來不及了，要任意延遲會議，時間上也不允許。無論是對外，還是對內，都必須儘快辦好停戰的手續。迫水書記官長拼命地辯解，企圖用話術矇騙過關，但鈴木首相理所當然地指定法制局長官村瀨直養，命其去進行充分的研究。村瀨站起來，回答說馬上去調查，然後就靜靜地退出了內閣會議室。

看來有更大的圖謀被隱瞞了，內閣會議只好停下來休息。大家認為陸軍在做最後的掙扎，感覺在內閣會議上瀰漫著令人恐懼的氛圍。閣僚們猜想陸相內口袋裡藏著「辭呈」。這個辭呈會不會馬上就要被拿出來？大家都很擔心。但是，阿南陸相作為責任人，卻沒有任何的裝腔作勢，而是從容不迫地等著村瀨長官的回來。

幾乎每位閣僚的心裡都擔心陸軍是否暗地策劃著什麼，事實上，全體陸軍將士同心協力來得太晚。大政方針「承詔必謹」已經確定，在召開御前會議前經過反覆推敲，在大臣、參謀總長帶領下的政變計劃被放棄了。因為要面子和逞強，死抱政變計劃不放的軍官不是沒有，但是，形勢發展卻讓他們無法力挽狂瀾。「承詔必謹」的方針開闢了光明大道，令人豁然開朗，陸軍不知不覺地喪失了戰爭的意志。

但是，不能忽視的是一部分像椎崎中佐和畑中少佐這樣的青年軍官。他們已經開始在進行亡命行動了。這已經不再是面子和逞強的問題了。一種近似於瘋狂的激越信念開始支配他們的行動。在大臣室裡因失去理智而哭泣，而且跑出去就一直沒有回來的畑中少佐，在詔書草案以油印的形式在內閣會議上被提出來的時候，卻擺出殺氣騰騰的架勢再次出現在陸軍省。他是在被趕出東部軍司令部後，順便來軍事課員室拜訪井田中佐的。

此刻，井田中佐正坐在自己的座位上為自己主張的「軍官全體自殺」方案做一些整理工作。畑中少佐頂著盛夏的烈日，騎著自行車，從陸軍省到近衛師團，從近衛師團到東部軍，然後又到陸軍省這樣各處來回奔波著，滿身塵土，汗水濕透了全身。與中午在大臣室裡哭成淚人時判若兩人，畑中少佐此時的表情非常明朗，連井田中佐都感到詫異。畑中邀井田來到屋頂，看著眼下一片荒蕪的京城，兩位軍官敞開了心扉。

「今後該怎麼辦？」畑中少佐首先問道。在陸軍士官學校井田中佐高畑中少佐一個年級，在學生時代大家就經常像這樣互相討論問題，井田偶然想起了那個令人懷念的美好時代。井田談了談自己正在考慮的以全體軍官自殺的方式來承擔戰敗責任的想法。畑中大吃一驚，他瞪大雙眼回答道：

「的確，如您所說，這才是美麗動人的皇軍的風采，也可以說這是一條最好的道路。但是，這樣做果真能行得通嗎？我想恐怕不能。我不同意中佐您這個不可能成功的方案。可是，就這樣無所事事地呆著嗎？……為了捍衛國體，是嚴肅地『承詔必謹』比較好呢？還是放棄沒有任何確鑿證據的談判，將戰爭推向結束比較好？我想如果不看結果的話，是無法斷定的。況且，人類也不能預知未來。不管採取哪一種方案，歸根究底一切都要聽天由命，不是嗎？同樣是聽天由命，身為國民，與其坐等他人來捍衛國體，不如做背負污名的逆賊，選擇一條走得通的道路，這才是上策。」

畑中少佐滔滔不絕地講著，目光炯炯有神，談話中有一種能打動人心的奇妙的力量。

「不知道命運會袒護哪一邊。無論袒護哪一邊都可以，判決是根據實際行動來決定的。既然我們的實際行動是純粹的忠誠心的流露，作為臣子，就沒有什麼可感到羞愧的……中佐，我認為首先應該佔據皇宮，切斷其與外部的聯繫，我們應該幫助天皇陛下，為收拾局勢做最後的努力。我認為這種做法比軍官全體自殺更好。我已經與近衛師團聯繫過了，一切準備就緒。只要少數人奮然而起，就能一呼百應，大家團結一致辦事，成功是毫無疑問的。務必請中佐同意，並參與計劃。」

井田中佐側耳傾聽著，感覺到自己就要被少佐的道理說服了。敗戰的戰槌迎頭擊來，一切計劃化作泡影，無助和絕望的情緒瀰漫全國。一個人面對這一切，卻還能積極踴躍、反覆琢磨著計劃，並展開行動，這個男人的活力究竟來自何處？一個鞠躬盡瘁、死而後已的真正的軍人就站在眼前。在很多地方都令人唾棄的最後的陸軍裡，畑中少佐是唯一一個讓人感到神清氣爽的人。但是，井田中佐並沒有將自己內心的真實想法說出來，而是違心地強調日本所處的「現實」。陸相說，天皇不想再繼續戰鬥下去了，所以無論策劃什麼，都不過是白費勁。但是畑中少佐卻斷言，成功與否要看努力的情況，並不是一點希望都沒有。他說：

「試一試最後的直諫，這是相信神州不滅的人們賦予我們的使命，不是嗎？」

井田中佐回答道：

「這是在強大的外敵面前鬧事。如果成功了還好說，可如果失敗了，並由此引起內亂的話，那可就麻煩了。既然沒有百分之百成功的把握，那現在就只有『承詔必謹』，除此以外別無他法。所以，我是不同意你的計劃的……喂，畑中少佐，燃燒的劫火一旦被水澆滅，就再也燃燒不起來了，這可是常理啊！」

「中佐說的是成功與否的問題。但是，『承詔必謹』也一樣，很難事先計算出有多少勝算。國體果真能得到捍衛嗎？首相、海相、外相，誰都提供不出確鑿的證據。所以說，只有斷然實行我的計劃才有出路。」

此時，井田中佐個人對政變成功的可能性已不抱任何幻想。當阿南陸相決定服從聖斷的時候，成敗已定。軍人的理解力和普通人的一般常識告訴自己這一點。他想事到如今，時代的潮流已經不可挽回了，揮起的拳頭不知該砸向哪裡才好，比起沮喪地撓撓頭作罷，或自暴自棄地揮舞拳頭，堂堂正正地，在全世界的注視下把手放下反倒需要真正的勇氣，而且剩下的道路，只有一條，就是毫不留戀、痛痛快快地自殺而死去。

「畑中，我只是同意你的純粹的精神。但是我不贊成你採取行動。如果有可能，你也可以試試看。我不阻止你。反正明天都是一死㉘。」

幾分鐘後，井田中佐使勁拍了拍畑中少佐的肩膀，準備送少佐走了。不管怎樣，畑中的計劃是在聖斷下達之後，匆匆忙忙琢磨出來的，將計劃付諸行動，時間必定十分倉促。井田中佐這樣想著，不由得向畑中少佐失落的背影投去溫暖的目光。

畑中少佐反覆對井田中佐說，已經與近衛師團取得了聯繫。這個近衛師團的步兵第二聯隊此時在聯隊長芳賀豊次郎大佐的指揮下，舉著聯隊旗正威風凜凜地從乾門進入皇宮內。在正常情況下，皇宮內的警備工作由第一聯隊和第二聯隊輪流擔當，十四日、十五日由第二聯隊負責。整個聯隊由三個大隊組成，輪流擔當皇宮的警衛工作，比如說，一大隊在皇宮內警備，三大隊在司令部待命，二大隊在訓練或休整。這一天，第一大隊（大隊長北畠暢男大尉）進入皇宮內，已經站在規定的哨位上了。不過，為了加強警備，待命中的第三大隊（大隊長佐藤好弘少佐）也參與了警衛的工作，第二聯隊長芳賀豊次郎直接擔任指揮。現在並沒有空襲警報，這樣做是沒有先例的。

芳賀聯隊長命令第二聯隊副官曾我音吉大尉在完成了部隊的善後工作之後返回，於是曾我副官留在了師團司令部。他只聽說過大致在十一日左右接受了《波茨坦公告》，但無法得到準確的消息。對今天上午再次下達聖斷一事，曾我副官就更是一無所知。所以，為什麼皇宮內要加強警備，為什麼要採取打起聯隊旗，由聯隊長直接指揮這樣的措施㉙，曾我副官雖然感到有幾分不可思議，但也沒有太放在心上。

在近衛師團司令部的參謀室裡兩名青年軍官正在待命，等著那一時刻的到來。兩名軍官是陸軍航空士官學校第一學生隊第三中隊區隊長上原重太郎大尉和在陸軍士官學校任教的藤井政美大尉。上原大尉於八月十二日以航空士官學校教官佐野幹雄少佐的聯絡官身分拜訪了近衛師團，與參謀古賀秀正少佐見了面，從那以後，上原大尉就加入了策劃徹底戰鬥的政變派。藤井大尉來自近衛師團第一聯隊，因為想要知道中央的情況，所以從座間遠道而來，雖然是初次見面，但很快與豁達的上原大尉成了形影不離的知己，更加堅定了一旦有變故就奮然而起的決心。因為人員的進出是處於一種混亂的狀態，所以曾我副官幾乎不曾注意他們二人。

畑中少佐所說的多少「取得聯繫」的近衛師團就這樣有所動靜的時候，法制局長官村瀨直養回到了內閣會議，條理清楚地報告說，從法制上講，樞密院的諮詢不是特別有必要。

迫水書記官長一時非常擔心結果會怎樣，但聽到村瀨長官非常冷靜的說明，在感到佩服的同時，也放心了。阿南陸相沒有再追問下去，只問該問的話，如果同意，就說好，就這樣簡單。

內閣會議進入了詔書草案字句的斟酌階段。在討論期間，各大臣接連不斷地被叫出去，討論幾度中斷，等大臣回來之後又重新開始，結果遲遲沒有進展。內閣會議室內外的人們好不容易從茫然自失的狀態中恢復了自我，大家來去匆忙，動作變得輕快敏捷。

㉖原注：從第一次御前會議結束的十日的早上起，迫水久常、木原通雄就開始起草詔書的草案。他們只參考了《歷代詔敕集》、《內閣告諭集》、《漢和大辭典》、《廣辭林》四本書。據說開戰的詔書裡有語法上的錯誤，所以大家決定這次要更加慎重。漢學家川田瑞穗、安岡正篤兩位在措詞、表達方面提供了幫助。在下第二次聖斷之前，油印的原稿就已經出來了，不過，當務之急是要在油印的原稿裡加入第二次聖斷時天皇說的話。迫水書記官長決定修改油印的原稿。就這樣，應該在內閣會議上討論的原案，再次經過安岡正篤的校閱，在下午三點過後完成了。這次刻油印蠟板的是內閣官房總務課的佐藤嘉衛門課員。

㉗原注：據說除此之外，還準備了一份由綜合計劃局參事官毛利英於兔起草的草稿。

㉘原注：

兩個人的問答，來自於昭和二十年（1945年）八月十六日記錄的《關於八一五事件的井田中佐的記錄書》。這是軍事課長荒尾興功大佐訊問井田正孝中佐時的記錄。其餘部分參考了井田中佐的手記、談話等。

㉙原注：

下午四點過後，一大隊的警備力量得到加強，這可以認為出於兩種考慮：其一，知道「聖斷已下」這個事實，在師團長的命令下採取該措施以備不測；其二，此時團長已經同意了畑中少佐等人的計劃，在該計劃下採取了行動。究竟是出於哪個考慮，現在已無法查明了。因為芳賀聯隊長在本書的採訪前就已故去。這裡不做任何判斷，只是如實地記錄當時的情況。

八月十四日 午後五點——六點

「近衛師團有險惡的計劃。」——近衛公爵

下午五點剛過，當前首相近衛文麿公爵得到消息，說皇宮中心形勢險惡時，馬上聯想到了「二二六事件」㉚。他得到的另一個消息是：下午準備召開御前會議。近衛公爵將兩條消息聯繫在一起，認為必須馬上通知木戶內府。原本近衛公爵心想，御前會議召開，大家都異常忙碌，可能無法聯繫到木戶內府，沒想到木戶內府接了電話，稱電話交談不方便，請近衛公爵立刻前來一趟。

木戶內府對坐在對面椅子上的近衛公爵說，御前會議提前在上午舉行了，並特別描述當時眾人流淚的場面。當木戶內府如實傳達天皇旨意時，近衛公爵不由得脫口而出：「成功了！」近衛公爵滿眼的淚水奪眶而出，像線一般從枯瘦的兩頰滑過。「鈴木總理的無為之策最終贏來了停戰的決定。」近衛公爵動情地說道。他再也控制不住自己的感情，任憑淚水流了下來。木戶內府受到感染，又一次流下眼淚。隔著髒兮兮的辦公桌，兩位殿上人㉛不停地流著淚，以至於雙方都感覺有些不好意思了。

稍過一會兒，近衛公爵說：

「近衛師團有險惡的計劃，這件事你知道吧。」

木戶內府搖了搖頭說：

「嗯，有這個傳聞。」

木戶內府詢問消息的來源，近衛公爵笑了笑把問題岔開了，只說還是要嚴加防範才好。

「那，就這麼辦吧。」

雖然嘴上這樣回答著，但木戶內府還是半信半疑，果真有什麼圖謀嗎？有確鑿的證據嗎？怎麼會有如此愚蠢的舉動？在木戶內府心裡，不如說否定的情緒更加強烈。

侍從戶田康英是較早注意到近衛師團異常舉動的人之一。他發現從宮內省到御文庫的路上有軍人四處遊蕩，人數比平時多很多。雖然感到有些懷疑，但他很快就改變了想法，是呀，現在已經決定停戰了，軍隊這樣做，也許是為了防備不測事態發生吧……可是，即便如此，人數也太多了一點吧……

軍隊這樣四處遊蕩，並非因為他們喜歡這樣。雖然他們接到命令進駐皇宮，但宮殿在五月的空襲中燒塌後，哨位減少了，只要少數人就能勝任規定的護衛工作。二營的軍人不可能全部充當護衛，所以無奈之下，多餘的軍人只好一邊四處遊蕩，一邊等待命令。

說到等待，參與錄音的相關人員正緊張地等待著那個漫長的「時刻」的到來。他們開始聽說是六點左右，於是不停地看時間，反覆對自己說「馬上就到了」。三點三十分準備結束之後，時間就變得異常漫長，肩膀都等酸疼了。

無論錄音相關人員等待詔書完成的心情多麼苦悶，內閣會議上的男人們也無視這一點，圍繞著字句的討論正進入白熱化狀態。阿南陸相再次成了焦點人物。迫水書記官長的臉色由於激動而變得蒼白；米內海相坐在他的斜前方，一臉嚴肅；阿南陸相仍然自信滿滿地坐在旁邊；坐在他們對面的鈴木首相正在發呆，不知他能否聽見大家的討論。

米內海相結結巴巴但充滿激情地講著：「可以說我國已經瀕臨崩潰。在沖繩、在緬甸，很遺憾……可以說是一敗塗地。那麼本土決戰呢？如各位所知，完全沒有勝算。不能說戰爭還沒有失敗。很明顯我們已經戰敗了。」

阿南陸相激烈地進行駁斥，個別戰鬥是失敗了，但戰爭的勝負未決。「陸軍和海軍在這方面的判斷是不一樣的。」

討論的焦點最後集中在詔書草案的「戰勢日非」這句話上，阿南陸相說：「在此之前大本營所發表的內容在這個原案中全成了虛構。而且戰爭不是失敗，只是目前沒有好轉。」

因為這個理由，阿南陸相固執己見，堅持認為應將「戰勢日非」改成「戰局尚無好轉」。而以米內海相為中心，有兩三個閣僚則主張原文的說法是正確的，大家反覆爭論了幾十分鐘，但毫無進展，沒有任何結果。

陸相在這一點上態度強硬，即便是陷入孤立無援的境地，也絕不退讓。以至於閣僚們都感到詫異，到底是什麼迫使他如此固執？很快，閣僚們開始理解陸相左右為難的處境了。他最擔心的是部下暴動。皇軍在最後關頭是不會聽從命令的。對如此可悲的現實，陸相比誰都看得清楚。對大多數忠誠的軍官來說，陸軍的崩潰甚至動搖了他們思想和信念的根基，他們第一次面對內心重重的矛盾。停戰之際，很多人手足無措，不知道該做些什麼，完全迷失了方向。什麼是忠誠？為了將這些部下從絕望的混亂中解救出來，為了親自引導大家做出正確的決斷，陸相傾注了自己最大的努力。陸相認為最重要的，是要給他們一個「光榮的敗北」！

陸軍大臣阿南惟幾嚴格說起來是位一直在教育領域耕耘，思想保守的將軍。最前線的輝煌戰功，與他無緣。僅有的也就是他任百九師團長，進攻中國山西省路安城時的一次戰鬥。但是，他現在肩負著全軍的希望，今後，他將要完成的，可以說是整個陸軍史上最偉大、最崇高的使命，比在奉天會戰和旅順港要塞戰鬥的先輩們所取得的偉大勝利還要偉大得多。肩負嶄新且沉重的責任，陸相現在開始了一份艱苦的工作，半步也不能退縮。

為了讓整個陸軍能莊嚴肅穆地「承詔必謹」，實有必要修改詔書的措詞。他堅持己見，冠冕堂皇闡述著自己的觀點，對時間的流逝毫不在意。在海外最前線，三百多萬官兵此刻正在與敵人進行勢均力敵的、或佔優勢的正面戰鬥。他們從八月十二日以來，一聽說中央的方針是無條件接受《波茨坦公告》，馬上就斥責中央懦弱，並向上級反映了意見，提出要勇往直前，邁向勝利。如支那派遣軍總帥岡村寧次大將就強硬地表明要繼續戰鬥下去的堅強意志，他說：「全軍豁出命來，誓將戰爭進行到底」。南方軍統帥寺內壽一元帥拍電報給陸相和參謀總長，要求堅決戰鬥到底。眾人的鬥志依然昂揚。但是到了明天，他們必須在敵人眼前放下武器。

怎麼能夠將「戰勢日非」等這種無視他們努力的判斷告訴他們呢？他們完成了自身義務範圍之內的事情。但是，「戰局尚無好轉」，不得已只有決定停戰。這就是陸相的心思。陸相沒有海相和外相那樣強烈的戰敗感，這是事實。但是，這也是全體陸軍的感覺。而且，陸相是陸軍強烈想法的唯一代表。

下村總裁和迫水書記官長商量了一下，就給宮中打電話，說六點無論如何也錄不成音了。「我知道了。那大概估計在幾點？」總務局長加藤進問道，書記官長不知該如何回答。「那麼，」總務局長說，「我想七點鐘應該沒有問題吧……」

電話掛斷之後，書記官長苦笑了一下。豈有此理，七點鐘能行的話，我去切腹得了。

他內心有一種奇怪的預感。

迫水書記官長回到座位上不久，米內海相因有要事離席。離開之前，海相悄悄地在書記官長耳邊說：「書記官長，戰勢日非就是戰勢日非。這一點絕對不要改。」

書記官長同意了。儘管如此，書記官長覺得又要與頑強的陸相爭論，實在是受不了。陸軍代表面色很好，精力充沛，體力旺盛。與此相反，書記官長從九日以來就在不分晝夜地工作著，身心早已疲勞不堪，對陸相的激烈攻勢，書記官長感覺有些招架不住了。這一周來，他不得不去體會被迫站在刀刃上那種戰戰兢兢的滋味。

記者招待會結束後，《朝日新聞》記者柴田敏夫在官邸記者俱樂部發了一會兒呆，然後回到報社。一陣激動之後，突然感到疲勞。他筋疲力盡地遠眺著西邊的落日，像在看一件稀奇古怪的東西。他突然想起今天一天都沒有空襲了，真是稀罕。據說《終戰詔書》一正式發佈，外務省就要馬上透過瑞士公使館向盟軍發電報，表示無條件接受《波茨坦公告》。柴田記者確實感到一切都將結束。

政府當局不顧死活地上演了一場終戰劇，而他對走刀刃般的、使人心驚膽戰的情節全然不知。為什麼沒能更早一點結束戰爭？在他看來，顯然是因為政府當局和重臣們的怠慢，不負責任所造成的。他們相信天佑神助，抱僥倖心理，把所有的希望都寄託在特攻隊的拼死戰鬥上，沒有一個願意主動承擔戰敗的責任。為此，幾十萬人民白白地死於戰火，房屋化為灰燼。現在依靠天皇的力量終於決定結束戰爭了，他們卻想把全部責任推諉到天皇身上，自己巧妙地敷衍過去，難道不是嗎？當柴田記者從悲憤的谷底清醒過來，重新找回新聞記者的自我時，發現自己一直對某些事情感到憤慨，不由得吃了一驚。

不管怎麼說，今天得熬夜了，為此他做好了心理準備。不知道《終戰詔書》什麼時候才能下達。他將與駐官邸的記者吉武信一起為日本寫下具有歷史意義的戰敗記錄。在此之前，柴田想先小憩片刻，哪怕是打個盹也好。雖然躺在上夜班用的折疊床上，眼睛卻睜得大大的，難以入睡。在無法入睡的狀態下，他想起了一件事。那是八月十三日下午發生的事：

關於國體問題，同盟國總部對日本政府的照會給予了正式答覆。當內閣會議對答覆裡subject to一語的理解產生分歧的時候，為戰鬥四處奔走的青年軍官們，未經陸相的允許，擅自向報社和廣播局發佈了驚人的奉敕命令：「大本營下午四點將公佈：皇軍奉新的敕命，對美英蘇中宣佈開戰。」

《朝日新聞》報導部第一部長長谷部忠對此內容深表懷疑，於是派駐官邸記者去查明真相。

受命的年輕記者焦急匆忙地趕到內閣會議室，找到書記官長，問他政府是否知道這件事，並把記錄著大本營發佈的消息的紙片給書記官長看。書記官長看後不勝驚愕。記者說：「消息將在下午四點進行廣播。」書記官長返回內閣會議室，透過陸相向參謀總長請示，經過一番努力，終於在差幾分鐘就到四點的時候取消了大本營的消息發佈。

而此時盟軍正靜候日軍的答覆，在這最後的緊要關頭，日軍會對《波茨坦公告》做出怎樣的回覆？一旦發佈了這個假的奉敕令的話……真是千鈞一髮！而正是這位年輕的記者柴田敏夫在這關鍵時刻發揮了偉大的作用，避免了戰爭的爆發。

此時柴田躺在折疊床上，得意揚揚地想起這個千鈞一髮的逆轉時刻。在整個大歷史的轉捩點上，雖然這不過是小事一件，但自己畢竟發揮了一次作用。

柴田再次把眼睛轉向內閣會議室。在這個房間裡，大家都非常忙碌，不像柴田那樣有著閒情逸致，還能優哉遊哉沉溺在往事的回想中。一直以來圍繞在「戰勢日非」、還是「戰局尚無好轉」，這個措詞問題展開的激烈爭論現在仍在繼續。迫水書記官長像防波堤一樣，代替海相擋住了陸相嘩啦嘩啦湧上來或如激浪般衝撞的尖銳言語。但是，書記官長在爭論過程中，卻突然體驗到一種類似幸福的感覺。

每當阿南陸相在內閣會議中途悄悄離座時，迫水書記官長心裡都會打個冷顫：「是不是去拿辭職書了？」不過，現在不用擔心了，因為書記官長已完全瞭解陸相這個人了。陸相拒不接受對方的意見，不是因為意氣用事或欲罷不能等感情上的原因，而是因為他最大限度地追究以終戰說服自己的結果。書記官長滿懷敬意地注視著陸相。陸相並沒有裝腔作勢。儘管如此，四點鐘再次召開的內閣會議在爭辯之中已過了兩個小時，時鐘都快指向六點了，卻連一件事都沒有決定下來。啊，多麼劇烈的陣痛啊！就連書記官長也幾乎失去耐性，想要放棄了。

無論迫水書記官長多麼焦急，內閣會議這麼拖拉也是無可奈何的事。因為有規定：除首相、閣僚、書記官長以外，只准為耳背的首相擔任「助聽器」一職的鈴木秘書官、法制局長官和綜合計劃局長等二十人進入內閣會議室，其餘人都不得入內。大家從未經歷過戰敗，所以有很多議案必須要和各省廳進行商量，陸相、海相就更不用說了。每當有要事發生，大臣們就必須離開座位到外面去解決，為了等他們回來，會議不得不一再中斷。

在內閣會議室裡展開的兩個小時的激烈爭論期間，憲兵司令部決定了面對終戰應採取的態度。在陸相將陸軍省的中堅軍官們召集到一起，傳達「陸軍方針」的同時，憲兵司令部裡，本部長石田乙五郎中將也命令全體成員到禮堂集合，宣佈聖斷已下。

「陛下確信國體能得到捍衛。按照陛下的意思……」

高級部員塚本誠憲兵中佐傾聽著石田本部長的講話，忽然在頭腦裡像電光劃過似的，閃現出天皇《軍人敕諭》中的一段內容；「與朕一心為保護國家竭盡全力，使我國的蒼生永享太平之福，我國的威烈也必將成世界之光華。」天皇的這番話是誓與國民共命運的宣言。看來這是天皇自己的想法，那就沒有任何異議了，塚本中佐想通了。一切都不能改變了。在鴉雀無聲的禮堂裡，塚本中佐自言自語道：「如果為『大義』而投降的話……」

與此同時，塚本中佐腦海裡浮現出一個人的臉。那是一張鬥志昂揚、視投降為奇恥大辱的臉，是一張對兩千六百年悠久歷史滿懷信心的臉。中佐手裡有一份軍部激進派成員的名單，在首領一欄裡，寫著這位男子的名字。在這關鍵時刻，這名男子會有什麼舉動呢？塚本中佐很擔心。因為如果發生不測，憲兵隊是要干涉的。塚本中佐暗下決心，並再次回憶起那張鬥志昂揚的臉。他就是——新任軍事課員井田正孝中佐。

㉚編注：

二二六事件：又名「（帝都）不祥事件」。1936年2月26日發生於日本帝國的一次兵變，日本帝國陸軍的部分「皇道派（主張尊皇與維新）」青年軍官率領數名士兵對政府及軍方高級成員中的「統制派（主張軍紀統治至上而進行改革）」意識形態對手與反對者進行刺殺，最終政變遭到平定。直接參與者多被處以死刑，間接相關人士亦被調離中央職務，「皇道派」因此在軍中影響力削減，而同時增加了日本帝國軍隊主流派領導人對日本政府的政治影響力。二二六事件也是日本近代史上最大的一次叛亂行動，也是1930年代日本法西斯主義發展的重要事件。

㉛譯註：

殿上人：准許上殿的人，位高權重，重量級人物。

午後六點　七點

八月十四日

「關鍵時刻，必須要慎重。」——蓮沼武官長天皇若有所思地看著遠方。此時太陽剛剛被雲彩遮住，天皇每天散步的吹上御苑的熱氣如同短暫夏日，轉瞬間便消退了。侍從入江相政跟隨在天皇身後。天皇突然停下來，又問起詔書一事。在此之前，這問題不知被問過多少遍了。每次入江侍從都是如實回答，這次他也向天皇報告說還沒有送達。天皇抬起頭來，若有所思地望著遠方。「啊，陛下還一直在等！」入江侍從就像受到責備似的，深深低著頭，心裡一陣難受。同時，入江侍從也注意到，平時嚴禁入內的吹上御苑的附近，也出現了很多近衛兵的身影，他不禁感到有異常的事將要發生。

正在此時，有人通報鈴木首相前來謁見天皇。首相不是為了呈遞詔書而來，而是為了匯報內閣會議的內容，並為會議的延時道歉來的。

首相在御文庫的晉謁室裡謁見了天皇。當首相向天皇道歉的時候，在內廷廳舍㉜的侍從武官長辦公室內，近衛師團長森赳中將正在拜訪蓮沼武官長，兩人正促膝而談。此時森師團長還不知道御前會議做出的停戰決定。

「今天早上美軍飛機在不停地散發傳單，上面寫的內容是真的嗎？」

傳單上面清楚地印刷著「日本接受《波茨坦公告》」。

「嗯，御前會議決定投降。軍隊方面有什麼異常嗎？」蓮沼武官長問道。

近衛師團的一大隊已加強兵力，進入皇宮擔任特別警備了，而蓮沼武官長對此事一無所知。森師團長回答道：「十號以來，各種流言四處亂飛，因此軍心多少有些動搖，但沒什麼大不了的。」

蓮沼武官長也很擔心血氣方剛的將士們會暴動，他身體裡流淌著的陸軍傳統的血液似乎預感到了這一點。當武官長說到近衛師團長的責任重大時，森師團長立即鏗鏘有力地回答，絕對沒有問題，不必擔心。

「憑著對你的瞭解，應該沒有問題。不過——關鍵時刻，必須要慎重。」

蓮沼武官長說道，接著轉念又想，話雖這麼說，這也許是多餘的忠告。因為武官長切實感到師團長非常可靠，只要這個忠誠剛強的將軍健在，皇宮就會平安無事。

此刻陸軍制定的停戰，「承詔必謹」的方針開始從陸軍省和參謀總部逐漸向第一線的部隊傳達開來。首先從市谷台到守衛京城的東部軍司令部，然後到警衛皇宮的近衛師團司令部，陸軍的想法緩慢地滲透到這些地方。那些第一線司令部的將軍們的情緒隨之變得激動起來。

森師團長離開蓮沼武官長的辦公室，回到師團長室不久，東部軍高嶋參謀長打來電話，命令森師團長馬上到東部軍司令部集合。森師團長立刻前往。田中軍司令官向森師團長、東京防衛軍司令官兼東京師管區司令官飯村穰中將和高炮第一師團長金岡嶠中將等人傳達了正式停戰的敕令。田中軍司令官也是剛剛與高嶋參謀長一起聽到杉山第一總軍司令官傳達此敕令的。

「皇軍決定根據聖斷採取行動。現在沒有必要再多說什麼了。但是，停戰會引發怎樣的混亂？現在還很難預料。我們必須維持好治安，始終不渝地維護好國法。尤其是……」

田中軍司令官對著森師團長說：

「在這種時候最容易發生爭奪天皇陛下的戰鬥。近衛師團的任務尤其重大。」

田中軍司令官和森師團長都不知曉腳下已經著火。戰爭並沒有結束，他們的戰鬥才剛剛開始。無論和平的滋味是多麼甘美，然而品嘗這種美味的閒暇最終還是沒有降臨。

從內閣會議中途退席，在海軍省裡處理完事務的米內海相，回到官邸，順便朝洗手間走去，正好，情報局總裁下村宏的秘書官川本信正也在洗手間裡。他朝海相點了點頭，海相卻沒有注意到他。身材高大、稍胖的海相表情黯淡、雙眼深陷。看到海相疲憊不堪的樣子，川本秘書官心痛不已，幾乎看不下去了。海相勇敢面對國家的存亡而置生死於不顧，秘書官強烈地感受到了海相內心的沉痛。他扭過頭，朝窗外看去。與秘書官並排站在一起的海相深深地歎了口氣：

「唉——」

這聲歎氣聲非常豪爽，足以令川本秘書官感到吃驚。沒人能發出比這更洪亮的歎氣聲了，就像是從腹部的最深處發出來的一樣。川本秘書官的眼鏡片上立刻蒙上了一層水霧。

川本秘書官不知道，米內海相一回海軍省就接到令他十分震驚的報告，即海軍的中堅參謀中有人不肯投降，企圖暗殺力挺投降路線的米內海相。看來海軍內部的管理也不能說是堅如磐石、滴水不漏。

當米內海相回到座位時，迫水書記官長按規定時間結束了自己的發言，他鬆了口氣，心想可以交接工作了，於是帶著這樣的心情迎接海相歸來。海相一坐下，馬上就與身邊的陸相竊竊私語起來。很快，他對書記官長簡單地說了一句：「關於這一點，就按陸軍大臣的意見修改。」書記官長感到十分驚愕，「可是……剛才……」話沒說完，就被鈴木首相制止了。

「書記官長，還是照辦吧。」

對於是「戰勢日非」，還是「戰局尚無好轉」的爭論，鈴木首相第一次說出了自己的看法。這就是鈴木的作風。在重大問題上，他會給足閣僚們機會，讓他們盡情發言，而自己卻不發表任何觀點，只是側起耳朵，在一旁似聽非聽。他就這樣默默忍受著，直到最後一刻的到來。身處風雨激蕩的時代，辦事須爭分奪秒，雷厲風行，在青年人的眼裡，首相是一個徹頭徹尾的倔脾氣老頭，然而正是這樣的首相，才是能圓滿完成各項重大使命的最佳人選。

總之，詔書的最大難關終於突破了，大家決定暫時休息一會兒。閣僚們一個個身心疲憊地從椅子上站了起來。陰暗的房間，沉悶的空氣，與昨天之前的情況迥然不同，他們不再與時間賽跑。但受其他因素驅使，他們反倒變得格外急躁起來。這個因素究竟是什麼呢？他們百思不得其解。或許，是命運吧！他們或許在與命運抗爭。

黃昏終於降臨了，微風四起。

為了換掉汗濕了的內衣，阿南陸相於六點四十分左右返回官邸，這時，前首相東條英機大將和緊隨其後的畑俊六元帥來訪。東條大將就戰爭罪犯的問題對陸相說道：

「如果投降的話，我們肯定都會受到軍事法庭的審判，到時候我們雙方……」說到這裡，大將的眼鏡後面突然閃爍出敏銳的目光，似乎要通過陸相的表情看透他內心深處的想法。

「就光明正大地講述大東亞戰爭的意義，一口咬定我們進行的是國家保衛戰。」

陸相沒有就此發表過多的言論。

畑元帥表明了他來訪的目的，即希望天皇在這個時候撤了自己的元帥職務。

陸相沒有閒暇慢慢考慮兩位前輩的意見。現在的陸相憑藉肉體上的力量和道德上的勇氣，正竭盡所能力挽狂瀾，避免正在沉淪的小舟在最後一刻分崩離析、支離破碎。總之，在內閣會議上必須要保持不屈不撓的鬥志，直到最後一刻。作為最高責任者，能這樣考慮問題已經足夠了。

㉜原注：宮內省建築物的一部分。宮殿失火後，用作御座所（日本天皇的居室）和親信的部局（政府機關內局、司、處、科的總稱）的建築物。

八月十四日

午後七點－八點

「軍方的決定沒有任何內幕。」——荒尾軍事課長按原計劃，錄音從六點開始，現在推遲一個小時，改為七點了。與天皇的聲音比較接近的戶田侍從讀著報紙，用他的聲音調試錄音設備的工作也已完成。七點即將過去，但仍毫無動靜，也沒有任何通知。錄音工作人員等得不耐煩了，開始著急起來。空曠的等候室裡，掛鐘的鐘擺單調地來回擺動，大家目不轉睛地看著。怎麼了？發生什麼事了嗎？每個人的心裡都懷揣著這種想法。大家都知道，即使把這些想法說出來的話，也沒有人能回答清楚，但每隔十分鐘或十五分鐘，還是有人會把這些想法說出來，怎麼了？發生什麼事了嗎？在這種情況下，肯定會有人隨聲附和道，到底怎麼了？這樣的對話無論從哪個角度看都顯得毫無意義，但大家仍不斷地重複著。

其實，他們擔心的事並沒有發生，可是，如果說什麼都沒有發生，也不確切。總之，在七點之前，向內閣會議提出的詔書草案，將「戰勢日非」改成了「戰局尚無好轉」。另外，「義命之所在」這句話，以說法比較難懂為由，最後改為「時運之所趨」。關於「朕信倚爾等忠良臣民之赤誠，朕將始終高擎神器常與爾等臣民共在」這一段，石黑農商相發表了自己的看法：「如果寫上神器什麼的，美佔領軍也許會借題發揮，鑽牛角尖。」「神器」一句以此為由被刪除了。另外，應阿南陸相的要求，在這一段裡加入「朕於茲得以護持國體」，於是，這一段最後就修改成「朕於茲得以護持國體，信倚爾等忠良臣民之赤誠，常與爾等臣民共在」。

總之，他們在爭論和協調中度過了沉悶的幾個小時。刪除的地方有二十三處，一百零一個字；文字加工十八處，五十八個字；添加新內容的地方有四處，十八個字。因為這些修改、加工是十五個男人認真討論的結果，所以有些東西是講不出道理的。就這樣，詔書的修改暫且在內閣會議上通過了。一份用複寫紙謄寫的詔書成文被送到了宮內省。

宮內省總務課員佐野惠作被總務局長加藤進叫去，奉命帶上毛筆和兩張奉書紙㉝，前往宮內次官大金益次郎的房間。大金次官一看到佐野課員，馬上拿出內閣送來的詔書修正案，並說：「把這個寫下來。」在一張紅格紙上，用黑毛筆寫著：「《終戰詔書》如左所示。」上面還有鈴木首相及各大臣的簽名。佐野課員恭恭敬敬地接過詔書修正案後，把自己關在房間裡，馬上開始謄寫工作。

也許是謄寫時過於匆忙，用複寫紙謄寫的詔書草案裡，有的地方被塗成漆黑一團，有的地方是後面添加上去的，有的地方是把後面添加上去的內容塗掉，然後又添寫上新的文字。或塗改或添加的地方一個挨著一個，整個詔書草案真的很難讀懂。佐野課員一個字一個字小心翼翼地寫著，同時也時時不忘大金次官所說的話。「這是錄音的時候陛下要念的。廣播局的錄音班白天就來了，一直在等這個詔書。抓緊時間！」

與此同時，內閣理事官佐野小門太也一個人待在官房總務課長室隔壁的房間裡，他也收到一份用複寫紙謄寫的詔書，現正專心致志地在謄清這份詔書。佐野用毛筆把正式的詔書謄寫在一張淡黃色的上等日本紙上，這種紙是內閣專用。天皇的御璽很大，謄寫詔書時，必須要留出七行空白。這份詔書成文，文字添加和塗改的地方太多，不僅如此，在謄寫的時候，還要準確地計算字數，在規定的地方結尾。所以，謄寫詔書是一件相當困難的工作。

內閣把詔書成文送到宮中後，接著開始討論廣播時間。如最初想到的那樣，詔書的措詞審議時間太長，現已完全沒有預告的時間了，所以只好放棄十四日晚間進行廣播的方案。為了隨時都可以應對一切可能發生的情況，廣播協會方面也作好了充分的準備，即停止一切安撫民心的廣播，現已沒這個必要了。第二個方案是十五日的上午七點進行廣播。東鄉外相、米內海相他們認為還是早點廣播比較好，所以採取了支持該方案的立場。然而，阿南陸相主張推遲一天（十六日廣播），東鄉、米內再次反對阿南的意見。陸相主張：

「因為海外的大部分地區需要逐個傳達，如果明天一早就廣播的話，那就沒有多少時間將投降的方針下達到第一線了。而且，如果允許的話，要解除出征海外的軍隊在敵國領土上的武裝，還需要花時間說服他們，所以我希望推遲一天廣播。」

針對陸相的主張，東鄉、米內認為要儘快通知同盟國才好，所以廣播刻不容緩。

總之，大家一邊在爭論著「時間」，一邊卻被時間追趕著。必須另外找一個大家都認可的適當的時間。雙方都沒有精力再展開口若懸河的激烈爭論了，現在大家的目標是找到一個雙方都認同的時間點。很明顯，一旦找到了這個時間點，雙方都希望儘快將其作為內閣會議的決定而確定下來。

觀察到這個情形的下村總裁加入了大家的爭論之中。他指出，還是儘早廣播比較好。但是，如果早上七點廣播，收聽率將極其低下，達不到預期的廣播效果。尤其，農民一早就出去種田了，早上七點不是一個適當的時間點。不過，萬一有不測事態發生，推遲一天會很危險。說完之後，下村總裁下了個結論：

「從這個觀點來看，最恰當的做法是，今晚做好充分的預告工作，然後在收聽率最高的明天中午進行廣播。」

就這樣決定了。不發言，不引導，讓大家盡情爭論，直到心悅誠服，鈴木首相的這個行動方針此時再次發揮了作用。等大家一致贊同下村總裁的提議後，首相發言了，大意是將提議作為內閣會議的決定。然後又說：

「希望陸軍大臣盡力將投降的方針傳達到第一線。」

陸相爽快地答應要竭盡全力。不過，有幾位閣僚對陸相這種無所謂的態度反而心存疑念。因為，陸相曾那樣強烈地主張推遲一天，但對下村總裁提出的折衷方案卻沒有絲毫反抗，而是唯唯諾諾地服從了。陸相的內心深處該不會有其他什麼圖謀吧？他們打消不了內心的疑慮，擔心推遲一天的背後隱藏著政變計劃。

對不瞭解所謂戰爭規律和軍隊辦事特點的文官政治家來說，陸相的隻言片語立即就讓他們聯想到瘋狂、暴力、政變，這也是無可奈何的事。陸相態度強硬，絕不是裝模作樣的要強什麼的。他堅信直到最後的一刻都必須要鼓舞軍隊的士氣，只有這樣，才能堂堂正正地貫徹「承詔必謹」的方針。過去的許多戰史都在教導這樣一個事實：只有最強大最精銳的部隊，才能在最困難的撤退作戰中，展示一絲不亂的儼然軍容。這就是軍隊追求平衡的矛盾的「力學」。

不管怎麼說，在七點到八點這一個小時裡，到處都保持著一種奇怪的寂靜。在十四日正午到十五日正午這二十四小時裡，這種寂靜非常難得。內閣會議上不再有激烈的爭論了，一切事務都在順利處理之中。兩個佐野正分別在不同的地方，仔仔細細地謄寫著詔書。錄音的相關工作人員接到報告，說詔書已送來，正在謄清之中。於是，大家的急躁情緒歸於平靜。這一刻終於來到了，大家一邊閒談著，一邊等候著。侍從們不再忙著換班，而是坐到飯桌旁，一邊就餐一邊談笑。東部軍在辦理完各種必要的手續、聯絡工作後，也突然湧現出很多空閒的時間。時間就這樣靜悄悄地到來，又靜悄悄地溜走。

在陸軍省，軍事課長荒尾興功大佐接待第二總軍參謀白石通教中佐的來訪，正向其說明軍隊的真實想法。今天一大早，總軍司令官畑元帥為參加元帥會議而來到京城，白石參謀是陪同畑元帥來的，預定明天一早坐飛機返回任地廣島。回任地之前，為了確認陸軍的本意，以及「承詔必謹」裡是否有什麼「內幕」，白石參謀拜訪了荒尾軍事課長。白石參謀推測，如果軍隊隱藏了什麼作戰計劃的話，那阿南陸相最信任的荒尾軍事課長就應該是介入陰謀最深的人。荒尾軍事課長接待了白石參謀。在白石參謀任派遣婆羅洲的川口支隊的作戰參謀時，兩人曾見過一面，大家是老朋友的關係。課長也熟知參謀是一個可靠的、通情達理的人。

「軍隊裡沒有任何內幕。」課長立即否定了參謀的想法。由於連日的忙碌，課長聲音變得嘶啞，他已疲憊不堪，全身上下疼痛不已，似乎都能聽到關節咯吱作響的聲音。

「我們的最終條件是體面地講和。一直以來，我們都圍繞在陸軍大臣的周圍，以陸軍大臣為中心，憑著堅定的決心為此不斷努力著。強烈主張本土決戰，也是該努力的一個表現。我們最初的打算是，在海岸邊徹底擊潰第一波的敵人，使敵人遭受巨大傷亡，然後趁此機會，把敵人引導到有榮譽的講和之路上來。總之，本土決戰只有一次。因為解除武裝之後，就不能捍衛國體了，義大利就是先例。然而，從今天早上開始的元帥會議和御前會議上，都聽到了陛下對捍衛國體充滿信心的講話。我們奮戰的最重要的目的就是為了捍衛國體，既然陛下說有信心，那我們就不應該再多說什麼了。只有『承詔必謹』。也就是說，陸軍的決定沒有任何內幕。我想，現在只有省部一體，徹底貫徹以大臣為核心制定的大方針。」

在燈火管制下，羽虱不停地在昏暗的電燈下飛舞，令人心煩。荒尾軍事課長的臉上一直保持著溫和的笑容。但白石參謀卻深切感到，在荒尾軍事課長的笑容裡，隱藏著一股閃耀著光芒的昂揚鬥志，課長是在強迫自己心平氣和地說話，也許他是在極力忍住內心的遺憾吧。

「所謂名將，就是有能力領導勇往直前的大部隊進行有條不紊後撤的人。我想，為了能讓全軍團結在阿南閣下的周圍，堂堂正正地、有序地撤退，我們幕僚必須全力以赴，一如既往地傾注畢生的努力。我相信這就是帝國陸軍最後的榮光之所在。」

荒尾軍事課長說完後，白石參謀神情緊張地沉思良久，然後慢慢地回答道：

「我徹底明白了。戰也好，不戰也好，拯救日本才是我們的義務。」

參謀想，此刻記下的這些軍事課長的話，明天就要從自己的口中，向血氣方剛的部下和疑心重重的前輩及同事們傳達，這真是一個痛苦的任務。「聽了您的話，我獲益匪淺。」白石參謀說道。

「自御前會議召開以來，同樣的話不知道都反覆說了多少遍了，表達水準自然也有所提高。」荒尾軍事課長露出了性格中極其羞怯的一面。

不要忘了青年軍官裡有這樣一群人，他們不管陸軍的大政方針裡有無內幕，也不管天皇對捍衛國體抱有多大的信心，這一切都與他們無關。他們只想忠實地將信念付諸實踐。椎崎中佐、畑中少佐、近衛師團參謀石原貞吉少佐、古賀秀正少佐，還有最近與畑中少佐意見一致、在陸軍通信學校任教的窪田兼三少佐也加入到這群人當中。除此之外，他們之中還能看到航空士官學校區隊長上原重太郎大尉、在陸軍士官學校任教的藤井政美大尉的身影。這些青年軍官們正逐漸開始朝著最後的階段奮力猛衝。

「只要留下了種子，哪怕是幾粒也好，我們就能看到復興的光明。」這是天皇在聖斷中流露的想法。但他們不贊同這樣的想法。天皇在御前會議上表示：「朕已將自己的命運置之度外，一心只想拯救萬民的生命。」他們則以不勝惶恐、實不敢當為由，拒不認可天皇的這一願望。

也許自日本有史以來，還沒有哪個時期像現在這樣重視「國體」這個問題。除他們以外，有幾千、幾萬人民在談論「國體」？談了幾次？幾十次還是幾百次？答案無從得知。

但是，如果仔細看一看大家是怎麼理解「國體」的內容的，就會發現，各種理解千差萬別，就像眾人的臉一樣，各不相同。有時「國體」被抽象地強調，有時也具有更加具體的含義。但是，不管怎樣，「國體」二字具有非常強大的力量，這是不爭的事實㉞。

對天皇所說的「將自己的命運置之度外」這句話，青年軍官們表示了強烈的反對。天皇是以人的形態存在於世的神。有史以來，天皇的神性就一直存在於國民的情感之中。他們認為，國民大眾自不必說，天皇自身也必須深刻考慮到這一點。什麼「承詔必謹」，這一愚蠢的方針，它無視日本的傳統精神，只不過是保留了皇室的軀殼而已。皇室之所以成為皇室，其原因就在於它是與民族精神同生死共存亡的。他們越發想不通，便一口咬定事情的緣由：政府和軍隊的領導們都急於停戰。表面上他們都說是為了皇室的繼續存在，但如果刺探一下這些無能的執政者內心真實的想法，就會明白他們真正的目的。與其說是為了顧全國家的面子，倒不如說面對艱苦的物質生活，乃至戰爭的恐怖，他們除了保全自我的一己之利以外，什麼都不關心。

在現實的歷史潮流中，聖斷已下，「承詔必謹」的大方針已定，一切都已決定了。青年軍官們開始在大勢已定的前提下尋找一種幻想。他們開始失去判斷力和平衡感。他們不相信局勢已陷入一籌莫展的絕境。即使是局勢發展到了最糟糕的地步，仍必須有所作為。他們悲壯地抗拒著時代的潮流，並陶醉在這種悲壯感之中。他們認為，正是這種誓將國體捍衛到底的決心，將使他們永載史冊。

吃過晚飯，在錄音前的片刻休息裡，大家都在輕鬆地打發時間。在皇宮內的武官府內出現了石原、古賀兩位參謀的身影。他們正在談論行動計劃的某一部分。在武官府的一間房間裡，侍從武官長蓮沼蕃大將、侍從武官中村俊久少將、侍從武官清家武夫大佐等人正在商量著什麼。

此時，兩位參謀進來了，大家不約而同地將懷疑的目光投向兩位參謀。兩位參謀冷靜地問道：

「聽說今天陛下要錄音。大約從什麼時候開始？」

說完，他們又補充道，為了充分調動兵力，身為近衛師團的參謀，有必要事前瞭解這件事。武官長和兩位武官都沒有回答。於是，兩位參謀又進一步問道：

「或者錄音已經結束了？」

「沒有。」清家武官回答道：

「武官長和我們都只聽說有錄音，而詳細情況一無所知。」

脫口而出的並不是謊言，只是不由得想這樣回答罷了。

「但是……」其中一個參謀緊緊追問，不肯甘休，另外一個參謀制止了他：

「好了。可能是真的不知道。」

兩位參謀著裝依然挺闊，言談舉止依然鎮定自若，他們敬了一個標準的軍禮，便轉身離開了㉟。

㉝ 譯註：

奉書紙：以桑科植物纖維製造的一種較厚的高級日本白紙。

㉞ 原注：

一般來說，「天皇親政」是國體的中心，但在戰爭末期，這種看法就非常落伍，不合時宜了。國體的中心應與皇室的安泰相提並論。

㉟ 原注：

侍從武官清家武夫見過二位參謀，雖然不知尊姓大名，但估計是古賀、石原兩參謀。他們大概是聽到有關錄音廣播的消息，特意趕來刺探情況的吧。

午後八點——九點

八月十四日

「下官堅決戰鬥到底。」——小園司令

晚上八點，一群少壯軍官聚集在海軍航空基地周圍。他們與東奔西走的椎崎、畑中、窪田、上原等青年軍官沒有從屬關係，但勢力更大。他們都不願接受投降的主張，並因這個共同的想法而更加團結了。

厚木三〇二空軍司令小園大佐因在南方的拉包爾㊱所感染的瘧疾復發，當天整個下午都必須臥床靜養。軍醫長採取的急救措施發揮了效果，從傍晚開始，小園司令開始退燒，到了晚上臨近八點的時候，身體已大致恢復，可以再次穿上軍裝了。一起床，他立即將航空隊的各科長（飛行、地勤、機關、軍醫，會計各科長等）以及副長菅原英雄中佐召集到司令部，對無條件投降，厚木基地應採取什麼態度？如何取捨？小園司令一面表示了自己的決心，一面徵求大家的意見。

「正如十三號晚上和閣下們商量的那樣，今後，不管局勢如何變化，下官決定，堅決戰鬥到底。希望大家自始至終同心同德，共進退。」

由不得大家願意不願意，在菅原副長的帶領下，各科長立即同意了司令的意見。這時，有一個科長吐露了內心的疑惑：「我們該怎樣來看待海軍大臣發出的『承詔必謹』的命令和違反敕令的問題呢？」這是必然會提出來的疑問，司令想。如果不把這個疑問解釋清楚，也許在今後的行動中就會有很多人打退堂鼓。

「現在我就來回答這個問題。下官相信凡是有利於國體的行為都沒有違反敕令。」

的確，在這個時刻，內閣會議決定停戰，中央的陸海軍兩省、參謀本部、軍令部制定了「承詔必謹」的方針，肅然垂首，內閣正在迎接即將在《終戰詔書》上副署這個決定性瞬間的到來，然而像神經一樣遍佈日本各地的陸海軍最前線，激烈殘酷的戰鬥仍在進行。尤其是陸海的航空基地，因十四日清晨在日本近海上空發現敵方特遣部隊，現在正鬥志昂揚地準備進行夜間攻擊，或在黎明展開猛烈襲擊。在這種時刻，要坦然地接受突如其來的投降命令，是不可能的。

在厚木基地，為準備第二天早晨的攻擊，地勤人員和兵器人員自不用說，連機關、維修、會計、看護等部門的人員都與機組人員一起，進行著出擊前的準備工作。不僅有還埋頭於「準備」的基地，有的基地早已箭在弦上，整裝待發。例如，離此地不遠，位於埼玉縣兒玉的陸海混合的第二十七飛行團基地，在晚上八點接到出擊命令，機組人員正在聆聽各飛行支隊長的訓示。另外，用陸軍轟炸機改裝的三十六架魚雷轟炸機（裝載一枚魚雷）在夜空下發出轟隆轟隆的巨響，開始了暖機運轉。對日本將要投降的決定，他們一無所知，此時正準備毅然投入到激烈的戰鬥中去。這樣的基地在整個日本比比皆是。

而在東京，不管第一線的士兵知不知道，投降詔書的謄寫工作終於要在兩位佐野的手中完成了。據說，當他們開始謄寫工作的時候，天皇想把詔書瀏覽一遍，於是，透過木戶內府，詔書被送到天皇的手中。很快，大約有五處做了修改，修改完的詔書又被送回總務課。宮內省與內閣方面進行了聯繫，通知他們詔書哪五處做了修改。

當天，侍從德川義寬一大早就驅車去了鹿島、香取兩大神宮，代天皇參拜。傍晚回來，向皇后報告完後，很快就被捲進了匆忙的停戰準備工作之中。德川侍從時常出現在佐野總務課員待的房間裡，為詔書的謄寫工作幫忙。佐野課員一看到德川侍從，心想來得正是時候，急忙拜託他：「我要剪下一張紙，用漿糊貼在修改過的地方，在此期間，請你為我重新讀一遍詔書，好嗎？」然後，佐野課員又苦笑著說：「詔書出現這樣的情況，還是第一次，但沒有時間重寫了。」

內閣方面的理事官佐野小門太也同樣用貼紙將那五處貼住，然後在上面修改。因為這邊也來不及重新謄寫了。詔書共有八百一十五個字，如果重新謄寫，還需要花費一個小時以上的時間。這樣一來，錄音工作就要更往後推遲，這將給以天皇為首的許多人帶來麻煩，尤其是外務省當局會非常著急。因為延遲時間，外務省當局會擔心日本的和平本意將受到懷疑，盟軍的態度會變得強硬。

佐野他們很清楚這一點。最初預定下午六點公佈詔書，同時給同盟國拍發「無條件接受《波茨坦公告》」的電報，而現在已經晚了兩個多小時了。外務次官松本俊一每隔三十分鐘就給內閣總務課長佐藤朝生打一次電話，不停地催促道，詔書還沒有公佈嗎？還沒有公佈嗎？佐藤課長一邊苦笑著說，現在正忙得團團轉，一邊仍繼續與外務省、宮內省，還有內閣會議的在座各位保持聯繫。忙到這種程度，的確沒有多餘的時間重新謄寫詔書了。

佐野課員整齊地剪下一張紙貼好，然後寫入修改後的文字。在內閣會議上爭來爭去達兩個多小時之久的「戰局尚無好轉」這句話，現在被加上了「未必」二字送了回來㊲。德川侍從和佐野課員都不知道這段文字曾引起激烈的爭論，所以也沒有什麼特別的感慨。如果米內海相、阿南陸相，還有熱血的迫水書記官長在場的話，他們的臉上究竟會做出怎樣的表情呢？

謄寫工作終究要結束了。這時，內閣方面突然出現了一個意想不到的嚴重問題。為慎重起見，在對詔書進行校對的時候，突然，佐野理事官發出「啊」的一聲驚叫，臉上頓時失去了血色，變得十分蒼白。也許是被人催得太急的緣故吧，在詔書行文約三分之一的地方，即寫著「敵新使用殘虐炸彈」的地方，後面本應接「頻殺無辜」，但這句話卻偏偏被漏掉，直接就是下面一句「慘害所及實難逆料」。佐野理事官謄寫的詔書篇幅因此變短。

佐野理事官和佐藤課長因從未遇到過這種情況，面對意外，他們一籌莫展，不知如何處理才好。但在事關生死存亡的緊急關頭，他們迅速做出判斷：這本是一份沒有先例的詔書，在現在這種情況下，再出現一些意外的情況，應該會得到原諒的吧！佐藤課長說：「現在只有把漏掉的部分添寫上去了。」於是，佐野理事官親手將寫漏的幾個字，用小字體，從旁邊填進了詔書裡。史無前例的詔書就這樣完成了㊳。

佐藤課長將詔書交到正在進行內閣會議的鈴木首相手裡。鈴木首相決定讓磨磨蹭蹭的內閣會議臨時休會，九點三十分再接著開。他得火速前往宮內省晉謁天皇，呈上剛寫完的詔書，以便得到天皇的認可。鈴木首相急忙忙地趕到宮內省，當宮內省將這份在錄音時天皇將要宣讀的詔書——這份有添加、有貼紙，相當特殊的詔書呈給天皇時，鈴木首相飽經滄桑、溝壑縱橫的老臉不由自主地皺成一團。他是因奇怪而笑？還是因悲哀而哭？就連跟隨身旁的秘書鈴木一也弄不明白。這兩份修修補補的詔書，不知為何，似乎非常適合用來象徵戰敗後的祖國。

八點三十分，在木戶內府的陪伴下，鈴木首相呈上的詔書得到了天皇的認可。《終戰詔書》終於完成了。

突然，木戶內府想向手捧詔書，正準備退出的鈴木首相確認一個消息，一個從近衛公爵那裡聽到的，據稱是「秘密」的消息。局勢險惡，隨時都有可能發生暴動，恐懼之念，時刻縈繞在木戶內府的心頭，揮之不去。從某種意義上講，木戶內府是有心理準備的。但聽到近衛公爵說出近衛師團要暴動時，卻感到全然不能理解。森師團長在傍晚時分，拜訪了蓮沼武官長，曾明確表示絕對不必擔心暴動，此事木戶內府已從蓮沼武官長那裡聽說了，堅信只要有忠誠的師團長在，近衛師團就不會發生有欠斟酌的計劃。但不怕一萬，就怕萬一，為此，木戶內府想親口問問鈴木首相。

鈴木首相斷然否定了他的猜想：

「我不知道。我沒有從任何人那裡聽到任何消息。」

然後，又輕描淡寫地說了一句：

「這種愚蠢的舉動，唯有近衛師團做不出來……」

近衛師團是支光榮的部隊，以守衛皇宮為己任。說這支部隊要對抗天皇，策劃暴動，對戎馬一生的老首相來說，是完全無法理解的。木戶內府也想到了這一點。於是，他斷定近衛公爵不過是多管閒事，自尋煩惱罷了。近衛公爵似乎有輕信流言的傾向。

但是，這既不是近衛公爵多管閒事，也不是謠傳。錄音是否已經結束？天皇的廣播什麼時候開始？在哪裡開始？椎崎、畑中兩位年輕軍官都對以上消息一無所知。但在他們看來，如果讓這些消息散佈到全國各地，等國民知道了天皇的想法，知道了停戰的事實後再採取行動的話，就萬事休矣。他們越是這樣想，就越發感到時間緊迫。「時間」這個來來去去、讓人無可奈何的怪物在催促著他們。於是，他們決定將計劃提前。

椎崎中佐與畑中少佐開始分頭行動，為把他們的思想理念滲透到近衛師團的勢力之中，他們嘗試說服近衛師團的大隊長們。在叛亂計劃的開頭，他們迫不得已首先在近衛師團長森赳的名字上面畫「╳」；參謀長水谷一生大佐一切聽從森師團長的意見，他們在其名字上面畫「△」；古賀、石原兩位參謀已加盟，他們畫上「○」；參謀溝口昌弘中佐正在輕井澤出差，所以沒有必要考慮他。除此之外，再爭取第一、第二團長的同意，爭取幾個大隊長、中隊長級別的軍官參加，這樣一來，隨著軍官人數的不斷增加，到時，難以對付的森師團長也只好同意該計劃了。這就是他們的如意算盤。他們想，在短時間內倉促地制定計劃，做好準備，然後付諸實施，在這種情況下，出現些許疏忽和勉強也在所難免。

他們的活動異常活躍，不像一般的陰謀只在黑暗的角落裡醞釀。正因如此，近衛公爵得到的消息可信度是非常高的。但是，木戶內府卻認為是近衛公爵對軍部感到恐懼而自尋苦惱、杞人憂天；木戶內府萬萬沒有想到，烈火正不知不覺地燒到自家的門口了。

話雖如此，木戶內府沒有意識到即將面臨的危險也在情理之中。就連正在成為陰謀中心的近衛師團步兵第二聯隊的曾我副官也沒有意識到這點。煞費精力的詔書謄寫剛完成的時候，曾我副官就接到近衛師團步兵第四聯隊的副官打來的電話，「皇宮中心形勢險惡，聽說近衛師團要下命令。但那是個假命令。你那邊沒有聽說嗎？」「別開玩笑了，看不出師團有什麼異常的動靜。」

但是，計劃挾著黑暗之勢而準備得穩步妥當。這是違抗命令的行為，是對國家的反叛。即使是政變，也不像「二二六事件」那樣僅僅是針對一個政治體制進行反叛。這次反叛針對的是整個國家。他們的身後並沒有別的政治體制撐腰，可以斷定，也沒有幕後操縱的將軍，他們只不過是企圖赤手空拳地讓歷史的潮流逆行，只不過想憑藉冒生死危險的勇氣來完成一項扭轉乾坤的偉大事業。

他們制定了作戰計劃，第二階段的部署總算要完成了。曾我副官在接到四聯隊副官打來的奇怪電話之後，就進入了皇宮。當他來到二重橋旁邊的衛兵司令所的時候，在那裡看到了三位陌生軍官的身影。通常除衛兵以外，誰都不能進入皇宮，但在晚上過了八點的時候，卻有一名中佐、兩名少佐輕易地進來了。副官從未遇到過這種情況。如果仔細留意觀察的話，也許能從中嗅到些許端倪。但是，曾我副官對內閣會議的停戰決定一無所知。在他眼裡，與戰爭末期，由殘酷的敵人的轟炸所帶來的可怕的破壞和毀滅一切的大火相比，沒有什麼事情值得大驚小怪。全體日本人民對異常現象已麻木了。

此時，《朝日新聞》的柴田記者躺在床上，努力想讓自己睡上一覺，卻忍不住東想西想，最終還是沒能入睡。於是，他又回到因暫時休會、閣僚們已散去的首相官邸。他想，不久就要發表《終戰詔書》了吧！這一切真的都要結束了嗎？如果戰敗，天皇要被流放到沖繩或其他什麼地方去了，婦女將會遭到強姦、被混血……這些流言蜚語在街頭巷尾到處傳播。如果這一切都變為現實，在這種情況下苟活又有什麼意義呢？他坐在微暗的記者俱樂部的一角，聚精會神地思考著「戰爭」的本來面目。

㊱編註：

拉包爾：Rabaul，太平洋島國巴布亞紐幾內亞的小鎮。

㊲原注：

在宮內省總務課員佐野惠作的手記《詔書謄清一事》裡是這樣記載的。在其他的幾個有關的記錄裡，「戰局日非」這一句，開始是「戰局不利」；然後在阿南陸相的主張下，成了「戰局尚無好轉」；隨後，被修改成「戰局未必有好轉」，考慮終於比較成熟，意見也統一了。

㊳原注：

據內閣理事官佐野小門太回憶，不是寫漏了，而是謄清工作結束後，內閣提出這部分需要進一步修改，所以不得不添寫進去。據歷史學家茶園義男的調查，與其說是佐野理事官寫漏了，不如說是內閣會議決定後的詔書成文在謄清的時候產生了這些錯誤。用複寫紙謄寫詔書的是迫水書記官長，在謄清的時候，他的身體狀況是最糟糕的，疲勞達到極限，根本無法原封不動地謄清完詔書。當兩位佐野在謄寫時，有一份用作內閣會議文件的詔書被送到內閣會議室並被傳閱，當時松阪法相就發現了幾處錯誤。

八月十四日 午後九點—十點

「給我寫師團的命令。」——芳賀聯隊長

晚上九點，在最後的新聞報導時間㊴裡，收音機裡突然播放了一個令所有聽眾都感到驚訝的通知，內容是：明日十五日正午，有重要的廣播，請全國人民屆時收聽。只說有重要的廣播，而絲毫不提具體內容，聽眾不禁浮想聯翩。

與此同時，該廣播草案也立即被分送到報社。但是，報紙一般是印刷發行兩次，六點左右第一版已經印刷，所以報社拿著草案感到不好處理。在下午下村總裁召開的記者招待會上，已傳達了御前會議上所作出的停戰決定的大致情況，各大報紙現正伺機而動，只等詔書一公佈，就立即印刷，發行兩版來報導。柴田記者在首相官邸的俱樂部裡一邊等待詔書的公佈，一邊仍沉浸在勇猛的軍艦行進和大本營的發表等事件中。突然，他聽到有重要廣播的通知。他很清楚這意味著什麼。戰敗的傷感再次湧上心頭，他不禁熱淚盈眶。

在這一天，陸軍省軍事課長荒尾興功大佐也數次熱淚盈眶。到昨天為止，來客一個接一個，絡繹不絕，軍事課長被搞得筋疲力盡。有的人宣揚神州不滅，說要戰鬥到底；有的人戰戰兢兢地詢問戰局的動向。但是今天，除了白石參謀和另外一位來客以外，沒有任何人來拜訪了。決定停戰的流言已在相當廣的範圍內傳播開來，如果戰敗，陸軍便失去了利用價值。想到這一點，軍事課長心裡很不是滋味。他深切感到，再也沒有比人心向背更不可靠的東西了。對軍事課長來說，帝國陸軍最後的日子是悲慘淒涼，令人鬱悶的。市谷台籠罩在濃濃的夜色之中，萬籟俱寂，就像是對外界築起了一道屏障一樣，不是嗎？今晚真想在這寂靜的城堡裡睡上一場好覺。

另外，每當各種流言蜚語傳來，荒尾軍事課長就會想到井田中佐和畑中少佐他們。自聖斷下來以後，就幾乎看不到他們的身影了。他們在想什麼呢？課長或多或少瞭解他們的想法，所以想勸說他們。採取背叛「陸軍方針」的行動，將會在國內引起極大的混亂，除了導致國家崩潰以外，不會帶來任何好處。課長沒有把握能說服他們，但身為井田中佐的直接上司，告誡他們——尤其是叮嚀井田中佐不要走錯路，規勸他們放棄叛亂，是他的義務。而他不知道的是，此時井田中佐就在附近的房間裡，因心有不滿正鬧彆扭，一心只想尋死。

雖然這樣想，對他們心情的深刻理解卻讓課長悲哀不已。不管年輕的軍官們做什麼，都不能指責他們缺乏愛國心。他們的目的顯然是要拯救日本，在這一點上大家心意相通。但他們的行為只會徒然招致流血和混亂，從而造成彌天大罪。兩種矛盾的心情在課長內心痛苦地交織著，他骨子裡的軍人氣質缺乏變通，不容他將屈辱之酒一飲而盡而又無動於衷。最好先給敵人以重創，然後再進行有利的講和，他發現自己的內心深處仍在追求著此一美好的願望。儘管如此，他也爽快地同意軍人的職責就在於「決定做出之前全力以赴，決定一旦做出後就絕對服從」這一點上。

此時，在冷清的陸軍省內，沉浸在各種感慨之中的荒尾軍事課長接到值班士兵的通知，說阿南陸相有請會見。於是，荒尾軍事課長整理了一下服裝，帶上軍刀，急急忙忙驅車前往陸相官邸。他想當然地認為陸相應待在官邸，但他不知道就在不久前，陸相才剛返回陸軍省。

陸軍省內鴉雀無聲，彷彿停戰時的所有工作任務都已完成了似的。事實上，「終戰」這齣劇的舞台中心正從市谷台朝皇宮移去。在大門和正樓的入口處都看不到衛兵和警備憲兵的身影。集體逃跑這種可恥的事，此刻正在以軍紀嚴謹著稱的陸軍省總部發生著。他們好像相信了這樣的傳言，即明天早晨，在東京灣就地待命的盟軍將會登陸，戰鬥即將開始㊵。由於大家都懼怕戰鬥，說什麼也不想在《終戰詔書》下來之後，白白送死，於是都逃跑了。陸相最擔心的事終於還是在眼皮底下發生了。

陸相鎮靜地回到自己的辦公室，開始整理書桌的四周。陸相秘書官林三郎大佐想要幫忙，但被陸相制止了。陸相說去叫竹下中佐過來，值班的士兵去找了，但沒有找到。於是，陸相就說那叫軍事課長來。此時，被傳喚的荒尾軍事課長正往錯誤的官邸方向趕去。

在荒尾軍事課長返回陸軍省之前，陸相已將自己對軍隊應做的事，鉅細靡遺，全數做完。明天正午將有天皇廣播的那條消息通過收音機反覆報導，想必已傳達到了前線吧。然而，為慎重起見，陸相與參謀總長聯名，向前線的各隊長發了如下的電報。

……（前略）

「聖斷已下。全軍上下一致服從天皇的聖意，決心不辱光榮傳統和赫赫戰功。以採取令我民族子孫後代不勝感佩之行動為緊要。至一兵一卒斷不可輕舉妄動，直至最後一刻。切盼向國內外闡明皇軍永恆的名譽和光榮。」

……（略）

「卑職們飲萬斛之淚，傳達此意。關於上文的詔書將於明日十五日公佈，預定正午陛下將親自通過收音機廣播此詔書，願各位仔細體察天皇陛下的良苦用心。」

窗外一片漆黑。這是一個悶熱的夜晚，室內就如火烤一般，但陸相刮得乾乾淨淨的面龐上卻不時掠過一絲絲涼風。陸軍大臣阿南惟幾將寫好的辭呈揣在懷裡。就這樣，做完該做的事情之後，在軍隊的名譽和希望都化為灰燼的此刻，陸相靜靜地坐在牢獄般的空曠的房間裡，等著荒尾軍事課長的到來。五十八年了，他在這裡歷經磨礪，形成了非凡的人格。眾多血氣方剛的部下也曾在這裡發洩憤慨、嚎啕痛哭。現在看來這一切簡直就像夢一樣。

身材魁梧的荒尾軍事課長繞了遠道，此時氣喘吁吁地走了進來。離九點三十分再次召開的內閣會議只剩幾分鐘的時間了。課長抬頭凝視著陸相，神情肅然。

「荒尾，希望你能想辦法讓年輕出色的軍人們存活下來。必須採取權宜之計，提供方便，最好讓他們改變身分，成為警官什麼的。」阿南陸相說道。好像是從眾多想說的事情中挑選了一件事來說一樣。

「我知道了……那麼……我們以後該怎麼辦才好呢？」荒尾軍事課長問道。

陸相沒有回答，而是慢慢地朝窗戶走去。自己今後該怎麼做，陸相心知肚明，再清楚不過了。他轉過頭來，岔開了話題。

「即便是軍隊不在了，日本這個國家還是有保障的。難道會滅亡嗎？還有勤勞的國民啊！日本一定會復興的。今後，你們一定要努力發揮作用啊！」

中等身材的陸相手持雪茄盒和身材魁梧的軍事課長默默地走出房間，來到樓梯口。「日本不會滅亡的」，課長非常高興地想起陸相鏗鏘有力的話，自信立刻湧上了心頭。他們在樓梯口分手。「對了，給你這個。」陸相說完，遞給課長兩支雪茄。課長忙接了過去。陸相微微一笑，輕鬆地說道：

「好了，那就再見吧……」

當陸相再次穿過黑夜，回到內閣會議室的時候，只來了一半左右的大臣。鈴木首相在桌上打開詔書，著急地等著全部閣僚的到來。已準備好的硯台盒裡放著嶄新的毛筆。各大臣先要在詔書上簽名，然後送交印刷局，以政府公報號外的形式公佈於眾。此時，一切手續最終才算完成。

外務省當局比其他任何人都焦急地等待著這一時刻的到來。內閣的佐藤總務課長與外務省取得聯繫，通報了詔書很快就要副署、發佈等工作的進展情況。發電報給同盟國，告訴他們日本最終的答覆，在次官松本俊一的帶領下，課員們已為此做了周全的準備。駐瑞士公使加瀨俊一負責通知美國和中國，駐瑞典公使岡本季正負責通知蘇聯和英國。東京將拍電報給這兩位公使。

這份重要的電報內容如下：His Majesty the Emperor has issued an Imperial Rescript regarding Japan's acceptance of the provisions of the Potsdam Declaration.（天皇陛下已經發佈詔書接受《波茨坦公告》各條款）

另外，外務省將十二日以來，陸相和兩總長堅決主張的涉及武裝解除、保障佔領等諸條件作為日本政府的希望條款，透過瑞士政府向同盟國提了出來。例如，關於武裝解除一事，就可見到這樣的措詞，「適用《陸戰法規和慣例公約》（海牙第四公約）第三十五條，重視軍人的名譽，允許帶刀。我們知道同盟國方面沒有強制解除武裝的日本軍人服勞役的意圖……」事已至此，這些都是幻想，但他們還是抱有一線希望。

就這樣，對外投降以及法制上的投降準備工作已全部完成了。從昭和六年（1931年）的「滿洲事變」開始，持續十四年的戰爭行將結束。剩下的就是日本國民的精神問題了。不能讓他們抱任何幻想，不，不應該這樣做。既然是無條件投降，就不能對盟軍抱任何希望。絕望情緒將漫無止境地持續下去，國民將如何忍耐這一切呢？

就像政府和相關各省都做好了準備一樣，椎崎中佐、畑中少佐、窪田少佐等人野心勃勃的計劃也已萬事俱備，就等導火線了。他們花了一個多小時的時間說服芳賀第二聯隊長，最後終於得到他的同意㊶。為此，畑中少佐他們撒謊說這次全陸軍團結一致，為捍衛國體而勇往直前的計劃，即——近衛師團將保衛皇宮及周邊，截斷皇宮與外部的交通，請求天皇改變主意，免受「君側之奸」貽誤的計劃「已獲得陸軍大臣、參謀總長、東部軍司令官和近衛師團長等人的一致同意」。芳賀聯隊長是一個輕信他人，容易受騙上當的人。

他們在芳賀聯隊長弄清真相之前，欺騙他同意他們的計劃，其實就等於他們已成功佔領了皇宮。佔領了皇宮，即使大臣、參謀總長不同意，但只要擁戴天皇，就可號令全軍，那些現在仍不知何去何從，不知是屈辱地生還是光榮地死的陸軍部隊，就會立即統一意志、奮然而起。到那時，大臣、參謀總長就不會反對了吧。然後，再著手建立只有陸軍兵種的軍事政權，並請求天皇更改聖斷——這就是他們的偉大計劃。

他們馬不停蹄地實施著他們的構想。但是，他們的計劃有個致命的缺陷。那就是，該計劃沒有得到陸軍大臣、東部軍司令官、近衛師團長三人中任何一人的同意。這是實施該構想絕對不可或缺的條件，也是說服芳賀聯隊長最有效的武器。至少，近衛師團長白紙黑字的師團命令是絕對需要的。否則，芳賀聯隊長有可能隨時察覺他們的陰謀。所以說，近衛師團長森赳中將是最難對付的關鍵人物。還在疑神疑鬼的藤井大尉在談及此事時，畑中少佐直截了當地說：

「到時候格殺勿論。」

見畑中少佐的態度如此堅決，藤井大尉和上原大尉信心倍增，立即回答道：「明白了，就這樣幹。」總之，一切都在按計劃進行，今後也會順利地進行下去，他們這樣想著，不禁意氣揚揚。

當曾我副官被芳賀聯隊長叫到司令部的時候，方才看到的那三位陌生的軍官已非常從容地坐在椅子上了，軍刀立在雙腿之間，雙手重疊放在刀柄上。曾我副官突然感到房間裡氣氛異常。聯隊長一看到他就說：

「給我寫師團命令。」

寫什麼命令？雖然感到不解，副官還是默默地做好了準備。芳賀聯隊長陷入了沉思。三位年輕軍官一言不發。曾我副官抬起頭看著聯隊長，不料聯隊長卻說：「算了，不寫了。辛苦你了。」副官走出房間，來到外面。發生什麼事了？要開始做什麼了？副官百思不得其解。

快十點了，大部分的閣僚終於到齊，在座位上就坐。鈴木首相帶頭開始在詔書上副署。他將毛筆蘸滿濃黑的墨，用大大的字寫下了「鈴木貫太郎」幾個字。

(39) 原注：

據說當時在報導新聞。另外，寫這個通知的是情報局廣播課的周藤二三男。

(40) 原注：

當時，該流言被廣為傳播。很多人都相信，隨著停戰，盟軍在一兩天內登陸的話，一定會有小規模衝突，軍隊指導層很擔心。

(41) 原注：

在所有相關人員已故的今天，關於芳賀聯隊長是否同意一事，已很難判斷。但是，從畑中少佐在本鄉旅館裡拜訪竹下中佐時的發言，以及從芳賀聯隊長和畑中少佐們的聯盟遭到破壞來看，芳賀聯隊長因被欺騙而同意，這個說法是正確的。

八月十四日
午後十點——十一點

「沒有殺人的決心，就不能成功。」——畑中少佐內閣會議室裡內閣成員們還在繼續副署。隔壁房間裡，下村總裁的秘書官川本信正等著內閣會議的結束。這時，去了宮中的廣播課長山岸重孝從宮中打來電話，川本秘書官被叫了出去。山岸課長在電話裡首先傳達了錄音準備工作已經完成的消息。「等了好久，總算是……情況就是這樣吧。」山岸笑了。然後他聲稱已經和大橋廣播協會會長商量過了，接著又說：

「希望總裁也能到宮裡來，列席錄音現場……」

川本秘書官立即回答，總裁此刻人正在內閣會議室裡，「總之我設法聯繫，一定讓總裁入宮。您辛苦了。」

進出內閣會議室有很嚴格的規矩，即使秘書官也不能隨便進去。只有官邸裡一位有名的老人柳田被允許入內，川本秘書官就委託他帶了張紙條進去。

內閣會議室裡大臣的副署一個接一個地完成了。在這裡，寂靜支配著一切。會議室莊嚴而氣派，而在場的內閣成員們與此形成了鮮明的對照，他們看起來都晦暗而虛弱。雖然肉體和精神都已疲倦到了極點，但詔書傳到自己面前來的時候，他們每個人都還是伸直了本來彎曲著的背，做出莊嚴的樣子，好像這已是留給自己的唯一的工作，自己要把全部的精力都放到這工作中一樣。有的大臣戴上眼鏡，把詔書看了一遍又一遍，非常花時間。鈴木首相、米內海相和松阪法相相繼簽完之後，輪到阿南陸相了。這時候，房間裡的空氣一時變得十分微妙。軍刀有些礙事，陸相稍微花了一點兒時間把它立到旁邊，然後面不改色，一口氣簽完了名。日本陸軍長期以來一直在政治上起著支配作用，這一瞬間是陸軍土黃色的影子從政治舞台消失的瞬間。

下村總裁副署完後，向大家打招呼說因為要去錄音現場，自己先走了。他出了內閣會議室，叫在外邊等著的川本秘書官跟著他一起走。總裁和秘書官都穿著國民服，要到宮裡去需要戴上禮儀徽章。他們一邊戴徽章一邊上了汽車。副駕駛席坐的是胸口抱著槍的側衛今野巡查，他穿的是便服。三人乘坐的汽車在黑暗中疾行。火災後的廢墟在夜裡看上去只是一片暗影，道路在其中隱約可見。一直向北延伸過去的馬路因為沒有人跡，越發顯得寬闊。廢墟上的星空和一個月以前是一樣的，和一年以前也是一樣的，從今以後幾千年也都還會是一樣的吧。望著這一切，川本秘書官心想，祖國滅亡的狂亂和激情很快就會消失，然後，這一切都會被忘卻。

寂靜的夜晚就這樣一刻一刻地過去。表面上看起來好像沒什麼變動。除了外務省即將要發出接受《波茨坦公告》這一重要電報外，平時喧囂不息的各省幾乎沒有人跡，漆黑中萬籟俱寂，一切都要沉沉睡去。皇宮裡，和錄音沒有關係的兩位侍從武官清家和中村正要上床休息。武官隊長室旁邊的房間裡臨時放了一張兩層的架子床，上邊睡清家武官，下邊睡中村武官。現在成了陸軍省軍務局宿舍的駿河台澀井別館裡，早早回來的竹下正彥中佐正和同事白井正辰中佐、浴宗輔中佐等人一起喝酒。好久沒喝了，現在雖然也沒有什麼特別的話要邊喝邊說，但大家似乎覺得除了喝酒以外沒有其他事可幹，喝得迷迷糊糊的最好。沒有哪一天值得喝酒追憶，一切都空洞而茫然，感覺就好像是一個人在荒野裡拖著腳行走一樣。明天？後天？後天的以後呢……中佐的心想不到那麼遠。

厚木機場……這裡也沒有任何異常的動靜。官兵們都在自己的崗位上確實地執行著自己肩上的任務。司令室裡，小園大佐對著桌子在左思右想。不管明天天皇廣播的結果如何，他都要站在全海軍的前頭進行指揮。到時要對全軍發佈電報，此時他正在那裡絞盡腦汁地想著電報的內容。

「被赤魔的謀略所糊弄的重臣閣員，顛覆聖明，拜領了前所未有的御詔，實在可驚可畏。即將發出的停戰命令或解除武裝的命令，實是要滅亡天皇的大逆不道之令。服從如此命令，乃是犯同樣之大逆不道大不忠之重罪。」

這樣寫了之後，他接下去把自己的憤怒和悲傷都宣洩了出來。

「日本乃是神國，立於絕對不敗之地。我們作戰部隊若能抱必勝之信念，在確保現狀的情況下，團結一致給仇敵迎頭痛擊，那我們必勝無疑。」

他的頭腦因為瘧疾的再發而昏昏沉沉，身體也已非常虛弱，思路卻非常活躍，想法從各個方向冒出來。這樣的情況下寫文章是非常累人的事，他寫一行又擦掉，又寫一行又擦掉。看起來好像一直在寫，實際上是寫幾行又停下來，而且停下筆歎氣的時間變得越來越長。小園大佐寫下「必勝無疑」幾個字之後，他丟下了筆。想想後他又加了一行。

「望各位能夠同意。」

即便是他這樣的猛將，也不是沒有不安。平時說話硬氣的隊長們會不會在御詔頒佈之後跟隨自己，在這個問題上他沒有把握。只要有『大義』名分，人們一定會拿它作遮羞布來蔽體的。隊長們不會聽從御詔嗎？

這個時候，椎崎中佐和畑中少佐等人的策略終於走上軌道，開始變為現實。他們要以性命為賭注去追求自己的信念。在這幾個小時裡，他們點起的叛亂火花四處飛濺，已經膨脹到了一有信號就要爆發的地步。他們沒有任何畏懼。面臨悲慘的結局，他們還在為發動叛亂而東奔西走。這些人早就應該被逮捕，但沒有任何力量約束他們，使他們得以自由地到處行動。「畑中一派好像要搞點事出來」的風聲已散佈得很廣，上司和同事等於是默認了他們的行動。大家對戰爭實際上都已有絕望的感覺，但心理上都還願意繼續當一名勇敢的軍人，正是這種心理讓他們對畑中少佐等人的行動採取了默認的態度吧！

陸軍力量的強大在於團結，一旦意識到敗北，意識到再繼續抵抗也沒有任何意義，軍人也就變成了一個一個、赤裸裸的個人。皇軍在成為赤裸裸的個人之後，也會無條件投降。這個事實，開始噬咬著他們的心。投降已是決定性的，是有事實證明的。投降是對國民的巨大的背信棄義。在這樣的男人們的眼裡和心中，椎崎中佐、畑中少佐等人的行動是驚人的。那種強韌的精神抵抗力甚至是一種恐怖。去思考青年軍官們的行動好像是自己的道德勇氣受到考驗一樣，這又是令人不快的。只能去忽視他們這種過分的純粹。很可能就是這樣一種複雜的思想在流動，在混合，才讓很多的軍人對椎崎中佐、畑中少佐等人的行動採取了默認的態度。正是因為這樣，這些英勇的狂熱信徒才得以旁若無人，隨時都可以出入陸軍省的大門。

這些日子井田中佐一直借住在陸軍省的一個房間裡。這天晚上剛過十點三十分，他才剛睡下，就被椎崎中佐和畑中少佐叫了起來，這讓他很不愉快。他心想自己明天就可能要死，起碼今天晚上睡個好覺吧。他內心很憤怒，嘀咕著怎麼也不想想他有多累。而兩個闖入者一句道歉的話也沒有，立刻開門見山講事情。畑中少佐吼叫著說，我們是來懇請中佐同意的。懇請？是的，椎崎中佐在旁邊補充說，白天裡畑中少佐已經被拒絕了一次，我們是再次來懇請您出馬的。

「近衛師團的人，除師團長閣下，全體人員都同意了。只要森閣下一同意，我們立即就起義。」

這麼重大的事，畑中少佐的語調卻和說家常話一樣。

「現在，」少佐說，「我們懇請中佐您立即同意出馬。」

森師團長是少佐陸軍大學時代的教官，因此他不好自己去施加壓力。古賀參謀值得信賴，但年齡上他被當孩子看待。因此他們無論如何都想請井田中佐來擔當說客這個任務。

井田中佐回答說：「即使我同意去做說客，森閣下也可能不同意。他不同意的話，你們打算怎麼辦？」

「您去說師團長都還不同意的話，我們就死心了。但是，現在的問題不是他同意不同意的問題，是我們做不做最後努力的問題。」

畑中少佐跨近了一步。在少佐嚴肅的目光下，井田中佐深切地理解到他們並不是對國家籌劃陰謀的卑鄙反叛者，明白了他們此舉不是出於利欲，不是出於私怨，也不是出於功名心。但是，參不參加他們的行動是另外一回事。井田中佐叫醒了隔壁房間的軍事課員島貫重節中佐，問他的意見。「幹什麼都沒用了，死心吧。」島貫中佐說。他也是已站在終點的男人。井田中佐回到房間，傳達了島貫中佐的意見，對畑中少佐說：

「現在，我們要想說服自己的夥伴都很困難，更不要說師團長了。師團長是不會同意的。如果森師團長不點頭，你們打算怎麼辦？這一點我要問清楚。」

椎崎中佐立刻反駁道：「我想至誠通天。我們確信是這樣的。但是，最後……」他不由得欲言又止，畑中少佐壓低聲音說道：

「我想只有下殺人的決心，否則不會成功。」

殺人？為了什麼……井田中佐想了想，問道：

「東部軍的動向如何？」

「總之，我們已去勸說軍司令官了。雖然現在還是未知數，但如果近衛師團起義，佔領了皇宮的話，我們確信全國都會追隨的。肯定沒錯的。」

「你是這樣想的啊。根據你們剛才的話來判斷，你們的計劃最根本的一點就是近衛師團擁立天皇，堅守皇宮。可怎麼才能做到這一點呢？從結論上來說，成敗的關鍵在於師團的團結。除非師團長親臨第一線進行指揮，否則這樣的圍城戰是不可能成功的。然而你們說必須殺掉師團長。殺掉師團長，你們還能有什麼指望呢？那會喪失名分，你們的行動會變成單純的暴亂而已。你們的目的應該不是要引起社會動亂吧！？」

畑中少佐幾乎要哭出來了，他反覆說：「絕對沒問題，絕對沒問題。」

「請井田中佐閣下您親自出馬，如果師團長還不動心的話，我們就死心了。」

井田中佐追問道：「那個時候真的能死心嗎？」

畑中少佐明確說會死心，井田中佐也無意再繼續追問。

井田中佐下了決心。他知道要說服師團長幾乎是沒有指望的，但如畑中少佐所言，盡力做好自己該做的，這種態度是正確的，這也算是回報幾百萬英靈的辦法吧！不能讓祖國就此滅亡，必須給其新的生命，讓它復生。井田中佐開始有了想法，要把自己的命運賭在森師團長的回話上。

竹下中佐、井田中佐、畑中少佐三人都是東大教授平泉澄博士的直系弟子，從昭和十年（1935年）左右起就一直是師兄弟的關係。他們從平泉博士那兒學到的國體觀是：日本的國體是自然形成的，該國體是實實在在的存在。一言以蔽之，即建國以來，日本君臣之分即如天地分離一般地自然形成，正確地維護這一點即是「忠」，萬物的生存都歸於天皇，對此國民應該感恩戴德，視天皇為人神，維護「一君萬民」這個組合——他們確信這是日本國體的精華所在。

從這個想法來看，無條件投降的根本理由不外兩個，一是吝惜自己生命的賣國者的邏輯，二是越早結束戰爭就越能減少所有方面的損失的唯物戰爭觀。按他們的想法，戰爭不是只由軍人來進行的，戰爭應是由全體國民來進行的，戰時必須君臣一體，全體國民應該一直戰鬥到只剩最後一個人。以挽救國民生命之類的理由來決定無條件投降，這反而破壞了國體，這才是造反。出於這個想法，他們相信只有阻止投降才是對國體最大的忠誠。

自九日以來，該話題就以他們三人為中心反覆討論了無數次，他們一直在相互驗證對方的想法。從這個意義上來講，井田中佐從一開始就和畑中少佐在心理上是同調的。但是，他是唯命是從的軍人，不是反叛者，也不是革命家。他投入全力策劃的政變是以大臣、參謀總長、東部軍司令官、近衛師團長四人一致同意為條件的，這一點反映了他萬事要追隨上司的性格。但是天皇聖斷已下，計劃只能告吹，他陷入了絕望的深淵，但絕望歸絕望，他並沒有去考慮進一步的行動。畑中少佐站在他的面前懇求著他，幾乎要哭出來了。考慮到畑中的心情，友情和義務感又在他心中翻騰，他覺得不能拋棄同生共死的朋友，這個感覺逐漸地把他從絕望的深淵拉了上來。

「好，我知道了。我盡力而為吧！」

井田中佐用一種認命的口吻回答了畑中少佐。他們的目的不是要做暴徒。政變是成功還是失敗，必須儘早判斷，如果失敗了，自己立即負責讓他們放棄計劃。這個想法也是井田中佐作出肯定回答的主要原因。

畑中少佐的表情一下子變得明亮起來。他莞爾一笑，全身的歡喜似乎都表現在臉上了。被太陽曬得漆黑的臉上，那白亮亮的牙齒顯得很美，給人留下深刻印象。告別前的握手很溫暖，井田中佐感到疲勞稍微減輕了一點。他心想明天要不是一個新的日本出現，要不就是我們都已死去。

他在中學二、三年級時讀過一篇小說，該小說登載在校友會雜誌上，小說寫得非常稚氣，但不知為什麼一直留在他的心頭：幕府末期，大垣藩捲入了是保皇還是輔佐幕府的爭論之中，在一場激烈的爭論之後，藩內一致決定保皇，但仍有二、三個青年武士為報答德川家的恩情而脫離大垣藩，投靠賊軍。在從陸軍省去近衛師團司令部的路上，井田中佐想起了這篇小說。當時他正和椎崎、畑中等人並排騎著自行車，相互感覺對方是以心相許的同志。離開市谷台就再也回不去了，這和脫離大垣藩之心相通吧！

是成為賊軍還是皇軍，讓上天來決定吧！自行車好像是舊了，有些鏽，不知是哪一輪在吱吱作響，這在深夜寂靜的街區讓人焦躁不安。

十點五十五分，突然，警戒警報的笛聲大作。當時，天皇為了去錄音，正要走出御文庫。在內廷廳舍的錄音室（御政務室）裡，以下村總裁、大橋會長為中心，相關人員已完成了從錄音的準備到明天播放時的安排等工作，現在萬事俱備，只等天皇出來了。首相官邸內閣會議室裡，運輸大臣小日山在詔書上最後一個簽字，快要簽完了的時候，警戒警報響了。

天皇毫不介意地往御文庫外走。跟在後面的侍從入江相政不知道敵人是以哪裡為目標，他擔心危險，連忙勸阻天皇。天皇止步了。

事實上，「蠻牛」海爾賽（William Frederick Halsey, Jr.）將軍指揮的美國機動部隊，八月十三日以來一直在日本近海遊弋，他們是在為萬一日本拒不投降的局勢做準備。十四日午夜，因為都還沒收到日本政府投降的通告，為了在十五日凌晨開始預定的攻擊，他們開始向房總半島海域推進。明天的攻擊出發點就定在這裡。

同時，馬里亞納基地的二百五十架B-29超級堡壘轟炸機也好像是要來催促日本投降一般，正在空中接近日本。他們設定了高崎、熊谷、小田原、秋田等幾個目標，正飛向目標進行分散攻擊。這些飛機在太平洋上空已進入了警戒網。

得知敵人有如此大的動向，海軍總隊司令部立即給日本本土和周邊全部發出了警戒警報，特別給在九州的第五航空艦隊司令部發出了「敵即將登陸本土」的緊急警報。宇垣纏中將（五航艦長官）在日記裡寫道：「周遭有敵機來犯，欲在提議我軍歸降之際，乘機以虛勢從四周施壓。彼望以此來壓迫我軍屈服。」他依然顯示出了旺盛的鬥志。

如果歷史能夠允許我們做各種想像，比如說如果詔書字句的審議時間再拖長一點，如果井田中佐再早一點同意參加政變，如果敵軍B-29編隊把東京鎖定為攻擊目標……那會產生怎樣的結果？接下來會發生什麼，是誰也不能預料的。分秒之差就會產生巨大的差異。種種事情微妙地相互交纏，都像要和「時間」賽跑似的，集中向一個地方發展。戰爭結束的舞台，現在轉到了皇宮裡。我們的視線從陸軍省到首相官邸，現在又必須轉移到皇宮裡了。到此為止故事是慢慢展開的，從這一刻起要開始加速展開了。

午後十一點—十二點

八月十四日

「無論如何，一切都平安結束了。」——東鄉外相

《終戰詔書》就要正式頒佈，為此內閣的佐藤總務課長已進了內閣會議室。外務次官松本俊一通過電話得知了這個消息後，立即命令大江電信課長給聯合國作最後答覆。這樣，日本的投降就定下來了。在內閣成員們副署的同時，由田畑喜代子又複製了一份御詔副本。一般這是轉給官報課的，但此時因為緊急，而且又是如此重大的詔書，佐藤總務課長把官報課長叫過來，自己親手把詔書交給了他。由於無法印刷，事實上並沒有發行官報，但文案記錄上是發行了官報號外的，詔書就公佈在號外上。

九日以來，內閣大臣們一直在反覆討論。現在，他們都覺得事情告一段落了。大家身心俱疲，臉上滿是油汗。他們比誰都先知道，大日本帝國就此完結了，從現在開始，日本在政治、經濟等所有方面都要被迫納入同盟國的「管理之下」（subject to）。他們以後的命運是黯淡的，不確定的。日本有史以來第一次經歷的戰敗會有什麼樣的意義，這一點他們必須比任何人都要先考慮清楚。

但是不管怎麼說，一切終於結束了。以後會怎麼樣，同盟國會採取什麼樣的行動，這都是未知數，他們明白的只是自己必須要做什麼。以鈴木首相為首，眾多的內閣大臣考慮的都是「辭職」這件事。這既是負起戰敗的責任，也意味著交接，把一切都交給接下來的新日本。

阿南陸相要做的事略微不同。他配好軍刀、理正軍服，走到了感慨萬分的東鄉外相身邊。他擺正姿勢，上半身傾斜十五度，鞠躬敬禮之後說：「剛才我拜讀了外務省的方案，裡面把保障佔領和解除軍隊武裝的問題作為我方的希望，向同盟國提出來㊷，對此我深表感謝。早知道能這樣，在御前會議上我也沒必要那麼強硬地要求了。」

東鄉外相苦笑了一下。在這個問題上陸相和外相一直在爭執，陸相主張以附加條件的形式向同盟國提出來，而外相提出反對意見，指出「作為希望」可以，但作為附加條件提出來的話，好不容易進行的談判有可能會因此而破裂。他用諷刺的口吻回答說：「啊，在作為希望提出來這一點上，外務省也沒有異議。關於這一點我應該解釋過很多次了……」

阿南陸相再次鄭重地彎腰行禮，說：「一直承蒙多多關照。」外相有些驚訝，他忙著回了禮，說：「無論如何，一切都平安結束了。這是最好的。」他只能這麼說了。兩雄相笑而別，此生不會再見了，兩人到最後都是很好的對手。

陸相必須進行的告別還有好幾處。他把從陸軍省自己的辦公室裡帶來的雪茄夾在腋下，靴聲響亮地大步走向總理大臣的辦公室。總理大臣辦公室和內閣會議室就隔著一個房間。房間裡，首相、書記官長、秘書官們相對而坐，氣氛十分寧靜。首相衰老的面容看上去幾乎有些滑稽，下邊隱藏著深深的疲勞和虛脫感。他好像在追憶著失去的漫長歲月。迫水書記官長在一旁潸然淚下。到此為止，他們一直拼命付出全力為「結束戰爭」而努力著，轉眼之間一切都順利結束了，大家都有一種虛脫感。但內心深處，大家也都有一種自我滿足感，覺得自己做得還不錯。他們所有人好像都成了房間裡的裝飾品，規規矩矩地坐著，一動也不動。

佩著軍刀、戴著白手套的陸相走了進來。他一邊打招呼說「失禮了」，一邊走到首相身邊，直立不動，然後靜靜地開了口：

「自從停戰會議開始以來，我身為陸軍意志的代表，一直提出了很多強硬的意見，給首相添了很多麻煩，在此我謹致歉意。我的本意是想要輔助首相，但反而帶來對立，作為內閣成員，實在是考慮不周。我的本意只有一點，即捍衛國體，此外並無他意。這一點請理解。」

不知什麼時候首相已離開了椅子。陸相的話餘音優美，回聲繞梁。他的眼睛裡閃爍著真摯的光芒。首相的長眉毛微微顫動，他凝神像看自己孩子一樣看了看面容緊張的陸相，把手放到了他的肩上。

「這一點我非常清楚。我從內心一直對你率直的意見表示感謝，一直在傾聽。那都是來自愛國熱情的言語啊！」

陸相深深地點了點頭，那樣子不禁讓人想到率真的孩子。

「但是，阿南君，」首相接著說，「日本的皇室絕對是安泰的。陛下不會有什麼變化。再怎麼樣，當今陛下對春秋兩季的祭祖還那麼熱心……」

「我也這樣相信。」陸相悲傷地回答道。

「而且對日本的未來我也不只是悲觀。」

陸相有力地點了點頭：「我完全同意。我絕對相信日本會君臣一體，一定會復興的。」

兩名大臣沉默著相互凝視了一會兒，然後陸相把夾在腋下用報紙包著的雪茄遞出來，說：「這是從南方第一線送來的，我不抽，就把它帶來了，希望總理您能把它抽掉。」他把雪茄放到了首相桌子的邊上。

陸相敬了一個禮，靜靜地退了出去。書記官長把他送到大門口後回到總理室時，鈴木首相說：「阿南君是來告辭的啊。」

陸相一瞬間就消失在黑暗裡。書記官長回想起他那結實的背影，感覺到自己的身體裡有一股濕熱的東西流了過去。

陸相的汽車駛過火燒過後的漆黑野地裡的夜道，回到了三宅坂的陸相官邸。和他同車而歸的秘書官林三郎大佐在大門口把兩張白紙遞給了他，這是內閣會議開始之前陸相委託他的。已到了連白紙都要特別準備才能弄到手的時代了。林秘書官剛剛離去，家裡的女傭立即問道：「平時的注射，現在馬上進行嗎？」陸相愣了一下，苦笑著點了一下頭，像是在說「嗯」似的。陸相每天晚上都打消除疲勞的維他命針。

內閣會議結束了，現在就要開始天皇的錄音了。十一點二十五分，阿南陸相的汽車抵達官邸，此時天皇穿著陸軍大元帥軍服，帶著侍從入江相政從御文庫坐車出發，來到御政務室。警報還沒有解除，但這之前，宮內省防空課長松岡進次郎向東部軍核實了敵機的情況，東部軍防空負責人藤井恒男中尉的回答是「沒有飛向東京的跡象」，於是決定錄音繼續進行。

建築物所有窗戶的百葉窗都關上了，燈光不會洩漏出去，所以儘管是在空襲警報中，房間裡燈光還是照得輝煌透亮。明亮的御政務室的正中央放著立式話筒，兩屏獅子刺繡圖的金屏風圍在兩邊。石渡宮相和藤田侍從長站在窗下，下村總裁等人站在走廊邊，眾人一起迎接天皇。藤田侍從長知道天皇在御文庫練習過宣讀詔書，想想天皇連日來的疲勞，他一心祈禱一切都會圓滿結束。

宮內大臣石渡莊太郎心中又別有一番感慨，一切居然能順利到達今日，不由得感到喜悅和驚異。回想起八月十二日天皇突然提出要見皇太后的事，石渡宮相不由胸口發熱。那時天皇說道：「我希望能講和停戰，現在再做努力，但不知道能不能成功。所以，說不一定這是最後一次見太后的面了。我想見太后一面，親自向她道別。」——連天皇對能否實現和平都沒有確定的把握。由於擔心軍方會採取強硬的行動以致最惡劣事態發生，天皇為此做好了殊死的準備。

的確，以天皇為首，所有的人都做好了殊死的準備，並好不容易熬到了今天。對於石渡宮相來說，「到今天不容易啊」這番感慨，可以說是自然而然、油然而生的吧。

隨即天皇帶著三井安彌、戶田康英兩名侍從入室了。看到天皇的軍裝打扮，站在鄰室角落裡的川本秘書官不由得伸直了身體，自然地深深地低下了頭。三井、戶田兩侍從站到了走廊門的旁邊。隔壁房間裡的錄音有關人員在牆的那一面用最高敬禮來迎接天皇。這些人是情報局的加藤第一部長、山岸廣播課長、廣播協會的大橋會長、荒川局長、矢部局長、近藤副部長、長友技師，以及春名、村上、玉蟲等技術部員，還有宮內省的筧庶務課長。眾多的人和緊閉的百葉窗使得房間裡悶熱無比，但人們都極度緊張，以至於忘了暑熱。

天皇問道：「用什麼樣的聲音才好呢？」

下村總裁回答說用平常的聲音就可以了。荒川局長站在隔壁房間的門旁，從那兒可以清楚地看到下村總裁。下村總裁朝天皇邁進一步，他恭敬地向前伸出戴著白手套的手，同時鞠了一躬。這白手套是信號，荒川局長立即向技術員們使了一個眼色，錄音開始了。

「朕深憂世界之大勢與帝國之現狀……」

天皇朗讀完詔書。長友和村上調整，春名和玉蟲刻盤（在錄音盤上刻音溝），技術配置上的態勢是萬無一失的。切刀在錄音盤上靜靜刻動，吸收了天皇低沉的聲音。從藤田侍從長、下村總裁到川本秘書官，一個字一個字大家都在側耳傾聽。在這裡，除了天皇的聲音之外沒有任何聲響。外邊是大內山沉寂的夜晚。

「朕亦深知爾等臣民之衷情。然時運之所趨，朕堪難堪之事，忍難忍之物，欲以之為萬世開拓太平……」

眾人的臉上都涕淚交流，大家都咬著牙忍住嗚咽。

錄音五分鐘左右就完了。天皇問道：「效果怎麼樣？」筧庶務課長小聲問長友技師，長友技師也小聲回答說：「技術上沒有問題，但有幾處聽不清楚。」天皇自己也對下村總裁說，剛才聲音偏低，好像不太好，他要求再來一次。

由同樣的信號再次開始了錄音。天皇用其獨特的語調朗讀了詔書。聲音高了一些，不知道是不是有些緊張，有一個地方漏掉了一個接續詞。侍立在旁的人們都非常緊張，一個一個都滿身大汗。他們感慨萬千，眼睛又發紅了。不只是他們，天皇也兩眼含淚。第二次錄音結束的時候，加藤第一部長清楚地看到了天皇的淚眼。

天皇再次說道：「再讀一次也可以。」

筧庶務課長立即問長友技師怎麼樣，長友回答說：「這次可以了。」課長本來是問再來一次錄音的準備怎麼樣，長友卻誤以為是問剛才錄音的結果怎麼樣了。兩人的精神都十分亢奮，頭腦為此有些僵硬。他們相互都以為自己明白了對方的意思。

但以下村總裁為首，石渡宮相、藤田侍從長也勸阻了第三次錄音。考慮到天皇的疲勞和痛心的程度，再來第三次錄音也太冒昧了。時刻指向了十一點五十分，這樣，投降準備工作的第一步算是平安結束了。

天皇再次帶著入江侍從回了御文庫。來回的路上天皇都一言不發，只閉著眼睛，默默地靠著椅背，入江侍從由這個姿勢體會到了天皇內心的痛苦。

同一時間，在近衛師團參謀室裡，井田、椎崎、畑中、窪田等政變籌劃者帶著期待之心，多多少少有些焦躁，要嘛踩著軍靴、發出響聲走來走去；要嘛一會兒從椅子上站起來、一會兒又坐下去。井田中佐和近衛師團參謀的古賀少佐是第一次見面。參謀室裡還有上原重太郎大尉、藤井政美大尉，畑中少佐把他們介紹給了大家。這樣，中心人物算是聚全了。他們要想實行的計劃又偏激又險峻。古賀參謀、石原參謀兩人在逐條檢討計劃的文案，調整兵力部署，同時和統領各部署的大隊長級別的同志們進行聯絡。井田、椎崎、畑中等人的任務是說服近衛師團長森赳中將。而在不能成功說服森的情況下，他們預定的計劃是「殺」。

不巧的是森師團長正在接見來客，他們已經等了近一個鐘頭了。畑中少佐好像無法鎮靜，他把桌上的文件一陣亂翻，一下又停下來，然後又拿起來，又一陣亂翻。幾人剛開始交談，旋又停止。就這樣，時斷時續的對話和緊張而漫長的沉默在房間裡交替進行著。

井田中佐心裡想著，眼前的這些男人，都相信這次起義能成功嗎？是不是這些人都只是被畑中這個有著壓倒性行動能力的純真男兒的熱忱所吸引？他們是否只是由負面力量結合起來的而已？在對未來的展望這一點上，他們相互之間是否沒有共同的東西？大家都只全心去考慮佔領皇宮這個當前的目標，佔領之後會發生什麼事，大概他們幾乎都沒有考慮吧。大家只想著走「光榮的死」這一條路吧！？

同樣想走「光榮的死」這一條路的人還有厚木三〇二航空隊的人。天皇第一次錄音開始的時候，這裡的全體官兵被集中到了司令室，在這裡，司令小園大佐向大家傳達了一個讓所有人悲憤不已的消息，日本決定接受《波茨坦公告》，決定無條件投降。血氣方剛的年輕士官們剎那間都沉默無言，但馬上就一齊開始詢問「司令的真意」。小園大佐非常激動地叫道：

「我要褻瀆司令的職責，厚木航空隊斷不可投降。現在高座工廠已經把工作機械都轉移到了地下，做好了打持久戰的準備。糧食也還有兩年的儲備，即便全海軍都放棄，即便我們孤立無援，即便一時被冠以反叛的污名，我們也決不能贊同無條件投降。投降是玷污國體，違反傳統的。」

士官們的熱情被煽動了。即便這是叛亂，就和眼前的司令一起，在同一面旗幟下去死吧。對背負著死的十字架的人來說，不是只有這一條路嗎？……這樣，在厚木基地這裡，全軍一致、無所顧忌地開始了徹底戰鬥的準備。

還有另外的人也沉醉於這種負面的力量之中。東京警備軍橫濱警備隊長佐佐木武雄大尉也是其中之一。他也是不相信戰敗、不肯投降的人。不管有什麼情報傳進來，他一律不信。皇軍的詞典裡沒有「投降」這兩個字，他堅信哪怕只剩下最後一名士兵，也要一直戰鬥到死。戰爭靠算盤來算是不行的。戰爭要靠堅強的意志來實施。而且帝國陸軍還健在於中國大陸，盟軍的俘虜有三十五萬人，要和這所有人同歸於盡，對盟軍來說不是很不划算的嗎？佐佐木大尉的意志是如此的強烈，他有了一個想法，決定要去把以策劃投降的軟骨頭總理大臣為首的內閣重臣全部幹掉。這又是一個勇而無謀的計劃。

他向鶴見總持寺後面的警備隊總部走去。那兒常駐著一個大隊。他強烈地想去那兒號召他們，叫他們緊急集合，叫他們武裝起來，今夜就去襲擊首相，阻止投降。

三個集團之間相互沒有聯繫，他們都擅自設定了目標，並且開始向著目標行動起來。

他們的意志都激烈得如要噴火，然而幸好他們不在同一個火山帶。要是他們由一條線連起來，在同一個大戰略之下行動的話，日本的戰爭結束說不定……然而，不，現在不是考慮這個的時候。

㊷原注：在發出接受《波茨坦公告》的電報時，日方同時提出希望，希望盟軍能預告進駐時間，希望能尊重軍人的名譽，讓他們自己去解除武裝。這是外務省安東義良個人根據軍方要求加進去的。根據安東的手記，當時提要求的是「軍務局代表永井少將等數名」。但當時軍務課長永井八重少將因為在空襲中負傷，一個月之前就由吉本重章大佐代任，所以安東的記錄可能有錯。

零點
午前一點
八月十五日

「你們還算是男人嗎？」——佐佐木大尉

零點，東部軍管區發出了全區空襲警報。市民們本來已經習慣了這斷斷續續的警報聲，但隨著原子彈的出現，這警報聲又給大家帶來了另一種恐慌。但在陸軍省裡，荒尾軍事課長沒有一點恐慌之感，他平靜地正要睡覺，心想今夜要是能死掉，倒是順了自己的本意。

在持續不斷的警報聲中，第二十七飛行團的三十六架主力戰機一架接一架地從兒玉基地飛向夜空，他們要去對黃昏時在房總海岸發現的敵人機動部隊發動猛攻。飛行團長野中俊雄少將滿懷期待地目送他們出征——前線的指揮官當然不可能知道戰爭已於午夜十一點結束了，現在他還在把自己寵愛的部下推向死亡的深淵，期待著他們能在此時把平時強力訓練的成果都展現出來。

兒玉的平民不斷地聚集到機場來。他們揮著國旗，在歡呼聲中目送出擊的飛機。機身塗著太陽旗的飛機還編隊在日本的天空飛翔，這對他們來說已是值得驕傲的事。他們拼命地揮著旗幟，大喊萬歲——在這裡，戰爭還沒有結束。

東京已完全被黑暗所籠罩，一片沉寂。穿過這黑暗，零點五分，天皇再次回到了御文庫。入江侍從當然一點兒也沒想到在這戰爭結束之夜還會發生什麼事，他對天皇說如果有事發生，他將立即稟報。天皇點點頭，消失在了裡間。

宮內省內廷廳舍的御政務室裡，相關人員聚在一起，他們在試聽剛剛錄好的天皇講話錄音。窗戶外的百葉窗都關得嚴嚴實實的，所以儘管還在空襲警報中，這個房間的電燈還和平常一樣開著。過了一會兒，聽完了，長友技師對筧庶務課長說，這張錄音盤不太好，播放的時候想用不用針的那張，也就是說，播放的時候想用最初錄的那張。

錄音盤有兩組（一組兩張），被錄音負責人分放在兩個罐子裡。怕罐子的蓋子會掉，長友技師透過荒川局長問筧庶務課長，有沒有什麼合適的容器。筧課長一時也想不出來，歪著頭想了一會兒，去找了兩個裝防空服的咔嘰布扁袋子來。四十五公分左右的方形，裝錄音盤正好。這樣，錄音盤便從長友技師手裡交到了荒川局長手裡。

從某種意義上說，日本的命運就在這裝著錄音盤的布袋裡。荒川局長拿著錄音盤，心裡很是惶恐。廣播預定在正午播送，在那之前，這兩個重要的袋子保管在哪裡好呢？

有關人員聚集在會見廳前面的侍從室（也叫常侍官候所）裡，大家一起商量這個問題。宮內省的筧庶務課長等人認為應由廣播局保管，廣播局的人卻說深夜把錄音盤帶回去太不安全，他們說：「聽說陸軍有一批人已經開始騷動，如果是真的，廣播局就更危險了。希望還是由宮內省來保管。」宮內省被這樣一說，也覺得有理。於是，命運的袋子又由荒川局長的手轉給矢部局長，再到筧庶務課長手裡。接是接過來了，但筧課長在宮內省庶務課裡也想不到合適的保管場所，他也困住了。看到在場的天皇侍從德川義寬和戶田康英，他便將此保管重任委託給他們。德川當下就同意了，爽快地從筧課長手裡接過了錄音盤。

錄音盤就這樣出於保管的問題，從一個人的手上再傳到另一個人的手上。這裡我們也可以做「如果」的設想。「如果」按最初的說法辦，由廣播局或情報局的某人來保管，錄音盤有可能兩組都會落入叛軍之手。如果由筧課長放入宮內省庶務課的事務室金庫裡，爾後在軍人們的徹底搜索下，一定也會被發現。錄音盤傳到侍從中最磊落豪放的德川義寬手裡，這對錄音盤來說，或者在平安結束戰爭這一點上來說，實在是幸運。當時在場的人只是不經意地想到了總是在天皇身邊的侍從是最適合擔任保管任務的人，事實證明這想法是對的。

德川侍從隨即就把兩隻袋子拿進陛下的皇后宮事務所，放入了雜物櫃旁邊裝文件的輕型金庫。天皇的東西很少這樣放在這裡，但德川侍從也沒太在意，他心想反正明天早上就要拿出去。但他還是小心地鎖上鎖，並且在前面放了很多文件，讓人看不到這個小金庫。

下村總裁看到錄音盤交到德川侍從手中後，拿起電話接通了總理官邸。他聽說鈴木首相已回了私邸，只好把當時在舉行記者招待會的迫水書記官長叫了過來。

「錄音平安結束了，這樣就萬事了結了。」

迫水書記官長心裡也想著萬事真的就這樣平安結束了？不，能平安結束就很好了……他放下話筒，回到了記者招待會。因為空襲警報正發佈，所以這天記者招待會是在官邸地下的防空洞裡舉行的。在順著螺旋梯往下走的時候，書記官長慢慢地做了好幾次深呼吸。不調整好呼吸，不調整好身體的平衡，簡直就走不下樓梯。他已經累到這個地步了，腳不聽指揮，這讓他對自己的身體非常生氣。

柴田記者把內閣發放的詔書複印件讀了一遍又一遍。太難了，只看一遍看不進腦子去。他覺得這一張紙裡似乎包含著日本復興所需要的恢復力，覺得詔書旨在號召大家：在接受這籠罩到全體國民頭上的悲劇的同時，也不要絕望。

迫水書記官長一遍又一遍地叮囑記者們，叫他們在隔天正午的「玉音放送」結束之前，無論如何也不要發放早報。不只是迫水書記官長，馬場情報官也再三叮囑了近二十名駐官邸採訪的記者。他告訴他們如果廣播前就賣了早報，一部分不安分的陸海軍分子不知道會掀起什麼暴動來。早報要延到中午才賣很失體統，但記者們還是同意了。

迫水書記官長聽的是將有鬧事的風聲，但實際上這不只是風聲。在鶴見，東京警備軍橫濱警備隊長佐佐木武雄大尉已經開始採取行動，他要獨自完成襲擊要人們的構想。在宮中，錄音盤已在輕型金庫中放好，因為在空襲警報中回去很危險，錄音相關人員和侍從們就在常侍官候所、事務室裡雜談聊天。與此同時，佐佐木大尉正與緊急召來的自己大隊的四個中隊長進行激烈的辯論。

中隊長們堅持說，如果是司令部設在澀谷的直屬東京警備軍第三旅團長原田督少將的命令，他們就執行，但如果是佐佐木大尉的單獨命令，尤其是襲擊要人如此暴動的命令，他們無法聽從。佐佐木大尉歎了口氣，覺得這些笨腦子還沒意識到事態的嚴峻。但佐佐木大尉也沒有時間悠悠向他們說明現在投降並不是真正的忠誠。

「帝國就要滅亡了，你們為什麼不挺身而出？你們還算是男人嗎？」佐佐木大尉吼叫起來，但中隊長們面不改色，斬釘截鐵：「您說什麼都沒用。」

佐佐木大尉的眼睛充滿了憤怒的烈火：「保衛國家，發揚皇威，這不是陸軍軍人的使命嗎？」

但是，「沒有旅團長的命令，我們不會輕舉妄動。」回應他的還是冷漠的回答。原來原田旅團長早知道佐佐木大尉的思想與性格過於偏激，旅團長擔心大尉不知道會搞出什麼事來，所以早就給了中隊長們指示。什麼都不知情的大尉當然非常憤怒。

「行，你們不動也行。但是，不要妨礙我辦事！」

——在另一個焦點場所，近衛師團裡，其時一場靜靜的對話正在進行中。井田中佐和椎崎中佐坐在森師團長的對面，第二總軍參謀白石通教中佐守在森師團長的身後。白石參謀黃昏時見過荒尾軍事課長，得知「軍方的決定沒有任何內幕」後安了心，他利用翌朝出發前的時間和前輩朋友們暢談，最後到了姐夫森師團長這裡。

讓井田中佐等人在參謀室裡不得不等的客人就是白石參謀。聽著兩人的歡談聲，畑中少佐忍不住了，「沒有時間了，不快點就沒時間了。」他好幾次透過副官川崎嘉信中尉強行要求會面，好不容易得到了讓他零點三十分進去的回答。青年軍官們走過狹窄的走廊，到了師團長室的門前。那時不知想到了什麼，畑中少佐忽然對井田中佐說：「啊，我還有點別的事。」一說完他就和窪田少佐一起走了。井田一瞬間覺得自己好像被畑中欺騙了。

森師團長大概猜到了他們深夜來訪的意圖。他攔住一坐下就要說話的井田中佐，泰然講起了自己的人生觀。兩名中佐內心十分焦躁，氣呼呼地聽著。森師團長提高音量，似乎要用先發制人的言論來挫滅青年軍官們的意圖。井田中佐趁師團長話語中斷的時候，好幾次要開口表達自己來訪的意圖，但森師團長總是說：「哎，等一下。」就這樣，十分鐘、二十分鐘過去了。

與此同時，聲稱自己有事而離開現場的畑中少佐到了駿河台的澀井別館（陸軍省軍務局宿舍），他找到已經上了床的竹下中佐，強調說到目前為止計劃都進行得很順利。看上去畑中少佐似乎已因為激動和焦躁而失去了自己。他口裡向竹下中佐說拜託和我們一起站起來，但他的口氣卻透露著，似乎一起站起來造反，正是理所當然的事。

「近步二（近衛步兵第二聯隊）已經舉著軍旗進了皇宮。他們會在午夜兩點起義，佔領皇宮後就會守城不動。近步二聯隊長和另外的四大隊長都同意了我們的計劃。到了這一步，接下來就沒問題了。一切都會順利進行的。」

畑中少佐強烈的訴求之聲有一點點打動了竹下中佐的心。這是因為竹下出身於近衛師團，並且曾經是正進入皇宮的第二聯隊的聯隊旗手。竹下想起了有著光輝傳統的聯隊旗，懷念著隊旗的榮光。曾經比自己性命都要重要的珍貴的軍旗，自己愛慕的軍旗，如今飄在戰敗了的日本的最前線。

「現在，只有森師團長還不同意，我們正在說服他。但是，很明顯我們能得到他的支持。這只是個時間問題。我們等到兩點就起義。請同意吧。我們起義後將會有新的道路展開。」

在「承詔必謹」的方針決定了以後，竹下中佐一直覺得自己有種從劇中人轉為局外人的感覺，非常沒勁。但現在，在這瞬間，他感到自己再次成為了劇中主人公。對於這樣的轉變，他略微覺得困惑。流逝的時光難道不讓我在悲傷的沉默中入睡嗎？但定下心來冷靜地考慮，他對自己有了疑問，認為到了現在這個階段，自己還對是否推行這個計劃感到猶豫，是不是自己還不夠堅強，不夠堅強到足以負起責任，負起即使背負污名都要繼續進行戰爭的責任呢？另一方面，他也感到悲傷，自己難道是這樣一個無情的男人，無情到要把曾經心意相同的同志就這樣視而不見地丟開嗎？竹下中佐的心在這兩個極端之間反覆地晃來晃去，定不下來。

「我們應該承認所有的一切都已結束了吧。大臣、參謀總長、東部軍司令官、近衛師團長這四個人意志的統一是我們策劃政變計劃的重要條件，現在這個條件已經完全不成立了。到這個份上，再做什麼都沒用了。」竹下中佐這樣說，還在對自己內心的鬥爭做抵抗。

畑中少佐激動起來，他開始傾訴自己的想法。現在是官兵們都在困惑怎樣做決定的時候，如果我們這些中堅力量能夠做出決斷，沉住氣果斷行事的話，全軍一定會站起來的。我們應該站在隊伍的最前列，去開闢決斷之路。忠勇的帝國陸軍官兵們是不會在非常事態前袖手旁觀的。

「但是，話雖然這樣說，即便如此，阿南大臣也可能不支持呀。如果是這樣的話，那又怎麼辦？」

面對中佐這有些刁難的問題，畑中少佐越加激動，「所以我們才來拜託中佐您。」

「全軍一定會跟在我們身後站起來的，那個時候，大臣只要坐上我們抬的大轎就可以了。我們想請求您去說服大臣。除了中佐您以外，沒有人能夠說服大臣。」

竹下中佐困惑無言，他陷入了自問自答的深思之中。激烈的感情在他的內心進行鬥爭。看著畑中少佐的臉，他不能無情地一口拒絕。現在是決定最終態度的時候了吧。想要忘掉一切，認為什麼都和自己沒關係，只管自己沉沉睡去的想法也必須拋棄了吧。竹下中佐抬起了頭，決定無論如何，先到大臣身邊去了再說。

「沒有時間了，我要回近衛師團了。到了現在，哪怕是一個人，我也一定要幹到底。我並不是要您現在馬上就同意我，只是想請求您在計劃順利進行的時候一定要站出來。」

畑中少佐連忙地站了起來。

「我也去，我到大臣那兒去試試。」

竹下中佐決定把自己的命運賭在阿南陸相身上，正如井田中佐要把命運賭在森師團長的回話上一樣。畑中凝望著竹下的臉，一時沉默無言，但眼見著歡喜從他的體內奔湧而出。畑中一生的喜悅似乎都凝聚到了這一刻，他從內心發出了笑容。接著他的眼睛濕潤了，似乎要哭出來。竹下中佐打破了沉默。

「你要走了吧，我也一起走。」

在近衛師團長室裡，這個時候，井田中佐找到了說話的機會，他正在和森師團長進行靜靜的論戰。中佐把畢生的熱情都投入到自己的一字一語裡，他在向師團長傾訴自己和夥伴們對捍衛國體這個問題是怎樣考慮的。把天皇視為人神，做到一君萬民的結合，這是正確的國家體制，必須維持這個體制，也可以說這是國民的信仰。

「然而，政府的投降主義卻提出只要能在形式上保留皇室就行，在這問題上我們持反對意見。皇室之所以是皇室，是因為它和民族精神同在，而不只是形式。閣下、形同虛設的皇室、膽小的國民，還有只要能保住國土就好的『政府的國體捍衛』，說到底不過是借用皇室名義的自我保存而已。這一點我們應該看透。」

但對於森師團長而言，天皇的話是絕對的。

「不管理論上怎麼講，今天天皇作了聖斷，那我就絕對不能容許與陛下意志相反的行動。戰鬥是根據陛下的命令進行的，退卻也是根據陛下的命令進行。這是近衛師團的本分和責任。」

兩人的意見再怎麼說也是平行線。近衛兵的任務是保衛皇宮，哪怕是陸相或參謀總長的命令，佔領皇宮，捲入混亂的漩渦，這是絕對不行的。森師團長的這個主張完全不可動搖。森師團長從現實層面看問題，他否決了佔領皇宮的計劃，而井田中佐從觀念上去講解為什麼必須起義；或者，換個說法，師團長在講原則論，而中佐在講心情論。

參謀室裡，看到畑中少佐回來了，窪田少佐和上原、藤井兩位大尉一起露出了放心的表情。他們一點不知道師團長室裡在進行著怎樣的交談，只能繼續漫長等待。

就在那時，旁邊的參謀部事務室的非常電話響了起來。大家面面相覷，不知發生了什麼事情。但不可能有什麼事情發生。如果有什麼事情發生的話，只能是他們現在正要做的事。電話一直在響，但沒有人接。藤井大尉站起來走出了參謀室，他走到隔壁，拿起了話筒。近步二聯隊第三大隊長佐藤好弘少佐激動的聲音傳了過來。

「現在要監禁宮內省和廣播局的人，人手不夠，快派誰過來。」

藤井大尉回答說：「除了我們，誰都不在。」和他陸軍士官學校同年級的佐藤少佐乾脆地說道：「你也行，趕快過來。」

藤井大尉向畑中少佐匯報了這個情況，在得到了許可之後，他借了近衛師團的帽子戴上，出了師團司令部的門。這時已快凌晨一點了。藤井大尉慌忙地朝佇立在皇宮正面的漆黑的乾門走去，卻沒想到，這個偶然的機會把自己推到了叛亂的圈外。

那個時候，在師團長室裡，井田中佐滿頭是汗，還在繼續著說服工作。說的一方和聽的一方好像在競爭誰更認真，都睜大了雙眼。

「南美的小國巴拉圭，在五年的戰爭中一直打到人口失去八成；芬蘭如此，我們的敵國中國也如此。我認為，如果只有我們國家，在自負為神州正氣之民的同時卻不進行本土決戰就投降的話，那只能說是也太過於會盤算了。像這樣半途而廢地停止戰鬥，欺騙特攻隊員玉碎而去的英靈，我認為沒有比這更無恥的行為了……閣下，我什麼也不再說了。我們要奮起，要奪回美麗的日本精神。近衛師團在這種時候正應當起中心作用。請閣下作出決斷。」

井田中佐把該講的話都講完了，他凝視著森師團長，等著他的回答。幾十分鐘充滿激情的議論之後，汗水從脖子流到胸口，背上也滿是汗，軍服好像剛從水裡拎出來一樣濕淋淋的，緊緊地黏在背上。森師團長本來已換上了夏季室內便服，單麻布似的衣服看上去很涼快，但此時他的脖子和額頭也亮晶晶地滿是汗水。相當一段時間，只有令人感到壓抑的沉默和靜寂支配著房間。

午前一點——兩點

八月十五日

「你想讓東部軍怎麼樣？」——高嶋參謀長

不久森師團長講話了，他的氣勢好像是要把房間裡沉悶的空氣一掃而空似的。「諸位的意思我都明白了。坦率地講，我也很佩服諸位。現在我也想當一個赤裸裸的日本人，馬上跪到明治神宮去請示神靈的最後裁斷。」

這話沁入井田中佐的肺腑，沒有別的話比這更符合他的期待了。井田想：真這樣就好了。一直堅持除了天皇的命令，即便是大臣、參謀總長的命令也決不能讓近衛師團行動的師團長，現在終於說要作為一個日本人，不是作為師團長，來重新思考在這緊急關頭應該怎麼做了。這對於井田中佐來說已是非常令人滿意的答覆了。即便參拜神宮得到的答覆是「否」，那也不辜負自己的努力了。這樣想著，井田一時覺得輕鬆多了。

剛好在這個時候，一直在隔壁房間的參謀長水谷大佐露了一下臉。看到他，師團長理所當然似地指示井田中佐去問參謀長的意見。井田中佐應允了，他留下椎崎中佐，自己出了師團長室。他正要進參謀長室的時候，正好滿頭大汗的畑中少佐和青年軍官們趕過來了。是不是超出人力的偶然的力量在搗蛋呢？討論的中心人物正要退到旁邊房間去的時候，畑中少佐、窪田少佐、上原大尉等人正要進師團長室。井田中佐對他們莞爾一笑，叫他們就等在師團長室裡。畑中少佐把他的笑容理解成了形勢對自己一方有利的意思。

事情發生在一瞬間。結局殘酷地、不可避免地到來了。三名軍官進了師團長室，畑中少佐剛和森師團長說了一兩句話，接下來的一瞬間，上原和窪田好像得到了畑中的暗示一樣，兩人拔出刀來。畑中的手槍對著師團長開了火，劍道五段的上原從師團長肩上斜著砍了下去，然後他又從後面對著撲在畑中少佐身上的白石參謀的脖子砍了下去，窪田給了白石參謀最後的一擊。㊸

井田中佐聽到了師團長室裡槍聲轟然一響。靴子踢得樓板亂響，還有呻吟一般的悲鳴。井田中佐一瞬間全身僵住了。他衝出參謀長室，水谷參謀長也跟在後面。兩人還沒進師團長室，面色蒼白的畑中少佐就從裡邊走了出來。他緊緊地握住叛逆的手槍，發出了悲痛的呼聲。

「沒有時間了……所以我終於下手了……沒辦法的事。」

畑中少佐的狂熱和井田中佐的冷靜正好形成鮮明的對比，森師團長不知道拿他的狂熱怎麼辦。也許是畑中把井田的笑臉理解成了師團長已經同意。偏偏兩人話不投機，剛毅的師團長大聲叱責了他，勃然大怒的畑中不由自主地拿起了武器……井田在一瞬之中把握住了事情的來龍去脈，隨後井田看了一下師團長室，從他那裡正好可以看進去一點兒。一片血海中，森師團長和白石參謀的屍體俯伏向下，幾乎疊在一起。椎崎中佐呆呆地坐在椅子上，似在俯視這一切，還有兩名激動的軍官……

叛亂已經開始了！

已經沒法後退了。兩點鐘起義的計劃提前了。他們親手將他們想要立為支柱的師團長殺掉了，冷靜地想來，這只能說是「萬事休也」。還要繼續推進計劃，那就只能自己做支柱，用假命令來強行實施計劃了。是進還是退？在這危險的瞬間需要有靠得住的人，需要有人能正確地判斷局勢，需要有人來斥責和修正一起搞陰謀計劃的同夥的魯莽，需要有人來讓大家確信當前應該做什麼。現在需要這樣的人，但誰都沒有多餘的心思來發揮這樣的作用。他們沒有考慮退卻，心裡在體會著「箭已離弦」這個古語的意義。來吧，該來的都來吧！連最冷靜的井田中佐也在想，頂多就是同歸於盡吧！

井田中佐和水谷參謀長都認為事已至此，只能請求東部軍參加起義了，為此他們飛車前往東部軍。在車裡冷靜下來的井田中佐心想東部軍不可能不參加起義。但他心裡同時也有一種悲哀的絕望感，覺得只能走到哪裡算哪裡。

畑中少佐等人行了瞑目舉手禮後離開了師團長室。他們開始活動了。古賀參謀和石原參謀聽說了師團長被殺的消息，受到了極大的衝擊。但他們這些年輕軍官仍是盟約的忠實執行者。古賀參謀正式完成了他早就在打腹稿的師團命令。

「近作命甲第五八四號」

近師命令

八月十五日〇二〇〇

一、師團之使命是摧毀敵人謀略，維護天皇陛下，捍衛我國國體。

二、近步一長派主力部隊佔領東二東三營內廣場（包含車部軍作戰室周邊）和本丸馬場附近，須對外保衛皇室的安全。另派一中隊佔領東京廣播局，封鎖廣播線。

三、近步二長派主力部隊在皇宮吹上地區對外守衛皇室的安全。

四、近步六長繼續執行現在的任務。

五、近步七長派主力在二重橋前切斷皇宮外圍。

六、GK長派TK中隊前進至代官町，主力待命。
七、近炮一長待命。
八、近工一長待命。
九、近衛機炮大隊長以當前態勢守衛皇宮。
十、近衛一師通長派兵切斷皇宮至師團司令部之間以外的皇宮通訊網。
十一、我據守於師團司令部。

近師長森赳㊹

畑中少佐用親手殺害的森師團長的印給這份命令作了「認證」。雖然只有短短的時間，師團的指揮權卻在沒有讓部隊察覺到異樣的情況下，轉到了畑中少佐等叛軍手中。而且他們的背後還跟著第二聯隊長以及四個大隊長，還有眾多的中隊長。這些人都同意陰謀，即便是受到了欺騙。在這個假命令暴露之前，奔向東部軍的井田中佐能成功說服東部軍的話……然後竹下中佐能說服陸軍大臣出馬的話……青年軍官們各人接到了各人的任務。窪田少佐去陸相官邸報告情況，同時也是去支援竹下中佐。上原大尉趕回航空士官學校，爭取集結更多的同志。他們意氣昂然地分頭行事去了。

椎崎中佐和畑中少佐堂而皇之地坐著近衛師團司令部的車進了皇宮。兩個小時以前，他們是自己騎著自行車從陸軍省過來的，現在卻搖身一變成了叛亂軍的總指揮官，坐著車四處縱橫。他們到警備司令部找到了第二聯隊長芳賀豊次郎大佐。

「正如先前所講，我們倆現在正式由大本營作為補充參謀派到近衛師團來了。佔領皇宮的師團正式命令馬上就會傳達過來，請按原計劃充分地佈置兵力。」

芳賀聯隊長心領神會。沒多久，第二聯隊副官曾我音吉大尉收到了師團命令（透過口述筆記），他向芳賀聯隊長作了報告。曾我副官不知道這是假命令，是陰謀。芳賀聯隊長在某種程度上知道這是一樁叛變陰謀，但他一心認定這是全陸軍的陰謀，以為是陸軍要發起以皇宮為中心的政變，以再次仰仗聖斷為目的的陰謀。他以為即便是陰謀活動也是針對國家而叛亂，他哪裡能想到這只是對陸軍的反叛。

在芳賀聯隊長的命令下，皇宮和外部的聯繫就快要被切斷了。叛亂在逐步進行，不斷深化。

與此同時，東部軍管區參謀不破博中佐被近衛師團參謀古賀少佐打來的電話嚇了一大跳。

「近衛師團決定起義了。希望東部軍也一定站出來。請東部軍司令直接發出號令。拜託……拜託……近衛師團起義了，請東部軍也站出來。」

古賀參謀也不給不破參謀插嘴的機會，只一味地重複哀求「拜託了」。很明顯他是聲淚俱下，喉嚨都哽住了。他單方面講完，電話就斷掉了。這是東部軍最初聽說近衛師團的事，但古賀參謀的報告過於簡單，不破參謀有些搞不清他的真意。同時他想起了前日午後見到師團長森赳中將時，森師團長強力地主張在已決定停戰的情況下決不能輕舉妄動。於是他樂觀地推斷，即便近衛師團發生了什麼重大的變故，只要師團長在，也不會有什麼事吧。

但即便是這樣，不破參謀還是向田中軍司令官和高嶋參謀長作了報告。東部軍司令官田中靜壹大將聽了後沒有吃驚的表現，什麼也沒說。不破參謀想田中軍司令官一定也是還不能相信事情的真相，還在等更詳細的消息。

詳細的消息馬上就傳過來了。參謀長高嶋少將的房間外傳來「參謀長閣下，我是井田中佐」的聲音，還不等參謀長給他入室的許可，井田中佐和面色蒼白的水谷參謀長就跌跌撞撞地進來了。高嶋直覺有異，一望可知，水谷參謀長的表情非同尋常。水谷參謀長作了報告，身體一直在前前後後地搖來晃去。他講了森師團長被殺的事，叛亂軍占領皇宮的事，說自己是來聽東部軍司令官的指示的。但似乎講這麼多話對他來說已是極限，水谷因為極度的疲勞和過分的緊張而陷入輕度的貧血狀態，當場就快倒下了。

水谷參謀長倒在隔壁房間的沙發上，就剩下井田中佐和高嶋參謀長相向而對。很明顯井田中佐最初的希望已經破滅了。他計劃著儘量瞞下殺害師團長的事，在不說真相的情況下催促東部軍奮起。但昏倒之前的水谷參謀長的一句話破壞了他全部計劃。「森師團長是被殺害的」，這一事實說明了什麼？森師團長到最後一定也是持反對意見的，而且佔領皇宮的聯隊執行的也不過是假命令。知道了這個情況，不管中佐怎麼去講、怎麼去捨身突擊，東部軍不會出動已是很明顯的了。

「只要東部軍站起來，全軍一定會動。陛下的想法也會改變吧。拜託！」

井田中佐在內心已做好全部計劃都泡湯的準備，而且他預感到不管怎樣現在的苦惱反正不久後都會結束的，在內心也有了一種輕鬆感。但他還是為貫徹自己的信念，為盡力完成義務而繼續努力。「現在不站起來就太晚了。」他說。

「陛下的錄音一播放就萬事皆休了。現在請採取斷然態度，為了捍衛日本的國體……」

井田中佐的語氣不由得強烈起來。高嶋參謀長覺得從正面去反對他會又有發生流血事件的危險。森師團長剛剛才被殺害。高嶋參謀長由著這血氣旺盛的青年軍官講下去，希望他能在自己傾聽的過程中冷靜下來。結果，井田中佐感到非常空虛，覺得自己好像是在一個巨大的鋼筋水泥盒子裡一個人玩相撲一樣，不知不覺中他的聲音消失了。而高嶋仍然在等著他講話。於是房間裡就只剩下了冷冰冰的沉默。井田的頭漸漸地低了下去。於是高嶋開口說話了。

「具體地講，你想要東部軍做什麼呢？」

井田中佐慢吞吞地回答說：

「近衛師團已經在師團命令下行動起來了。希望東部軍能在承認這個行動的基礎上出動一部分兵力。」

高嶋參謀長回答說承認近衛師團的行動要軍司令官的命令才行，而兵力的直接出動一事，不是主任參謀就沒法具體商量，情況也沒法了解。高嶋參謀長說，眼下之計只能馬上把主任參謀請過來。這是高嶋巧妙的戰術。作戰主任參謀板垣徹中佐在「二二六事件」的時候也擔任過說客的角色，當時大顯身手，是有過活躍經驗的合適軍官，高嶋參謀長早就和他講好，在有什麼突發事件的時候就把他請來當談判員、當說客。

但是，板垣參謀沒有必要做很大努力去說服井田中佐。井田中佐已經自己把自己給說服了——政變失敗了。看看東部軍這冷冰冰的空氣。天皇的意志有何等的力量，想想天皇一言的絕對權力，軍隊如同烈火的敢鬥精神在天皇的一言之前也輕如鴻毛。切身體會到這一切的井田中佐想起自己當時不是已經決定了自己的責任了嗎？當初決定要把命運賭在森師團長的同意與否的一言之上時，自己決定了在看到計劃不能成功的時候，自己要負起責任，為避免皇軍內部自殘而努力去了結這次事變。自己不是想好了的嗎？

東部軍不但沒有起義，反而還明顯地採取了壓制態度。但就在這個過程中，割斷皇宮內外交通的行動也在井井有條地推進。把守好周邊以後，叛亂軍首先解除了皇宮員警的武裝，他們佔領了所有的宮門，禁止了政變相關以外人員的出入。堅守皇宮的準備做好了。接下來，一點兒準備也沒有的、首先體驗到這次叛亂的是下村總裁和川本秘書官。上午是充滿眼淚的御前會議，下午是內閣終戰會議的討論，晚上還有詔書的玉音錄音，他們的身體已經疲乏到了極點。勉強走到休息室，一邊喝茶一邊和石渡宮相等人閒談了一會兒，好歹是恢復了一點。但下村總裁想著內閣會議還在繼續中，於是一點半時他打算在空襲警報中回首相官邸。

來的時候走的是坂下門，回去的時候打算同樣從坂下門穿出去時，上著刺刀的士兵從黑暗中冒了出來，他們命令下村總裁的車停下來。接到士兵報告的椎崎中佐、畑中少佐等人認為，這麼晚還要外出的車坐的一定是和天皇錄音有關的人，這樣的話，情報局總裁下村宏一定也在。

接到消息，上著刺刀的士兵走了過來，他們打開車門，問車內是不是下村總裁，同時審視車內。坐得最近的川本秘書官回答說：「是。」

門一下子被強力地關上了。士兵立在車兩邊的腳踏上，他們對司機說：「倒車。」四周黑黑地伸手不見五指，而且這是在摸不著方向的皇宮裡。站在腳踏上的士兵指示著司機往左往右，但車裡的人一頭霧水，不知道自己要被帶向何方。想著會不會就這樣被帶到高處，然後被丟到皇宮的護城河裡去，川本秘書官感到了極度的恐怖——但這樣的暴力事件沒有發生。

不久車上了坡，然後停在坡的盡頭。帶刀的士兵成排地列隊站在一間簡陋的平房前面，在這裡，下村總裁等人被帶下車。川本秘書官看到一張寫著「守備隊大隊本部」的舊招牌。一位沒見過面的伍長說：「請跟我來。」總裁、秘書官，還有三個被解除了武裝的衛兵，他們沒有別的辦法，只能跟著伍長走。

和錄音有關的人前前後後差不多全都體會了同樣經歷。長友技師等人是在筧庶務課長帶領下，要步行通過坂下門時被攔下來的。問了兩、三個問題之後，士兵們用還算平和的態度說這只是誰都不許出入的命令而已。但不一會兒，不知是不是得到了什麼消息，事態突然變了。

「上刺刀，把這六個人用兩列槍隊圍起來！」

在這出人意外的號令下，長友技師等人被陰森森的槍口圍了起來。筧庶務課長很勇敢，他質問像是指揮官的下士官說這樣的無法無天算什麼。他們也不回答，只用刀槍對著人，作著威嚇的姿態。長友技師提心吊膽地說：「太危險了，別問了。我們沒有什麼急事，叫我們去哪裡就去哪裡好了。」筧課長說：「那就對不起了，請跟他們去吧。」

長友技師等人在誘導下離去了。筧課長目送著他們，一個人往宮內省那邊走。士兵們攔住他，叫他一起走，但筧課長說：「說那什麼話！」他強硬地推開士兵們，一個人走了。士兵們大概也沒接到非常強硬的命令，沒有勉強攔住他。

長友技師等人在刀槍的催趕下，走到了二重橋附近，在黑暗中看到了一間小兵舍。在士兵們的指示下打開房門，他們吃了一驚。早先一步就離開的下村總裁、大橋會長與矢部、荒川兩局長等人，這些剛剛分手的人都縮著身子，擠在這間小屋裡。

小屋還不到五坪，只放著硬床和哪個兵營都可以看到的桌子和兩張長椅子。就是這個非常窄擠的房間，十六個人被塞了進去。向著院子的窗戶緊緊地關著，還拉著厚厚的窗簾。氣悶暑熱中，男人們開始出黏汗。究竟發生了什麼事？也不知道要持續到什麼時候。十六個男人對自己的處境和未來不能抱一點希望。他們覺得自己好像已經被宣判了死刑。

軍人走過來，「在這張紙上寫下你們的官銜地位等級和姓名……不許作假！」他一邊說一邊把一張紙和一支鉛筆朝桌子上一扔。鉛筆滾過去撞在鐵皮菸灰缸上，發出一聲悶響。

心裡沒底地聽著這響聲，川本秘書官拿起鉛筆，自己做代表寫下了情報局相關人員的姓名。寫完後他把筆交給了廣播協會方面的代表。然後是做保鏢的便服警官、司機……這樣，從大臣到司機的十六名男子的「圍城」就開始了。而且，從接下來少尉的露面開始，這個「圍城」變得非常殘酷無情。少尉面無表情地對眾人說道：

「不准私自說話，不許吸菸。」

他是不是在說用自己的生命作賭注的時候，採取寬大的處置是不合算的呢。川本秘書官有些生氣，賭氣似地問道：「可不可以把上衣脫掉？」

「不行！這是命令，明白嗎？」

一張床和兩張長椅子，十六個人再怎麼擠坐，也還是有人得站著。廣播局的年輕技術員們接下這個任務，無言地交替著或坐或站。門的內側站著兩名士兵，虎視眈眈地盯著大家。門大聲地關上了。

㊸ 原注：這裡採用的是秦郁彥教授著作的說法，當然事實是否如此，並無確切證據。作家飯尾憲士則在他的著作裡提供了另一種推測。

㊹ 原注：這裡根據的是防衛廳戰史室的資料。「GK」是近衛騎兵聯隊，「TK」是戰車。一切按照原文所寫。

八月十五日

午前兩點—三點

「和二二六事件時一樣啊。」——石渡宮相

年輕的廣播員和技術員們打算走回位於日比谷的廣播會館，但這裡也出事了。對以常務理事生田武夫為首的將近六十名廣播局、情報局工作人員的軟禁就要開始了。根據偽造的近衛師團命令，為了「封鎖廣播」，近衛步兵第一聯隊第一中隊（由中隊長小田敏生中尉指揮）每人帶了小槍彈三十發，正在前往佔領會館的途中。士兵們在日比谷十字路口裝好槍彈，彎著腰接近了廣播會館。假命令開始發揮效力了。

全陸軍在全國範圍內發起了叛亂。這個消息傳到了各報社的幹部處。差不多同時，《終戰詔書》也由首相官邸的記者發了出來。此時，B-29正在飛向高崎、熊谷、小田原的途中，他們要去作最後的攻擊。而東京，因為停電管制而一片漆黑。蠟燭的燈花令人不快地晃動著，面對這兩個內外局勢交加的消息，傳媒的幹部們頭抵頭地進行著苦悶的會議。

有人主張說陸軍是那樣地逞強威風，他們不可能輕易地低頭收手，所以全軍叛亂的消息肯定是確實的；也有人說發詔書實際上是陸軍大作戰的一環，他們是要以此來誘惑敵人安心登陸，然後在海岸對其來個迎頭痛擊；也有人斷然勸說大家不要胡說八道了，《終戰詔書》明明白白地已由政府頒發出來了，這就已經沒有什麼可懷疑的了。抗戰派和和平派雙方都有情報如洪水一般源源不斷地流來，這些沒有次序的情報沖走了辦公桌上冷靜的判斷。現實中在發生什麼事？報紙上發表什麼消息好？把《終戰詔書》登出來會不會受到陸軍的報復？

《讀賣報知》新聞政經部的記者原四郎也是這群困惑的男人們中的一員，面對著這些無從分辨真假的情報，他同樣不知道應該怎麼辦。報紙總社被燒了之後，他和其他職員一起搬到了築地的本願寺本殿。現在的問題不是用理智的判斷或講道理就可以解決的，而是「戰」還是「和」的二選一問題，是關係到日本帝國興亡的「事實」問題。

蘇聯參戰的第二天，報紙在頭版並排登出了兩個相互矛盾的消息：一個是反對「玉碎」，也就是暗示投降的情報局下村總裁的談話，一個是主張繼續進行殲滅敵人的戰鬥的陸相講話。但是現在，把《終戰詔書》和陸軍大本營的立即進行登陸決戰的勇猛發言一起當做頭條新聞來登在一起，這無論如何也說不過去吧！應該把《終戰詔書》登出來呢，還是把大本營發言登在頭條呢？面對著這兩條消息，原四郎沒有加入辯論，他在蠟燭下沉默無聲了好一會兒。

這個問題對《朝日新聞》來說也是一樣。從官邸回到總社來的吉武隊長和柴田記者在三樓政治部的一角點上了好幾支蠟燭，隊長就應該怎樣接受《波茨坦公告》，柴田就接納公告的經過，兩人各自小心翼翼地寫著文章。

在明白事實真相之前，報社還是在做戰與和的兩手準備。吉武、柴田兩人用自己的眼睛看來的、自己的耳朵聽來的情況是事實，是真得不可能再真的事實，但同樣是「事實」的全軍蜂起的報導也傳了過來。所以，現在是做好兩手準備，各人寫好各人所謂的事實，這樣隨便哪個是謠言都沒有關係了。

報社就這樣在困惑、不安和焦慮的漩渦裡，忙忙亂亂地編排著有歷史意義的版面。與此同時，三宅坂的陸相官邸裡正在進行著最後的晚餐。

日本酒和一點點的乳酪擺在巨大的紫檀桌上，已經完全放鬆了的陸相心情很好地在談話。話題從愉快的往日、以前的好時代到現在的心情，無所不談。竹下中佐是陸相生前最後的交談者，靜靜傾聽著陸相的話語。陸相儘管連日辛勞不斷，但血色很好，看上去比一般壯年人還精神。看著這樣的陸相，竹下感覺好像是得到了身為軍人的陸相平時從沒有懈怠過身心鍛鍊的證據，他再次為此而感動。

竹下中佐到達陸相官邸的時間正好和畑中少佐在近衛師團長室裡對師團長開槍，窪田少佐和上原大尉如狼似虎地對與師團長同席的白石參謀揮起軍刀的時間差不多同時，都是在一點半左右。他到達的時候，迎出來的警衛憲兵和傭人的表情似乎都在說您到的正是時候。竹下一瞬間就感覺到了陸相要自殺的決心。

竹下中佐到大臣這裡來並不是因為被畑中少佐說服、同意他的意見而來的，但他的心底事實上也的確有微妙的衝動：有任何萬一的時候，自己要採取桐野利秋對西鄉隆盛所做的行動的想法㊺。另一方面，在他的心底，也有對畑中少佐無邊的友情在奔流。即便他沒有積極地負起政變直接責任的想法，很明顯地他對於他們佔領皇宮，打先頭去引領全軍蜂起的計劃是採取了默許態度的。竹下中佐對自己應選擇的道路從來沒這麼長久、這麼深刻地考慮過。

想起來，自己對畑中少佐回答說同意去陸相官邸的時候，心裡想的是要看著陸相的臉來下自己的決心；但同時，也是因為突然一下有了一個預感——下午三點，在陸相給陸軍省全體職員的告別演講裡就可以感覺到陸相已下了要自殺的決心，這在誰的眼裡都是明明白白的。

「難道就是在今夜嗎？」

竹下中佐的心情變得很嚴肅，他心想對於就要死去的大臣沒有必要去說什麼多餘的話。在現在這個關頭把政變的計劃提出來，攪亂陸相澄明的心境，這不是作為部下、作為內弟應做的事。這樣堅決地想著，很顯然，他已經對畑中少佐等人策劃政變的態度做了了斷。

在大臣的起居室外等候入室許可時，大臣從裡間責備一般地詢問說：「你是來幹嘛的？」但馬上又改口：「來得好，進來吧。」裡間接著的是十二疊的日式房間，房角鋪著被子，吊著白色的蚊帳。陸相背對著壁間，對著桌子寫完了東西，正在那裡看著自己寫的東西。同一張桌上，放著酒杯和酒壺，還有簡單的飯食。

大臣像對待什麼重要的東西一樣，把自己寫的東西收進了背後的高低櫃裡，然後他轉向竹下，簡單地說道：「我平時就做好了心理準備，今夜我將剖腹。」

「我知道。」竹下中佐回答說，「事已至此，我不阻攔您。」

陸相說：「真的嗎？那我就安心了。」他拿過一個酒杯，一邊遞給中佐一邊說，「你突然過來，我先前還以為你是來阻止我的，不是就好。」這樣說著，他遞過酒杯，讓中佐喝酒：「現在得說，你來得正好。」

酒喝起來，陸相的心情越發開朗起來，中佐反倒陷入了沉思之中。他覺得心靈深處還潛藏著什麼令人不安的東西。有什麼放不下心的重要東西。畑中下佐說是要兩點起義。兩點快要到了。自己無論如何也應該制止的事還沒有制止，這讓他感到非常不安。沒能察覺已下定剖腹決心、泰然自若的陸相的心情，自己自以為是地以命運為賭注去做的所有一切，現在都讓竹下中佐感到羞愧無比，他幾乎要哭了。

「雖然是馬上就要死去的人了，我還是和平時一樣，打了消除疲勞的維他命針。總不能說要死了就不用了吧。」

陸相恬淡的話語還在繼續。竹下中佐問道：

「先前您寫了什麼嗎？」

陸相一邊說道，啊，那個呀，一邊把收到高低櫃裡的兩張白紙拿了出來。對折的白紙上飛舞著陸相的筆跡，墨痕鮮明。一張裡面寫著辭世歌：

深受君恩身，無言可遺世。

陸軍大將惟幾

昭和二十年（1945 年）八月十四日夜

據說這辭世歌是陸相在昭和十七年七月就寫好的，當時他身為滿洲第二方面軍司令官，在為對蘇作戰做準備，那個時候他就做好了戰死的準備。

遺書只有三行字：

一死以謝大罪。

陸軍大臣　阿南惟幾（花押）

昭和二十年（1945年）八月十四日夜

辭世歌裡署名陸軍大將，而遺書裡則署名陸軍大臣，這是陸相面面俱到的表現。陸相應該全力為國效勞，但他違抗天皇的聖斷，始終代表著陸軍的意志在行動。軍隊可能滅亡國家，現在他要因身為其代表來自裁。但作為個人的大將絕對沒有喪失對皇室的崇敬之念。他是要想通過遺書簽名的方式來表明這一點！。竹下中佐覺得眼角開始發熱，他在無言中讀透了大臣的心。

陸相這時候好像想起了什麼，他又磨了墨，在折成兩折的遺書背面又加寫了一句：

始終確信神州不滅。

相信即使自己毀滅，祖國也不會滅亡。生存下去的人們可能要面對所有的苦難，但所有的人應團結起來，一致盡到拯救祖國的義務，除此之外，沒有其他方法可以避免亡國。

以後的日本人，應該以什麼當作生存的目的，應該為了什麼甘願從容赴死呢？還有那麼多將士，他們是為了什麼而戰鬥、而死去的呢？只有在存活下來的人們能正確回答這些問題的時候，日本才能得到拯救。陸相要講的是這個意思吧！

「啊，都已經過兩點了。」陸相看了看錶。

「日曆已到十五號了，但我要當是十四號來自決。最初因為二十號是我次子惟晟的忌日，我打算二十號自決，但等到那一天就太晚了。十四號是我父親的忌日，所以我決定在這一天來自決。而且陛下的錄音廣播是預定在十五號中午的，我不忍傾聽。從這個意義上來講，我也早就想著要在十四號死去。所以……」

他從懷中拿出在陸軍省自己的桌上寫下的辭呈，說：

「辭呈的日子希望你也寫在十四號這天。」

圍著皇宮，陸相官邸、近師團司令部、東部軍司令部形成了一個大三角。作為三角一點的陸相官邸之夜就這樣靜靜地暗下去了。而在三角的另一點，近衛步兵第一聯隊長渡邊多粮大佐接到了古賀參謀口頭傳達的近衛師團命令，他完全沒想到這是假命令，正在進行緊急點名。三角剩下的一點是東部軍司令部，在那裡，井田中佐改變了主意，他決定由自己來負責收拾殘局，正要單身趕赴皇宮。

與此同時，東部軍也得採取緊急行動來對付。指令分發，電話四起，傳令兵飛跑，好不容易開始行動起來。東部軍參謀稻留勝彥大佐（民間防空主任）從位於竹橋的防空作戰室趕到東部軍司令部時，時間剛過兩點十分。

參謀長高嶋少將在把說服井田中佐的工作交給板垣參謀後，自己進了田中軍司令官的房間。做了簡單的報告之後，他表示希望能在情況清楚一點以後再去開展現場說服工作。田中軍司令官主張強硬手段，他在還沒弄清現狀的情況下就打算去現場作說服以鎮壓。高嶋參謀長在得到田中軍司令官的同意後，踏進了軍參謀室，開始了指揮任務。稻留參謀、不破參謀、板垣參謀等人在他的指揮下默默地完成著自己的任務。在這令人窒息的空氣中，近衛步兵第七聯隊長皆美貞作大佐趕到軍司令部報告：「剛才在電話上接到了師團參謀的重要命令，但有一些可疑之處。為防萬一，我過來問問軍司令官的意思。」

所有的情況都明白了。反叛者殺害了師團長，他們發出假命令，企圖要佔據皇宮。高嶋參謀長首先向東部軍憲兵司令部要求在田中軍司令官出動時派遣憲兵維護其安全，然後他命令不破參謀去探察近衛師團司令部等地的狀況，以便為軍司令官作現場指揮做好預備工作。這之後，他命令近衛師團各部隊的部隊長或是接命令的負責人緊急集合。

憲兵司令部的塚本誠中佐也是在這個時間知道事件的。他接到森師團長被殺害的報告，為了確認真偽，他命令伊藤憲兵大尉去師團司令部探消息。接下來他進行緊急點名，採取了全體警戒的態勢。

在東部軍和憲兵司令部採取全面措施的同時，反叛者們正在活躍地計劃接下來的作戰方案。他們把總部設在皇宮內警戒司令部裡，隔著二重橋，這裡和東部軍司令部處於相向而立的位置。各個大門都架著輕機槍，一副戒備森嚴的樣子。下村總裁、大橋會長就被拘禁在這司令部深處的一個房間裡。這裡是陰謀和叛逆的巢穴，也是監獄。陰謀的中心端坐著畑中少佐，椎崎中佐則處於參謀長的地位，和這兩個人一起的還有四處活躍行動的古賀參謀少佐、留在師團司令部指揮著第一聯隊以回應外部的石原參謀少佐，他們把近步第二聯隊拉到陰謀之網的行動算是成功了。

皇宮和外界失去了所有聯繫，孤立了。事情從此時起開始變困難了。去了東部軍的井田少佐能夠成功地說服他們嗎？去勸說陸相的竹下中佐能夠順利嗎？這兩點是他們的政變能否成功的關鍵。然而他們還不知道，事實上這兩個問題都在開始的時候就幻滅了，一切都沒有指望了。他們的目的是要挽回屈辱的敗北，先此把全軍奮起的導火線點燃是他們的目標，然而這火現在反而要燒到他們自己身上了。

兩點十分左右到三十分這段時間裡，這個階段的情況還算安靜。熊谷市等地因為空襲而燃起了大火，但東京沒有受到任何打擊。敵機也沒有要來轟炸的跡象，所以雖然是在空襲警報中，很多人還是鑽進了被窩。戶田、三井、德川等侍從在空襲警報剛發出的時候，都說要等到警報解除後再休息，但這警報太長了，他們都放棄等待，各自去睡了。這樣整個皇宮就好像海螺閉上了口一樣，陷入了沉寂之中。

這之間，畑中少佐等人不屈不撓的活動越發地活躍了。窪田少佐出發去找在陸相官邸的竹下中佐，他要去聯絡報告最新的情況。上原大尉則前往位於豊岡的航空士官學校。這之後，被囚禁的下村總裁等人開始被一個一個地叫出去問話。最先被叫的是宮內省總務局長加藤進。

畑中少佐問道：「內大臣和宮內大臣在幹什麼？」

加藤局長泰然自若地回答說：「內大臣是隨時輔弼君主的人，要是知道發生了現在這樣的騷亂，當然一定是在陛下身邊的。要說宮內大臣，你去問宮內省的防空總部，他們一定知道他在哪裡。我和大臣分手後就被關到這裡，已經過了這麼久，怎麼可能知道他在哪裡㊻。」

在回答之中，加藤局長明白了內大臣是他們的目標之一，而且推測出內大臣現在平安無事。

接下來，廣播局的矢部局長、荒川局長、大橋會長被一個一個地叫了出去，從他們的話中，畑中少佐弄清了事實，知道了天皇的錄音已經在半夜完成，而且知道了錄音盤不在這群俘虜手中。

就在對主要人物的問話過程中，皇宮內的電話，不管是外線還是內線，接二連三地被士兵們切斷了。在宮內省地下的防空總部裡，與石渡宮相、大金次官、筧庶務課長等人一起，石渡宮相的秘書官石川忠把掛向近衛師團的直通電話搖了又搖。他們一個勁兒地想要向近衛師團長提抗議，抗議近衛師團佔領皇宮的各個大門，抗議他們帶走下村總裁等錄音相關人員。還有去確認情況的加藤局長也下落不明，這也要抗議。這是在近衛兵們切斷電話線之前幾分鐘的事。和近衛師團聯繫不上，接電話的人的回答不知所云。他們對此感到很憤慨，但同時也預感到了什麼。就在他們面面相覷的時候，繫著白布條的近衛兵突然闖了進來。他們除了說「這是命令」之外就一言不發，對宮相等人看也不看，然後揮起消防斧強橫地砍斷電話線之後，他們一下又消失了。

石川秘書官對石渡宮相說：「這不是簡單的事哪。」宮相也點頭贊同。這沒有逃路的地下室太危險了。秘書官心想保護宮相是自己的責任，他開始發揮機智。他把宮相帶到一樓的大臣官房值班室，把宮相藏在了那裡。他們不知道接下來會發生什麼事，決定看看風聲再說。外面傳來士兵們在沙土上奔跑的靴聲，嘎吱嘎吱的戰車聲，還有尖銳的號令聲。石川秘書官對石渡宮相說：「這不是政變嗎？情況不一般哪！」宮相壓低聲音說：

「石川，沒錯。不行了，我留下來，你還年輕，還有將來的事要辦，你快逃。」

但不可能被大臣這樣一說，秘書官說聲「真的嗎」就開溜。恐怖猛烈地籠罩了下來。宮相好像自語一般地說道：「和二二六事件時一樣啊。」

三井侍從不知道自己是不是在做夢，他朦朧中幾乎是沒有知覺地聽著耳邊的低語。「近衛兵好像已經佔領了皇宮了。電話線全部被切斷了，和吹上也聯繫不上。」……過了一會兒，三井明白過來這是大金次官壓低了的聲音。他吃了一驚，一下翻身跳了起來。聽說了近衛軍在胡搞，他也不知道應該怎麼辦呀。他的第一反應是首先應該去把隔壁房間的戶田侍從叫起來，但腰以下卻使不上勁。難道自己被嚇壞了？他不由得覺得自己怎麼這麼不爭氣。就算是爬也得爬到隔壁去呀！

戶田侍從也覺得自己是在夢中聽大金次官和三井侍從說話的，他覺得自己好像聽到「近衛師團……」什麼的。他馬上爬起來，穩健地走進了隔壁房間。大金次官和三井侍從好像被抽乾了血，臉色青白至近於透明。這讓他很是不安，猜想是不是發生了什麼事情。

凌晨三點，B-29大隊完成了對日本本土最後的攻擊，結隊飛走了。空襲警報解除了。對於四處起火的城市中的市民們來說，空中的恐怖是消失了，但被大火圍攻的恐怖卻依然存在。而皇宮之中，發生了誰都沒預想到的恐怖情況。

陰謀變成了騷動。應該是守衛皇宮的近衛兵此刻居然在皇宮裡胡作非為，這不可救藥的事實讓多數人都難以相信。但不管是信還是不信，很明顯近衛兵開始造反了。在窗外跑動的全是近衛兵，他們全都繫著白布條作為黑暗中的標記。而且他們都端著亮晃晃的刺刀。

㊺編注：

西鄉隆盛（1828-1877年）與桐野利秋（1838-1877年）兩人皆屬鹿兒島薩摩藩。桐野二十六歲時與西鄉隆盛相識並成好友，兩人經常形影不離，桐野遂成西鄉之保鑣。後來西鄉於仕途上對桐野利秋亦有提攜之恩，桐野和西鄉從道（西鄉隆盛之弟）並列為西鄉隆盛的左膀右臂。

明治十年（1877年），因維新後的武士階級問題無法改善而引發西南戰爭，桐野利秋在此次戰爭中為主導人物；西鄉隆盛於戰爭爆發時並不在鹿兒島，聞訊後慨然長歎，但依然回到鹿兒島統率士族們，以「質問政府」為名揮軍北上，帶領薩摩藩軍在熊本城與政府軍爆發激戰。西鄉隆盛最終敗北，中彈受傷後切腹自盡，桐野利秋也因頭部中彈戰死。

㊻原注：

當下村總裁在坂下門被擋下時，石渡宮相也正好在歸家之途被擋在了乾門。回到宮內省後的宮相很擔心下村總裁等人的安全，他打電話想透過近衛師團去調查，但電話又打不通。於是，宮相命令加藤局長和兩名護身巡查一起到警備司令所去調查情況。加藤局長等人去執行命令，結果就好像是自投羅網，到了警備司令所，一下子就被囚禁了起來。

八月十五日 午前三點——四點

「事到如今，再鬧又有什麼用？」——木戶內府三井侍從正奮力地爬著。雖然腰部無力，站不起來，但這位戴著深度眼鏡，為人老實的侍從卻抱著拼死的決心向前挪動著㊼。他先叫醒了德川侍從，然後悄悄進入了隔壁的武官室，熟睡中的清家武官也被他搖醒了。三井侍從悄悄地報告說：「不好了，軍隊已經打進來了」聽到這個消息，侍從武官清家武夫大佐從床上一躍而起，他異常鎮靜地問道：「是真的吧？」戴眼鏡的三井侍從嘴唇哆嗦著點了點頭。

清家武官立刻準備叫醒睡在下鋪的中村武官。不，已經不用叫了，他早已被驚醒。兩人急忙向武官長室趕去。侍從武官長蓮沼蕃大將被清家武官他們叫醒時，還想是不是什麼地方搞錯了。就在傍晚，他與森師團長見面的時候，師團長很有把握地說，「請不必擔心近衛師團」，並且還告訴他「警備隊有可能要改變部署」，將前後兩者結合起來考慮，蓮沼武官長突然樂觀地想到，軍隊在外面喧鬧地來回跑動，該不會就是師團長所說的改變部署吧。

然而，為了推翻武官長這種天真的推斷和想像，清家武官表情嚴肅地說道：「皇宮的衛隊已經佔領並破壞了通信所，切斷了與外界的一切聯繫，解除了保護皇宮大門的員警的武裝，好像還佔領了皇宮。」——占領皇宮，近衛兵只要想那樣做的話，是非常容易的事情。蓮沼武官長也意識到事態的不同尋常，慌忙把睡衣換成了軍服。

蓮沼武官長和清家、中村兩武官飛一般衝進武官事務室。三個軍人都非常瞭解政變意味著什麼。對於他們來說，「二二六事件」依然記憶猶新。窗外，武裝著刺刀的軍隊正向左右散開。一撲上電話，清家武官急忙撥打陸軍省和參謀總部的號碼。雖然電話不止一台，但全部無法撥通；即使這樣，兩名武官仍然不願放棄，不停地撥著號碼，期待著與外界取得聯繫，報告現在的情況，讓他們趕過來鎮壓，可一次次的努力都不過是白費勁。㊽

將處理政變的事情交給軍人，文官三井侍從繼續在另外的地方活動著。把能夠想到的大部分人叫醒以後，接下來考慮的就是必須儘快趕到天皇陛下身邊，向他報告這個情況，並保護天皇。三井豁出性命，試圖穿過軍隊的包圍。他沒有一絲一毫的恐懼，當他看到正門聚集著大量帶刺刀的軍隊時，便冷靜地改從北門悄悄溜出去。

三井侍從靜悄悄地隱入黑暗之中，突然，令人膽戰心驚的寒光閃過，一把刺刀橫在眼前，三井頓時便失去力氣，癱倒在地。「不許出去，這是命令。」士兵一聲怒吼，他被趕了回來，之後好長時間都沉浸在惶恐之中，連話都說不出來。

恐懼稍微散去之後，三井又一次在漆黑的走廊裡走來走去，難道就沒有去吹上御文庫的方法了嗎？侍從東跑西竄，可一從窗戶看到帶刺刀的士兵，立即像縮頭烏龜一樣退卻了。被大金次官叫醒之後好像已經過去一個小時了，而事實上，僅僅只過了十五分鐘，現在時間為凌晨三點零五分。

與此同時，「我有責任來收拾局勢」，懷著這種想法的井田中佐從東部軍坐車來到現已成為叛軍總司令部的警備司令所，這裡已經取得了佔領皇宮的勝利。一下車，他立即受到眼中飽含著無限期待的畑中少佐發自內心的歡迎，但是，井田中佐對這份歡迎並沒有作出任何回應。井田中佐肩負著一個違心的使命，即在迫不得已的情況下，讓畑中少佐丟掉幻想、放棄希望。井田暗自咒罵著這個要將純真少佐逼向絕路的任務。另一方面，關於東部軍的進退問題，畑中少佐很快就從井田中佐陰沉的表情，讀到了否定的答案。什麼都不說便能明白。畑中少佐深切感受到這根救生索就此被切斷。

井田中佐拋出話來：

「畑中，已經不行了。東部軍完全冷了下來，沒有任何出兵徵兆。這樣一來，固守皇宮毫無希望。承認失敗，把兵撤了吧。死守下去的話，在國家發生緊急事態前，和東部軍的一戰將不可避免。」

畑中少佐強忍心中的激情，平靜地聽完井田中佐的話後，說道：

「不用害怕這一戰。我們現在佔據著皇宮。背後還有天皇陛下。根本沒什麼好怕的。再說，我們還有下村國務相等人作俘虜。」

井田中佐大喝一聲：「別說傻話！」他正思忖著：如今，再引起什麼騷亂或許就是最糟糕的事情了。的確，即便發動內戰，只要能確保近衛師團的團結，全軍起義也未必是難事。但是……

「你是覺得殺了師團長，就能讓近衛師團團結嗎？要是師團長的死訊在師團內部傳開，指揮一下子就會崩潰的。守城只會招致混亂，這些難道你不知道嗎？」

這番激烈的話語讓畑中少佐無言以對，而他的眼裡卻燃起了怒火。

「一定要在天亮之前撤兵！然後由我們自己承擔起責任！畑中，這樣沒問題吧，世人大概都會說做了個『仲夏夜之夢』而一笑置之吧。」井田中佐的語氣緩和了下來，畑中少佐則感到無比沮喪。在他們腳下，絕望和悲慘的織網已被收攏。畑中少佐用虛弱、疲憊的聲音吐出幾個字：「我明白了。」井田中佐一邊確認著「明白了嗎」，一邊想著必須將此事報告給陸相。他非常清楚：陸相知道宮城事件後，該會有多麼心痛。井田中佐把要求撤兵的事情交代完後，重新坐上了車。等車子引擎發動時，他打開窗戶，「沒問題吧，天亮之前撤兵！」再一次向站在那裡的畑中少佐叮囑道。

井田中佐離去後，畑中少佐感覺他腳下的大地彷彿正發出巨大的聲響，慢慢崩塌。儘管如此，他依舊保持鎮定，安靜地坐在警備司令所的椅子上。凝聚心血的努力如此迅速地破滅了，畑中少佐為此而歎息著，卻沒有就此陷入悲哀或者是遲疑以後該做什麼。因為是挾天子守城，所以畑中少佐堅信：無論是東部軍，還是第一總軍，只要對手是日本人，那麼他們都必將成為自己的手下敗將。這種不屈不撓的精神是畑中少佐的精神支柱，這種精神現在又高昂了起來。他和椎崎中佐、古賀參謀等人商議後，決定繼續守住皇宮，並計劃奪取藏於宮中某處的「錄音盤」，以此作為最後一張王牌來拖延時間。透過拖延時間，等待局勢的回轉。為了扭轉自己被人追逼的不利處境，他們再次開始了行動㊾。

古賀參謀㊿給軍隊發出命令：把廣播局的主任找來。於是，矢部局長作為代表被叫了過來。古賀參謀問局長：「玉音錄音都還順利吧？」「嗯，還順利。」「錄音盤放在哪兒呢？」「宮內省。」「什麼時候播放？」又重複了一遍和剛才同樣的問題。矢部局長的額頭冒出冷汗，全身很快便濕透了。「十五號的正午，頭條新聞。」接下來的是個新問題，「是從宮內省播放，還是從廣播局播放？」「從廣播局。」「那為什麼要把在廣播局播放的錄音盤放在宮內省呢？」事實上，這才是他們想知道的「為什麼」。

矢部局長並未意識到這點，如實回答道：

「最初時間是定在早上七點，後來才改為正午的，由於深夜不便運送貴重物品，於是就拜託宮內省保管了。」

「這樣啊，的確如此。」古賀參謀在「的確如此」這幾個字上加上了重音。

「如此說來，肯定保存在宮內省啦！」

「是的。」

古賀參謀站起身來。命令一名大尉，「相浦中隊長，讓這個人帶你們速去宮內省，把錄音盤找來，那可是貴重物品，千萬要小心㉛！」

矢部局長跟著那名中隊長走出房間。門外已有一隊四十名左右的士兵裝上刺刀列隊等候著。局長夾在中隊長和隊伍之間，就像讓人頂著似的，在絲毫不見燈光的黑暗中，一直被帶到宮內省大門。草叢中傳來蟲子的叫聲，這些蟲子可真夠逍遙自在的，局長腦子裡想著這些毫無意義的事。相浦中隊長大聲命令士兵：「裝上子彈！」

近衛兵開始闖入宮內省進行搜索，他們沒有遇到任何阻礙。五、六個士兵結成一隊，他們爬上無人的樓梯，沿著鴉雀無聲的走廊，挨個兒進入每間屋子，打不開的就用腳把門踹開。士兵們多次追問同行的矢部局長：保管錄音盤的人是誰，可局長每次都嚴詞拒絕：第一次見面的侍從怎麼可能知道他的名字？

這段時間裡，侍從們也在悄無聲息地進行著驚人的活動。戶田侍從被大金次官的聲音驚醒，知道士兵們正在搜查內府和宮內大臣後，立即趕到三樓的內大臣室。當侍從讓木戶內府趕緊逃離時，不知為什麼，身處如此危險境遇的大臣，竟咧開嘴笑了。

「是嗎？之前擔心的事情到底發生了。真是一幫沒救的傢伙，事到如今，再鬧又有什麼用？」

木戶的表情和腔調，就像是把吃下的澀柿子吐出來一樣，讓戶田侍從深有同感。可是，現在我們正被那幫沒救的傢伙追趕著。戶田侍從擔心：騷亂到了最後，就會變成一場血祭，死亡之舞將會呈現於眼前。儘管如此，戶田侍從並沒有失去應對突發騷亂的心理準備。他聯想到了「二二六事件」。必須逃……往哪兒逃？戶田侍從突然想到：把木戶內府藏在侍醫的房間裡。和內大臣室比起來，那裡或許安全很多。

在黑暗裡摸索前進的途中，木戶內府突然停下腳步。「對了，還有一些檔案放在屋子裡，如果被他們弄到手的話，會有麻煩。回去帶走吧。」兩人又返回到剛才那間掛有蚊帳的屋子。這時，闖進來進行搜查的士兵們大概已到了樓下，驚慌失措的戶田侍從聽到了軍靴踏在地板上雜亂的腳步聲。

木戶內府從屋子出來後立即鑽進了廁所。那種沉著在戶田侍從身上是找不到的。面對責備的目光，「撕碎後全部扔掉是最好的方法。」木戶內府回答說。然後便開始慢慢地、慢慢地把重要文件撕成碎片，內府或許已是竭盡全力地加快了速度，可在戶田侍從看來，動作緩慢得簡直到了無法忍受的地步。緊要關頭，有必要去冒一些不必要的危險嗎？

當看見木戶內府安然無恙地走進侍醫室時，戶田侍從終於放下了心：這下應該沒事兒了吧。

完成了一件重大使命而累得筋疲力盡的戶田侍從回到侍從室，一名拔出了軍刀的軍官及五、六個端著上了刺刀的槍的士兵迎接了他。戶田侍從當時略微發慌，打算退回去，但轉念放棄了希望。反正即便是逃，他們也會從背後追上來的，於是侍從毫無畏懼地走了進去，房間被翻得亂七八糟的，東西滿地散落著。

軍官怒吼道：「你是誰？」「我是侍從。」戶田侍從平靜地回答道。「知不知道錄音盤放在什麼地方？」當然這種問題是不可能回答的。「木戶、石渡他們在哪兒？」戶田侍從誇張地使勁晃著腦袋，用勉強裝出來的輕快語氣說道：「我這樣的小人物怎麼可能知道！」

石渡宮相這時已在德川侍從的帶領下，藏在了比木戶內府更安全的地方。這完全是個偶然。當德川侍從來到侍從職事務官室前的走廊時，碰到了石渡宮相，他在石川秘書官的帶領下，正要躲進值班室裡。石川秘書官告訴德川侍從：「宮相是他們的目標。」德川侍從答道：「我有個好的藏身之處。」在事務室拿了鑰匙後，德川侍從從值班室把宮內大臣、石川忠秘書官、豬喰清一秘書官、護衛的二宮巡查四人帶到了地下金庫室。

那是個奇妙的地下室，有直達樓梯從三樓的女官庫房通向那裡。侍從們都稱其為金庫室。門一打開，便可見女官們擺放的衣物，在這個一眼看上去有幾分豔麗的房間深處，卻有一個極難發現的樓梯，沿著樓梯一直往下走，在盡頭處就是裝有堅固房門的地下室入口。

就這樣，木戶內府、石渡宮相等要人在侍從們的努力下都避開了危險。此時，皇宮外，一溝之隔的東部軍司令部裡，大家仍在拼命地努力控制住混亂局面。近衛師團在編制上屬於東部軍。因此，這次叛亂理應由東部軍直接鎮壓。這個時候與平息叛亂相比，更主要的是防止事態的擴大。根據高嶋參謀長發出的命令，近衛師團各部隊的命令接收者三五成群地聚集到了司令部。高嶋參謀長下達了特殊命令：

一、近衛師團長被一部分陰謀策劃者殺害。
二、在接到下一道命令之前，近衛師團的指揮權由東部軍直接接管。
三、剛才下達的師團命令是一部分陰謀策劃者的偽命令，立即取消。
四、皇宮護衛部隊立即解除包圍。

命令接受者們紛紛宣誓：將嚴格按照下達的特殊命令採取行動，不參與策劃宮城事件。於是，正趨於複雜化的資訊轉瞬結束。皇宮內燃起的火苗並未「引燃」，一個危機暫告結束。

三點半的時候，在警備司令所那些「偽命令」的發佈者們，已經明白自己最初的野心就此破滅。東部軍不僅沒有起義，還命令麾下各部隊立即停止佔領皇宮。換言之，東部軍根本就沒有成為叛軍的同盟，而是變成他們的敵人，進行了反擊。陰謀者們的命令和宣告其無效的命令在同一時間傳達開來，近衛師團各聯隊冷靜地執行了後者。

叛亂者們早先以為：那些迷茫中的人們都會跟隨他們起義，可事實說明這只是他們的妄想而已。武裝暴動的最初計劃錯誤得有些悲哀。陰謀的壽數正飛快地耗盡。

事態沒有擴大，僅僅是局部的叛亂，並很快就宣告結束了，其中森師團長發揮的作用極大。全體差點陷入混亂的事件，因為師團長的死，卻異常輕鬆地就畫上了句號。叛亂者們埋葬了師團長，也註定了自己的失敗。

除去第一、第二聯隊，高嶋參謀長正在給近衛師團各聯隊逐一下達命令時，板垣、不破兩參謀為了確認森師團長令人景仰的犧牲，迅速趕赴師團司令部。他們將要進入偽命令指揮下正在採取行動的敵區內部。兩位參謀整理好軍裝，坐上了車，臉上帶著拼死的決心。

車子從竹橋開往師團司令部。竹橋雖在近衛步兵第一聯隊的佔領和封鎖下，兩人依舊緩慢驅車前行，「我們是東部軍參謀，我們要過去。」說完之後，兩人就強行突破，最終到達了近衛師團司令部，由於燈火管制，這裡看不到任何光亮。在黑暗中摸索的兩位參謀好不容易來到了參謀室。走廊的各個角落都有哨兵把守，一路上兩人屢次遭到盤問，但最終還是勉強通過了盤問。

師團參謀室裡僅有的一盞小電燈被黑布蓋著，發出微弱的光。燈下一名年輕的參謀正趴在桌上不斷寫著什麼，抬頭看見兩人進屋後，年輕參謀的目光中充滿了冷酷和深深的懷疑。不破參謀不客氣地走上前去，搶先開口自報身分，然後便質問這次暴亂的緣由，盤查叛軍的情況。被搶佔了先機的年輕參謀沉默不語、一聲不吭，突然霍地一下站起來，手按刀柄，殺氣騰騰地瞪著兩位參謀。兩位參謀雖也做好了決鬥的準備，但立刻意識到：與其幹一些無意義的事，浪費時間，倒不如親眼看一下師團長的被害現場。

站在師團長室入口處的哨兵，用刺刀槍嚴厲阻止了二人的進入。兩參謀不得已退了下來。而剛才那個面帶殺氣的參謀從後面走了過來，說道：「沒關係，讓他們進去。」不破、板垣兩參謀此時並不知道，這個參謀就是留在司令部負責同外部聯絡以及負責第一聯隊的指揮，叛軍主謀之石原貞吉少佐。

一盞套有黑色燈罩的電燈把師團長室映照成圓形，裡面的場景慘不忍睹。森師團長身著便服，肩膀被削去一半，胸口被手槍子彈打中，倒在書桌前的血泊中。白石參謀則穿著軍服，頭部被一刀砍去，渾身鮮血。兩位參謀不由得屏住呼吸，說不出一句話來。

在此期間，皇宮內尋找錄音盤的騷亂仍在繼續，一種永不停息的不安籠罩著整個宮內省。而事實上，搜索正在逐漸停止。叛軍士兵們就像在濃霧中迷失了方向一般，開始東跑西竄起來。由一個下士官和四、五個士兵組成的小分隊在同一個地方轉來轉去，灰暗的走廊裡，隱隱顯出他們急速的行動，這一切都被藏於室內的侍從們看在眼裡。

之所以出現這種狀況，宮內省難以形容的複雜構造是其中一個原因。表御座所所在的建築物和主樓以及空襲中燒毀的正宮殿相連，因此，走廊的一側全部排列著同樣的房間，無論哪一間都是同樣的逼仄狹長。這些都是在宮殿燒毀以後，由之前省內職員的寢室改成的侍從室。由於建造在斜坡上，所以靠本部的一側雖是三層，往裡走就變成地下一層，地上二層。原本是在三樓進行搜索的，卻在不知不覺中產生了錯覺，以為來到了二樓㊾。

除此以外，整個宮內省的房間掛牌，都讓士兵難以理解其含義。式部職、掌典職、宗秩寮、內匠寮、藏寮，再往侍從職方向走的話，更有什麼內舍人室、縫手室，看到這些掛牌，士兵們就像是在國外進行搜查一樣，找不著任何感覺。

近衛師團通常是部署在二重橋和坂下門等內壕溝線上，從周邊守備皇宮。而關於建築物內部，他們是一竅不通。官省職員的寢室變成了侍從室，裝被褥的粗糙櫥櫃用來放置重要檔案，沒有一個人知道這些情況。更沒有人能想到錄音盤就放在這個粗糙櫥櫃裡一個看上去破破爛爛的小保險櫃中。

迷路後不知疲憊的追問，終於演變為焦躁、厭倦、憤怒，這些情緒融合在一起，形成陰沉的感情漩渦，並沸騰起來。他們踹開房門，扔出抽屜，不知從什麼時候開始，對錄音盤的憎惡化為了對血液的饑渴，並不斷增大。這越來越像一場瘋狂的滑稽戲碼。

這時，他們的對手只剩下那些無論何時何地都從容不迫的朝臣。從侍從到宮內省的課員，因為聯絡中斷，全都在採取單個行動，可只要把他們串在一起，就會由某根粗線緊緊連接起來。總之，那就是這個世界所具有的自然風格。一旦接觸這種毫不熟悉的風格，不管在什麼地方，他們都能巧妙地躲開，士兵們就在這抓不到救命繩索的無底沼澤中，嗆得透不過氣來。

還有一個讓入侵者暈頭轉向的，便是宮內職員的衣服。一種被稱做宮內省防空服的公家供應品，大臣以下的官省職員全部採用質地和款式相同的服裝，都是翻領的深藍色。對透過星徽和金色條紋數量來判斷身分的叛軍來說，它發揮了極其重要的迷彩功能。戶田侍從在侍從室前，碰到被士兵押赴的矢部局長，士兵問：「錄音盤是不是交給了這個傢伙？」矢部局長鎮靜地回答道：

「不是。應該是一個個子還要高些、鼻子還要大些的人。」

實際上，沒有比戶田侍從更高的侍從了，但士兵卻深信不疑。因為衣服的關係，讓人根本搞不清到底誰是誰，以至於即使都見過幾次了，依然會認為是初次碰面。

畑中少佐開始絕望了，奪取錄音盤這張最後的王牌也漸漸失去了色彩。第一大隊、第三大隊的官兵不斷前來增援，但沒有任何意義。主謀者們不斷地使出一招又一招，可全都依次落空，計劃走入了死胡同。對於他們來說，最糟糕的場面即將爆發——芳賀聯隊長開始對他們產生了不信任。

攻守皇宮時，畑中少佐對芳賀聯隊長這樣說道：「今晚阿南大臣會來這裡，再次求得聖斷。」師團參謀的古賀少佐這樣說道：「師團長閣下已經同意，他將會下達師團命令。」——的確，師團命令是下來了，但卻是一個口頭命令。按理說同意了此次行動的陸相和師團長，在守城已過近三小時之際，依然沒有現身。芳賀聯隊長曾把自己的命運和陰謀者們拴在了一起，本想以挾天子，陸相帶頭，師團長直接指揮為條件，將自己的聯隊開拔到皇宮內。可是這個條件正在一點點地破裂，和他們命運禍福與共的動機也正在變淡。

芳賀聯隊長質問畑中少佐：「大臣還沒有來，到底怎麼回事？」他語氣強硬，和柔順地任人擺佈的自己有些不太相符。

畑中少佐臉上浮現出痛苦的表情。但他告訴自己：不管怎樣，都必須前進。

「我打電話問問他們是不是都已出發了。」

這時，古賀參謀與師團司令部取得聯繫後，剛一回來，便立即弄清楚了所有的事情。他明白，到了最後關頭，不管用什麼花言巧語都無法矇騙心懷疑慮的聯隊長。於是，他只得說出了實情：

「師團長已經死了……」

接著，為了煽動芳賀聯隊長的情緒，他繼續說道：「現在，請求大佐殿下代替師團長指揮師團……」

芳賀聯隊長愕然不知所措。他開始對這些年輕軍官們背後的動機起疑，並有了戒心。

「代替師團長？那師團參謀長呢？」

古賀參謀有些慌亂，回答說：「參謀長向東部軍司令部要求出兵去了。」

「師團長是怎麼死的？」聯隊長繼續問道。古賀參謀的臉上閃過一絲灰暗。「師團長為什麼死了？怎麼死的？古賀參謀，你應該知道吧，快告訴我。」

聯隊長不斷追問道。

這不光彩的會談以沉默告終。叛逆者們雖已做了他們力所能及的事情，但他們依賴的聯隊長產生了懷疑，這是非常致命的。它註定了陰謀必將迅速地完結。

這些發生在叛軍指揮部的分裂，用眼睛根本捕捉不到，其下面的部隊更是無從知曉。宮內省中，侍從們和負責指揮的第一大隊長北畠暢男大尉、同隊的小山唯雄准尉、同隊的第二中隊渡邊進曹長、第三大隊石川誠司兵長以及搜索隊官兵們之間，互相咬著牙較勁，極度緊張，沉悶的較量仍然持續著。在呼籲一億國民攻守的戰爭末期，軍人和平民百姓是沒有差別的。雙方都拼出性命決一死戰。

就在剛才，鬥爭焦點還集中在錄音盤和木戶內府、石渡宮相的去向上，而此時，由於侍從們的機智和奮勇，長官全都躲藏到了安全地方，於是侍從們開始關心起天皇所在的御文庫究竟怎麼樣了，如何才能與之取得聯繫。

把木戶內府從侍醫室帶到石渡宮相藏身的地下金庫室後[53]，戶田侍從和德川侍從便商量起了和御文庫聯絡的辦法。

從宮內省通往御文庫的路有三條。第一條是先到右邊的乾門，再向左轉到御文庫，這是最寬的一條道路；第二條是從左面的內苑門通過賢所，然後到御文庫；第三條是新道，從正中的紅葉山隧道穿過道灌壕溝到御文庫。

依照兩人的判斷，作為主幹道的乾門道可能被軍隊嚴格監視，剩下的兩條路才會比較安全。可就在德川侍從把木戶內府帶到金庫室時，戶田侍從試著走了從內苑門通過賢所到御文庫這條路，結果讓士兵們撞個正著，只好折返回來。看來只有走穿過紅葉山隧道的路了。但是，三條道路裡面竟有兩條被叛軍控制著，最後一條應該也沒有放過吧。

戶田、德川兩侍從商量著，除了突破危險道路以外，還有沒有其他的聯絡方法？透過窗戶，可以看見吹上御苑那片黑黝黝的森林。御文庫近在咫尺，而現在卻成了一個無法達到的地方，那裡發生了什麼，根本無從知曉。電話被切斷了，又不能派別人去，除了親自前往，別無他法。德川侍從對戶田侍從說道：

「我們一起設法衝過去吧。」

不能為了只顧自身安全，小心翼翼地躲在後面，必須拿出勇氣，行動起來。

端著提燈，德川侍從率先站了起來。壕溝的水早已乾枯，水塘被朦朧的微光照得閃閃發亮。明明沒有月亮，到底是什麼在反光呀？戶田侍從心裡感到有些奇怪。走到便門時，兩人看見了幾個士兵的身影。為了先發制人，抱著聽天由命的想法，德川侍從問道：

「我們是侍從，因為到御文庫有事情……請問能放行嗎？」

士兵們默默地讓開了道。

御文庫在參天大樹的包圍下，安靜地睡著。八月九日以來，御文庫東邊的入口處連續數日都有無數人進進出出，兩位侍從就從這裡走了進去。在常侍官候所，當看到甜睡中的御文庫值班——入江侍從的身影時，兩人為御文庫的平安感到高興，同時也感到從未有過的氣憤。在此之前，他們體會到生命是何等脆弱呀！於是他們叫醒入江侍從的動作和話語難免粗暴起來。

「還在呆頭呆腦地睡什麼覺？」

入江侍從聽到二人過度激動的話語後，不禁打了個顫，很快清醒了。

接下來，德川、戶田侍從把事件報告給謁見期間的侍從永積寅彥，然後又進到裡面，向女官長保科武子做了同樣的報告。

「現在請務必叫醒陛下，萬分抱歉，敬請諒解。」

就這樣，在此之前置身於叛亂之外的御文庫也捲入事件之中。儘管有人為此驚恐不已，面容失色，但御文庫全體，在德川、戶田兩侍從的鼓勵之下，作好了勇敢面對叛軍的準備。他們關上所有窗戶的鐵扇——由於長年未關，所有鐵扇都已生銹，很難關上。力氣大的佐野、片淵兩側衛大汗淋漓，為了關閉鐵扇來回奔跑著。敵人空襲的時候都未曾關上的鐵扇，結果卻在被日本兵包圍時全部關上，入江侍從看在眼裡，頗覺諷刺。當時，入江侍從等人還不知道那些日本兵是近衛兵。他們以為是外部軍隊在叛亂，對近衛兵是如此信賴，以至於讓他們瞬間想到的就是這些。如果他們知道正是近衛兵發動暴動的話，可能會更覺諷刺吧！

陸相官邸中，讓畑中少佐們如此期待的阿南陸相，根本沒有任何舉動，他正和竹下中佐喝著離別酒。兩點剛過，竹下中佐瞅準機會，把武裝政變的計劃，畑中少佐等已佔領皇宮一事向陸相作了報告。陸相不動聲色，說道：「是嗎？可是，東部軍不會出兵吧。」

即使到了最後關頭也沒有什麼東西能給這個決心一死的陸相帶來安慰。陸軍的名譽早已灰飛煙滅，無序和混亂卻依然繼續著。這樣下去，到了明天，徽章將被遺棄，勳章將被踐踏，所有的嘲諷辱罵都將一擁而來，悲哀而淒涼。

陸相把這些感情都壓在心底，說道：「對了對了，還要好好拜託你一件事。如果我死得很難看的話，你要為我收拾殘局。沒問題吧，那就拜託了。另外，我的技術，應該可以，不用擔心。」竹下中佐點頭答應。

陸相拿出兩把準備好的家傳短刀，拔出刀身細長的那把刀的刀鞘，說道：「我打算用這把刀切腹，我，絕不會怯懦。」

作為軍人，他事先說好不用軍刀。這是一位到了最後仍尊重軍人名譽的將軍。竹下中佐收下了另一把短刀當做遺物。平日裡滴酒不沾的大臣，卻在今夜，一反常態。大臣臉頰微微泛紅，竹下中佐向大臣投去了崇敬的目光。

就在此時，被畑中少佐派來的聯絡人——窪田少佐前來拜訪竹下中佐。竹下中佐在會客室接待了他。軍服已被鮮血浸透的窪田少佐，意氣軒昂地傳達了計劃正在順利進行。

「森師團長同意了？」

「沒有，因為他不同意起義，畑中少佐開槍把他打死了。在場的某參謀也打算制止，結果被刀砍死了。」窪田少佐說道。

竹下中佐私底下想：這哪是什麼成功，根本就是自我否定。但在激動的窪田少佐面前，他選擇了沉默。窪田果然更受振奮，說道：

「東部軍的進退儘管還不明確，但不久他們也會出兵的！」

不，正如陸相所說，東部軍不會出兵的，竹下中佐意識到事態完全陷入絕望的境地。他也明白只有某位大臣的出兵命令下達到全軍，才可以拯救絕望。就不能向這位大臣提出請求嗎？走出駿河台的旅館時，中佐無法保證能說服大臣，他對於計劃像是負有責任，又像是沒有責任，立場曖昧，如果他知道事態陷入絕望的境地，或許政變也將成為他的一個強烈願望吧。一邊目送匆匆離去的窪田少佐，竹下中佐開始動搖。對畑中如此坐視不管，真的好嗎？

聽到森師團長被槍打死的消息，阿南陸相表情非常痛苦。他放下酒杯，說道：

「是嗎？把森師團長殺了？那就把對他的賠罪也一起算上吧。」接著，陸相開口說出一句奇怪的話：

「把米內斬了。」

竹下中佐吃驚地看著陸相的臉。陸相卻自此緘默不語㊿④。

㊼原注：三井安彌說：「後來聽中村俊久武官說，三井進房間時的姿勢就像是與人私通似的。真的太恐怖了，讓人想起二二六事件。」

㊽原注：

當時的電話，必須要先撥「0」，才能與外界接通。

㊾原注：

這是根據各種各樣的資料進行的推理。但在佔領皇宮以後的大約兩小時，他們除了切斷電話線、控制大門，搜尋宮內大臣和內大臣以外，並沒有採取其他的粗暴行動。井田中佐回到皇宮的時候是三點左右，士兵們開始搜索錄音盤估計是在三點三十分到四十分之間。從許多證言中都能夠明確地知道這一點。可以推想，畑中少佐等在得到東部軍不會出兵的消息後，格外焦急。

㊿原注：

下村宏的記錄中雖是畑中少佐，但矢部謙次郎說，那個人的確佩戴有參謀徽章。如果是這樣，應該是古賀參謀才對。畑中少佐和椎崎中佐都沒有佩戴徽章，並且石原參謀此時正在師團司令部。

(51)原注：

一般觀點都贊成將「八一五事件」看做是錄音盤奪取事件，這是不正確的。這是一次以佔領皇宮為代表的徹底戰鬥事件。至於錄音盤的有無以及其搜索行動，都是到了某個階段後才發生的，處於次要位置。

(52)原注：

關於天皇進行錄音的房間，相關記錄眾說紛紜。有的認為是三樓，有的認為是二樓。但是，從建築物構造看來，無論哪一種說法其實都是正確的。

(53)原注：

地下金庫室入口處的房間裡巧妙地置有女官的衣物，金庫室裡除木戶、石渡兩位大臣以外，還藏有石川忠、豬喰清一兩秘書官以及護衛（當時叫做側衛）二宮等五人。其中，內大臣木戶幸一處境尤其危險。因為他手上保管有天皇的御璽。

54 原注：

關於這一點在拙著《戰士的遺言》中作了如下的闡述：

阿南陸相信奉絕對天皇主義制。他認為賭上性命，誓死捍衛天皇才是真正的大義。而現實的歷史潮流是所謂的捍衛國體，如果探究和平派的真實意圖，他們除了對戰敗感到恐懼而自我保全以外，什麼都不是。

「原子彈的投放以及蘇聯的參戰，從某種意義上說，是上天在保佑我們，可以不用根據國內形勢做出停戰的決定。我一直以來不主張以害怕敵人的攻擊，原子彈的投放或蘇聯的參戰為由來收拾局勢，主要在於國內形勢讓人憂慮。今天可以不用將國內情況提出來，局勢就得以收拾，不能不說是一種幸運。」在一旁的米內說的這番話傳入了陸相的耳朵。

米內說的讓人憂慮的國內形勢到底是什麼？政治領導部門、官僚和財閥都清楚地知道是共產革命。木戶內府、近衛前首相、岡田厚相等和平派害怕的是由本土決戰引起的混亂，以及隨之而來的革命——寧要戰敗，不要革命！

和平派們企圖摒棄軍部和絕對天皇主義勢力，將天皇制作為立憲君主制加以保留，以此來維持作為一個機構的天皇的存續。

阿南雖是軍人，但最終還是無法原諒參與此事的米內。劃除天皇未來的保障，靠期待和可能性來推進戰爭結束，在阿南看來，沒有比這更不忠的行為了。

八月十五日 午前四點 五點

「把我殺了，也無濟於事。」——德川侍從

東京警備軍橫濱警備隊長佐佐木武雄大尉率領四十名士兵和學生，分乘一輛小汽車和一輛卡車，準備從第二國道趕赴東京。從鶴見出發，在深夜道路上飛速前行的話，大約只需一小時。他們給自己取名為「國民神風隊」，目標是首相官邸。為了避免無條件投降，他們企圖肅清閣僚，打算在宣布戰敗這一緊急事態之前，襲擊大概仍在進行著的內閣會議。

他們的頭號目標是鈴木首相。佐佐木大尉還清楚地記得該年四月七日那天，剛剛完成內閣組閣後鈴木首相的談話。他說：「我已作好將我年邁之軀埋在國民最前線的覺悟，並在此前提下處理國政。諸位也應拿出踩過我的屍體，決死一戰的勇氣，發揮新的戰鬥力……」大尉決定忠實地執行首相的談話——殺死首相，踩過他的屍體，開闢一條在本土決戰的道路。

佐佐木大尉雖被自己直接率領的中隊長背叛，不能再調遣兵力，但他依然沒有放棄，他成功地說服了擁有輕型機關槍的小分隊。儘管全都是初次碰在一起的士兵，大尉完全沒有介意。只要有人跟隨，就可以統率一切。

除此以外，佐佐木大尉還成功地煽動了一幫學生，那是以前在局勢暢談會上，一直保持聯繫的橫濱高工的學生。在「勤勞動員活動」中，在川崎軍工廠工作的尾崎喜男、石井孝一、上田雅紹、村中諭、川島吾郎等應用化學專科三年級的學生，為了因應戰局的惡化，成立了「必勝學生聯盟」㉟。

佐佐木大尉請求他們加入自己的隊伍，他含淚說道：

「事實上，明天將宣佈接受《波茨坦公告》。只因軟弱的重臣們吝惜自己的生命，對日本即將滅亡無動於衷，才會進行此次公佈。一旦公佈，萬事俱終。我們美麗的祖國必將消失。

「然而，祖國日本不會滅亡。只要堅持戰鬥，一定會車到山前必有路。但《終戰詔書》公佈之後，就不可能這樣做了。鈴木首相說過：『請越過我的屍體！』讓我們強迫軍政，繼續戰鬥吧。我已和東京、犬山以及九十九里等地的防衛隊長取得聯繫，他們會同時展開行動……如今是國家危急存亡之秋，我強烈希望民間人士參與。」

學生聯盟的學生們雖身為普通百姓，可都有一顆軍人之心。在大尉要求他們起義後，他們立即應允、無人拒絕。尾崎喜男代表大家說道：

「儘管力量微薄，我們仍要奮戰到底。」

於是，三十名士兵、五名學生，還有東方會橫濱青年隊長山口倉吉、隊員福田重夫駕著一輛小汽車和一輛卡車也加入了。武器是兩挺輕型機關槍、手槍和日本刀等。儘管學生們還只是勉強知道怎麼用手槍，但都衷心希望能將自己體內正逐漸湧出的強大力量，奉獻給祖國、天皇以及佐佐木大尉。

出發的時候，尾崎喜男意識到，參與了這次決定性的行動，大概就不能活著回來了。現在，保衛祖國的導火線正在黑暗深淵的底部，劈哩啪啦地燃燒起來。學生們在卡車裡搖來晃去，緊張讓他們表情僵硬、沉默不語。行動隊關掉車頭燈，以道路邊緣的水溝為記號，在漆黑的夜裡一路東上，不帶一絲猶豫。

首相官邸裡，迫水書記官長因為順利完成了重要任務，心情平靜，此時正躺在簡易床上，伸展開手腳睡著好覺。他根本不會想到自己已成為一群血氣方剛之士的目標。在他看來，今天與其說是「戰敗」，還不如說是「終戰」。接受《波茨坦公告》不是一種悲哀，而是以充分的勇氣將此事具體化，這更接近於理想的實現。無論如何，都必須終止戰爭，結束空襲，拯救眾多的國民，這一點已經獲得成功。當然成功的道路上還有很多棘手的問題，而且對問題的預測也非常困難，但不管怎樣，現在就想好好休息一下，痛快地睡上一覺。

此時，尚不知此次起義即將化為「仲夏夜之夢」的上原大尉坐上近衛師團的挎斗式摩托車，在空襲警報下的漆黑道路上行駛六十公里，趕回了埼玉縣豊岡的航空士官學校。在警報下站崗守夜的少尉，看見上原大尉的身影消失在第三中隊的建築物裡（上原大尉擔任第三中隊的區隊長）。從現在起，大尉要做的事情幾乎全都沒有意義。然而，他對此毫無察覺。

阿南陸相開始著手準備永遠長眠這件不得不做的事了。說完「那就開始準備吧」，他放下了酒杯。陸相站起身來，上半身全裸，腹部則用純白的漂布包裹著。

「閣下，您有沒有什麼話要帶給家人的？」

之所以這樣問，是因為竹下中佐覺得這是自己作為內弟應盡的義務。陸軍大臣目光朝上，略微思索後，說道：

「告訴綾子，我非常信賴、感謝她。她為我竭盡全力。一定要告訴惟敬，要他注意自己的性格，千萬別讓自己過早丟失性命。包括惟正在內的三個男孩，我倒不用擔心，可以放心地去了。惟晟死得真是時候，能跟他一起，我更有膽量了。」

他輕描淡寫地就說了這麼多。

此時，井田中佐命令畑中少佐撤兵後，直接來到陸相官邸，官邸大門前的護衛憲兵下士官告訴他，陸相即將自刃，謝絕會客。因為爭吵無果，井田中佐正打算回去，此時竹下中佐正巧走了出來。得到許可後，井田中佐也出現在了陸相面前，軍服上沾滿了汗水和灰塵。

陸相赤裸著上身，目光停留在正用膝蓋在走廊裡前行的井田中佐身上。瞬間沉默之後，井田中佐很快失去了自制力，連聲招呼都沒打，眼淚便奪眶而出。在即將切腹自殺的陸相面前，井田什麼也不用說了。他的思緒完全被無法挽救的失敗現實所左右。政變也罷，陰謀也罷，一切消失殆盡。那個依然殘存在全體陸軍心中、難以放棄的東西到底是什麼？正是為了切斷它的殘餘，陸相才決定自刃的吧。想著這些，井田能做的只有哭泣。

衝著低垂腦袋的井田中佐，陸軍大臣反倒高興地說道：

「啊，井田，來得正好。快進來。」

井田中佐靠近陸相身旁，兩人的膝蓋幾乎碰到一起。陸軍大臣的心情似乎更好了，問他：「我正打算要自刃，你覺得怎麼樣？」在被帶進房間前，竹下中佐曾悄悄告訴井田中佐：「畑中等人的事情還沒有跟大臣說呢！」㊻井田中佐當即決定，不把宮城事件報告給陸相，讓陸相就這樣毫無牽掛地離去。於是他回答：

「閣下思慮周全。」

陸相緊緊握住中佐的手，說：

「是吧，你也贊成？」

井田中佐點點頭。他的聲音嘶啞，泣不成聲。現在是以祖國的續存和名譽為賭注，而不是以他井田一個人的生命和名譽為賭注。他是死是活，都跟祖國的命運無關。井田慟哭著，想到了殉死：陸相為了祖國的長存，奮戰到最後，讓他一個人孤零零地死去，實在是於心不忍。讓我這個叛逆者，陪他一起走上黃泉路，也是理所應當的。

「我會隨後同行。」

話未說完，陸相便怒喝道「別說傻話」，接著給了井田中佐狠狠幾記耳光。挨了打的中佐不由得閉上了眼睛。等他再次睜開眼時，面前的陸相表情安詳。陸相微微一笑：

「不許說這樣的話。我一個人死就行了。你有死的必要嗎？聽好了，不許死。」

陸相張開雙臂，用力抱住中佐。中佐的眼淚浸濕了陸相白色的胸膛。「明白了吧？明白了吧！」大臣不斷重複著。然而，盡快死去的打算已填滿井田中佐的內心。無論是打是踹，他都決心追隨陸相而去，為了說明其理由，必須把宮城事件報告給大臣。他早已有了一死的準備，一定要陪同大臣而去，但不能把此事告訴給大臣。中佐欺騙了大臣，也欺騙了自己，他回答道：「明白了。」

陸相在井田中佐的耳邊繼續輕聲說道：「是嗎？明白了？那就好。未來的日本就拜託你們了。跟死比起來，這更需要勇氣。」

絕不能讓國民的精神和氣魄出現混亂，讓絕望在祖國滋生。大臣命令說：

「拿出勇氣，開創日本嶄新的未來。如果連這份勇氣都沒有，將有何臉面面對自己的祖先？就連孩子也會蔑視你們的。」

終於陸相放開中佐：「好了，不要哭了。把最後的酒喝完吧！以後不知何時能和你們在另外一個世界喝酒了。」說完，哈哈地大笑起來。

訣別的宴會又重新開始。由於接連喝了好幾杯，陸相的臉開始漸漸泛紅。竹下中佐有些擔心，提醒道：「喝太多的話，待會兒手一發顫，出了差錯，會很麻煩的。」

陸相說道：「還差得遠呢……喝了酒後，血液循環反而變好，出血充分，很快就能達到目的。再說，我可是劍道五段，不會出錯的，這點絕對沒問題。」說完，陸相又豪爽地大笑起來。

竹下和井田兩名中佐微笑著，附和著陸相的高聲闊笑，同時各自也在考慮著宮城事件。陰謀確實已經結束了，沒有任何收復失地的可能了。陸相未採取行動，東部軍忙著鎮壓，佔領軍的指揮官芳賀聯隊長也開始產生懷疑。

悠然自得、談笑風生的陸相真偉大，兩名中佐暗自想著。日本帝國被逼得走投無路，陸軍被四處追趕，在這種情況下，鬧出兩、三個事件也很自然，這些都不是人力所能阻止的。「所有的罪責都讓我一個人來承擔吧！」陸相想，並堅信：「只要我阿南死了，軍隊便會自動折服的。」中佐們不禁感慨，這就是人格的偉大吧！

兩名中佐又想到了仍在頑固堅守皇宮的畑中、椎崎等陰謀者們。如果告訴他們陸相自刃的消息，他們或許會放棄這次絕望的叛逆，然而他們卻因毫不知情，陷入了不安和絕望的處境。中佐們擔心，畑中他們會不會因過於瘋狂地與時間和命運抗爭，最終自暴自棄，徹頭徹尾轉變為暴徒。

從凌晨四點到四點二十分，陸相官邸的情形就是這樣。然而在同一時間，皇宮內卻發生了巨大的變化。因為疏忽，椎崎中佐、畑中少佐等人被迫做出新的決定。考慮到計劃的如期進行，為了能和外界取得聯繫，椎崎他們保留了警備司令所和東部軍司令部之間的電話線。當他們猶豫要不要把它切斷的時候，卻使他們失去了賴以依靠的芳賀聯隊長——芳賀聯隊長可是支撐他們整個行動的大前提。

從另一方面來說，這也是東部軍參謀長高嶋少將不屈不撓的精神所獲得的成功。要與皇宮內警備司令所取得電話聯繫很困難，可參謀長毫不言棄，一直等到它重新接上。摸著石頭過河、做事小心謹慎，是高嶋參謀長的特點。高嶋參謀長勸阻了欲趕往現場進行鎮壓的田中軍司令官，在不破、板垣兩參謀從近衛師團司令部歸來，報告完事件的整個經過後，參謀長堅持認為，焦點在於固守皇宮的第二聯隊長芳賀大佐，和他取得聯繫是解決問題的先決條件。正是高嶋參謀長的執著和謹慎，才讓局面發生了變化。

終於，高嶋參謀長和芳賀聯隊長成功地取得電話聯繫。高嶋參謀長透過電話，告訴芳賀聯隊長：師團命令是一部分陰謀策劃者的偽命令，要立即取消。

「皇宮護衛部隊要立刻解除包圍。」

但是，由於電話效果不好，芳賀聯隊長沒有聽清楚全部內容。同一番話在參謀長和聯隊長之間重複了好幾次。最後，聯隊長終於聽到了參謀長說的兩句話：「師團命令是古賀參謀擅自發出的偽命令」、「立即把命令接受者交到軍司令部」。

從這段不得要領的通話中，高嶋參謀長突然醒悟到一件事情，聯隊長如此含糊不清的回答，肯定是因為身旁有某位上司在場。這個誤會歪打正著。當時，畑中少佐的確在聯隊長旁邊。參謀長讓聯隊長叫少佐聽電話。少佐接過電話，說道：

「我是畑中少佐。參謀長閣下，請務必體諒我們的熱情。拜託了。」

聽到這番熱情洋溢的話，高嶋參謀長大聲地叫道：

「我明白你們的心情。可是，大勢已定，東部軍只會按照敕令採取行動。你們也不要再做什麼不可能實現的事情了，那只會白白增加犧牲。你們只看到自己的周圍，以為已經取得了成功，你們就像是守在一個洞穴裡堅持不投降的殘兵敗將一樣。雖然我很佩服你們拋棄一切個人感情的氣節，但在日本，遵守陛下的命令，是最為正確的道理，也是最高尚的道德。如今，你們還沒有發展到叛亂的程度，現在停止還來得及。好好給我聽著，都明白了吧！」

「我明白了，請讓我考慮一下。另外，我還有一個請求。」畑中少佐回答說。「在播放陛下錄音之前，可不可以給我們十分鐘時間？我們想讓所有的日本國民都知道，我們為什麼會這麼做。之後，再決定接下來的行動。就十分鐘，十分鐘就足夠了。」

少佐幾乎都要哭出來了。

「只需十分鐘，請東部軍幫忙，讓我們去廣播局。」

畑中少佐被逼無奈的心情，透過電話滲入高嶋參謀長心中。但是，參謀長非常乾脆地說道：「你怎麼還戀戀不捨！目前，要盡可能地減少犧牲者，這才是你們應該維持的正義。現在的形勢已經很難再有所變化。畑中少佐，你怎麼還不明白？」

畑中少佐的手無力地放下話筒。叮——地一聲響，在少佐聽來，宛如喪鐘一般。他的臉龐僵硬，似乎就在這一瞬間老了好幾歲。少佐把視線投向芳賀聯隊長，眼裡充滿了哀求：幫幫我吧！給我力量吧！但畑中少佐看到的並不是芳賀聯隊長的臉，而是「絕望」。聯隊長此刻把所有事情都弄清楚了，他非常憤怒地對椎崎、畑中、古賀等青年將校說道：

「原來你們企圖叛亂。阿南大臣和東部軍司令官之所以沒來，都是因為這個原因。他們當然不可能來。你們一直都在騙我。從現在開始，我再也不會按照你們的指示行事。你們立刻從這裡出去。你們要是繼續叛亂的話，就把我殺了。把我殺了之後……」

說到這裡，聯隊長停了下來。他在尋找適當的詞語。看到這些深深埋頭、並排站著的青年軍官們，「國賊」兩個字到了嘴邊又咽了下去。

挫折的到來也太簡單了，所有的抵抗都被摧毀。芳賀聯隊長命令畑中少佐立即撤出皇宮，少佐昂然地抬起了頭，對現在的他來說，一切都是敵人。透過樹立敵人，以此引發自己最後的鬥志。所謂渴求戰爭其實就是對自己挑起戰爭。畑中少佐對不斷席捲而來的恐懼，發起猛烈的戰鬥。

皇宮佔領計劃全盤落空。雖然計劃結束了，但實行計劃的人還在繼續行動著。大隊長、中隊長們率領士兵，依然在宮內省內搜查。第一大隊和第三大隊的許多官兵在分頭尋找錄音盤。第三大隊的石川誠司兵長清楚記得，上級嚴令他們不管用什麼手段，一定要找出錄音盤。總之，要讓這支瘋狂的搜索隊停止搜索，讓一切恢復平靜，還需要花費相當長的時間。

戶田、德川兩名侍從成功地與御文庫取得聯繫，在差五分鐘就到凌晨四點的時候，他們再次回到宮內省。為了通報御文庫內安然無恙，戶田侍從趕往樓上的侍從室，德川侍從則徑直去了侍從武官室。中村、清家兩名武官都為御文庫的平安感到高興，但又對高聲說話的德川侍從束手無策，於是央求他趕緊從房間出去。

德川侍從走出房間沒幾步，就撞上了那個軍官，由於侍從武官也屬於軍人，德川看見他後，一直在想，這到底是自己人還是敵人呀。結果軍官衝著他大聲喝道：「站住！」德川侍從這才想起，那個軍官就是自己從御文庫回來途中，在大門外碰過面的少尉。這個到處進出的侍從大概也引起了少尉的注意，他對走廊裡的哨兵說道：「把這個人帶走。」

德川侍從個頭雖小，但卻很結實。同樣，他的內心也非常堅定。儘管被哨兵的步槍押著，他依然不甘示弱：「沒必要去。」

少尉連喊著：「這是命令，命令！」

他們來到了進行錄音的御政務室正下方。樓上就是內大臣室這一要地，幾人一組的官兵不斷地在樓梯上跑上跑下。看見這番光景，德川侍從開口說道：「如果有事的話，在這裡問就行了。」

「我們在找錄音盤和大臣。你應該知道吧。」軍官逼問道，侍從背靠著牆，抱起胳膊，繼續反抗：

「我怎麼可能知道？」

又有三個軍官加了進來。其中第一大隊的大隊長北畠暢男大尉對少尉說道：

「沒關係，他要抵抗，就把他殺了。」

背後也有人隨聲附和：「就是，把他殺了。」德川侍從並不畏懼，隔了一會兒說道：

「把我殺了，也無濟於事。」

「也是，只會讓刀變鈍，算了吧。」少尉生氣地說道。

德川侍從和軍官們互相瞪視著。一部分軍官帶著士兵到樓下去了。留下來的軍官開始規勸侍從：天皇接受了身邊親信們的錯誤意見，為了消除這些錯誤意見，現在只有暫時採取不服從的態度。這些道理都跟發動「五一五事件」、「二二六事件」的理論相同。在一番漫長的說教之後，軍官總結似問道：

「你身上有日本精神嗎？」

這種時候，德川侍從也毫不認輸。他告訴對方，自己也是名侍從。

「不是只有你們才保衛國家。為了保衛國家，我們大家應該同心協力。」

這場爭論在狹窄的走廊裡一直持續著。這時，從另一方向趕來的一隊士兵停了下來，把德川侍從團團圍住，但他卻不感到害怕。一直保持沉默的第一大隊機關槍中隊若林彥一郎軍曹，終於按捺不住心中的怒火，他下意識地用力舉起手，左右開弓重重地打在侍從臉上。德川侍從發出嘶啞的聲音，戴著的眼鏡也飛了出去。

機關槍中隊藤田忠志曹長擠了進來，阻止道：

「行了，若林，不要打了。」

德川侍從被打倒的時間是四點二十分，此時的窗外，早晨似乎正在悄悄地臨近。天空由暗黑變成濃灰，又從濃灰變成深藍，緩慢地轉變著。其間，佐佐木大尉率領的「國民神風隊」已經到達灰色的首相官邸。周圍一片出奇的寧靜。他們迅速地把兩挺輕型機關槍架在了正門前。佐佐木大尉壓低聲音命令道：

「開始射擊！」

迫水書記官長被機槍聲音驚醒後，第一反應就是敵人的機槍掃射。隔壁書記官長秘書室裡，計劃局長官池田純久的秘書官赤羽宏治郎同樣被機槍聲驚醒，他打開左右對開的窗戶，大吃一驚，即使在夜色中，也能清楚地辨認出眼前是穿著軍服的士兵。射出的子彈不斷敲打在牆壁上。

迫水書記官長的弟弟久良跑過來說，這是日本兵在襲擊。曾有過「二二六事件」經歷的迫水書記官長認為應該立即讓首相回到私邸。同時他又嘟噥道，戰爭都已結束，這個時候再把命丟了，實在是太愚蠢了。赤羽秘書官和迫水想的完全一樣，好不容易活到現在，結果被日本兵殺了的話，那就太糟糕了。

迫水書記官長把萬事託付給總務課長佐藤朝生後，決定逃離此地。他穿過地下通道，在緊急出口確認沒有士兵之後，來到了大馬路。而赤羽秘書官則鑽進地下防空洞，從一扇小小的窺視窗，看見迫水書記官長帶著弟弟久良和側衛中村袈裟男巡查在走廊上飛奔，活像武打電影中的場面。

佐佐木大尉以及學生尾崎喜男等人停止機槍掃射後，直接衝到了官邸大門前，其間沒有受到任何挑戰和抵抗。他們命令將大門打開。保衛官邸的巡查默默開了大門，對佐佐木大尉低聲說道：

「我對您的想法深有同感。必須要除掉君側的奸佞。首相已經回到丸山町的私邸。你們最好是去襲擊那裡。」

佐佐木大尉不由得瞪大眼睛望著巡查，他差點就想握住巡查的手。大尉決定立刻趕赴私邸，為了燒毀令人憎惡的首相官邸，他們把帶來的油潑灑在走廊的地毯上。但是，愚蠢也該有個限度吧——好不容易帶來的油，卻因為是柴油，無法輕易點燃，大尉一籌莫展地仰望著天空。當看到火終於呼地一下燃燒起來之後，大尉他們才開車前往首相私邸。而他們剛剛離開，職員和巡查便用備置的防空用具把火撲滅了，不費吹灰之力。

受到襲擊的不僅是首相官邸。凌晨四點半，天已大亮之時，廣播會館被叛軍近衛第一聯隊的第一中隊㊼官兵包圍。士兵們加強了正面和內大門出入口的防守，斷絕與外界的聯繫，並且在第一播音室軟禁了值班的職員（包括常務理事生田武夫在內，大約六十名）。古賀參謀偽造的「近衛命令」仍在發揮作用。

嚴格地說，女技術員保木玲子㊽發現異常是在四點左右。因為保木技術員已經知道天皇將透過廣播宣佈終戰，所以當她聽到廣播會館前馬路上的軍靴聲時，最初還以為是美國軍隊進駐了。她從三樓的值班室窗戶小心翼翼向外張望，發現是日本兵後，立即放下心來。

但就在三十分鐘後，保木技術員為了在凌晨五點廣播前對系統進行測試（廣播中繼線的測試和確認），走進了樓下第十三播音室的副調整室。當她看見那裡有一個軍官和兩個士兵時，不禁驚訝萬分。副調整室可不是外部人員隨便進入的地方。軍官開口說道：

「現在我們要進行廣播，妳趕緊做準備！」

正在這時，擴音器裡傳來東部軍消息：在空襲警報解除之後，進行警戒警報。聽到這，保木技術員拒絕他說：「在防空警報播出後，是不能進行廣播的。」

軍官扯著嗓子咆哮道：「妳說什麼？！」

保木技術員嚇得直哆嗦。

廣播局到處都出現了類似的場面。在報導部室裡，軍官用手槍抵著國內局報導部副部長柳澤恭雄，要求進行廣播。雖說是恫嚇，但軍官的腔調有氣無力，倒顯得是在苦苦哀求。

這時，業務部庶務課課員朝倉正憲巧妙地瞅準叛軍的漏洞，成功地從廣播會館逃出。黎明即將來臨，他跑過無人的道路，到達了第一飯店五樓，將緊急情況報告給住在這裡的報導部長高橋武治。如果廣播會館被佔領的話，那麼天皇廣播就無法進行。得知消息後的高橋部長驚慌失措。他很快想到：一定要把這一事件告訴大橋會長，會長自從去了皇宮，還一直未歸。他根本不知道會長他們已被軟禁。高橋部長只是簡單地以為，會長他們受到接待，留在宮內省過夜了。

由於演藝部部員森永武治曾經在宮內省工作過，所以通知皇宮內大橋會長等人的重擔自然落在了他的肩上。熟悉皇宮內的情況，在這樣一個時間，這樣一個場合，顯得格外重要。森永部員輕鬆地接下大任，稍作準備後，從新橋站乘上了電車。電車如同平時一樣，正常運行著。

所有地方都陷入了混亂，透過最後一條沒有被切斷的電話線，皇宮內部首次和外部取得了聯繫。這台秘密直通電話連接海軍軍令部和海軍武官室，在電話裡，米內海相的秘書官古川勇少佐和海軍侍從武官野田六郎中佐互相交換資訊，掌握了整個事件的全貌。

森師團長被殺害，軍隊在偽師團命令的指揮下採取了行動，近衛步兵二聯隊主力的第一、第三兩個大隊佔領了皇宮要地，東部軍可能很快便會出兵鎮壓……同時他們也清楚了只有少數人是叛亂的主謀。

德川侍從的臉被打得高高腫起，他和戶田侍從在侍從武官室，從陸軍的中村武官那裡聽到了上述消息。中村武官看著德川侍從的臉說，那幫傢伙早已喪心病狂，一定要小心，並安慰他道：「不過，已經和外部取得了聯繫，應該沒事了。一切都將結束，再忍耐一下。」

德川侍從回答說：「這是我為名譽而負的傷。」

「對了，內大臣他們還好吧？」中村武官問道。

德川侍從原本就不相信侍從武官。他怨恨地認為，就是因為從房間被趕了出來，才會遭此下場。他瞪著中村、清家兩名武官，說道：「他們都好。藏在很安全的地方。只是，我不能告訴你們在哪裡。」

中村武官繼續說著好消息：「總之，天亮以後，東部軍司令官田中大將就會趕過來。到時，一切都將結束。」

55 原注：

「必勝學生聯盟」是由橫濱高工的學生自發組成的服務團體。其宗旨是為大勢已去的戰局貢獻一些力量。他們利用休息日，進行整理廢墟等一系列的義務勞動。佐佐木大尉能和學生們結緣，是因為他也曾是橫濱高工的學生，並都敬仰第一任校長——鈴木達治，還曾受過其教導。

56 原注：

井田正孝中佐說：「但是，戰後得知，此時大臣已經知道宮城事件的發生。我認為，正因如此，大臣才更急著要自殺。雖然有人批評說，明明知道事件的爆發，卻不採取對策，這是怠忽職守。可我在此看到了人性的大與小。如果自己帶頭死了，那麼萬事都可以解決，大臣具備的是這種大自信和大信念。大臣眼裡只有全體陸軍，宮城事件之類的不過是些局部的東西。」

㊼原注：所有的記錄均為：佔領廣播局的是近衛步兵第七聯隊，但當時的聯隊長皆美貞作大佐否定說：按照「師團命令」，應該是近衛步兵一聯隊的第一中隊。

㊽原注：當時由於男性技術員被大量徵用，於是就培養了許多女性技術員，讓她們從事聲音調節室的操作工作。

八月十五日

午前五點——六點

「軍隊即將進入御文庫！」——戶田侍從

起床時間原本是凌晨五點三十分，而在五點鐘，上原重太郎大尉便叫醒了第四區隊員，叫他們到自習室集合。

在這些年輕隊員的面前，大尉顯得格外精神抖擻。大家都看到他軍服上濺有血跡。大尉呼籲他們為捍衛國體而起義。他挺著胸膛大聲說道：「所謂接受《波茨坦公告》是陛下身邊奸人的計謀，皇軍並未投降，要向陛下直言勸諫，現在戰鬥到底的計劃正在逐步實行著。」上原大尉已經跟第三中隊的值周士官成瀨辰美大尉說過「時機來了」這句話以及森師團長被殺害的事情，但他卻沒有把這些告訴給區隊員。儘管如此，誰都可以輕易猜測到發生了什麼事情。

和遠離東京的上原大尉不同，畑中少佐他們已經迷失了方向。在面臨究竟是戰爭還是和平的緊要關口，他們似乎差一點就掌握了國家政權，可最終還是被歷史拋棄。就差一步的事實，並不能成為對他們的安慰。他們咽下悲哀和屈辱的苦酒，開始繼續走自己的路。雖然固守皇宮失敗了，他們卻成功地指揮一個中隊——近衛步兵第一聯隊第一中隊，占領廣播局，他們終於可以向日本國民傾訴。不是對陸軍，而是對國民，他們打算陳述日本不能無條件接受《波茨坦公告》的理由。這不是什麼辯解，是他們對歷史的抗議。

畑中少佐從皇宮被趕出來後，帶著少尉和兩名士兵，來到廣播會館的第十二播音室，把手槍對準了播音員館野守男。少佐表情痛苦地說道：「五點播報的時候，讓我來廣播！」

館野播音員心裡暗自決定，即便是取消五點的報導，也決不讓畑中進行廣播。十四日晚上，他已從陸軍報導部的臨時職員平井政夫那裡獲得消息，說是「軍隊將佔領廣播局」。面對眼前這把手槍，館野守男心想，就算是被他們殺了，也不能把廣播局交給這幫猖狂之徒。

「現在還在發警戒警報。在發警報的過程中，要想進行播音的話，必須和東部軍管轄區域聯繫。另外，如果要在全國轉播，還必須和各個廣播局進行技術性的接洽。」

館野播音員鼓起勇氣，拒絕了畑中少佐的要求。只是，少佐並不同意館野播音員說的話。播音員坐在話筒前，不正是為了五點的報導？不是馬上就要開始播音了嗎？既然這樣，為什麼少佐就不能代他廣播呢？況且，事實上，館野的聲音也曾通過電波傳出去過。

館野播音員不斷重複著：沒有東部軍許可，不能進行播音。而畑中少佐清楚地知道：徵求東部軍的同意，是肯定得不到允許的。少佐右手拿著播音用的粗糙原稿，左手舉著槍，與館野播音員僵持不下㊾。

五點十分，皇宮內侍從們翹首以盼的田中軍司令官，在塚本副官和不破參謀的陪同下，乘車來到近衛師團司令部。田中軍司令官採納了高嶋參謀長所說「天黑不利於掌握官兵情況」的意見，只得焦急地等待黎明的到來。終於，黎明來臨了，田中軍司令官開始親自出馬鎮壓暴動。

此時的近衛師團兵營廣場上，近衛步兵第一聯隊的官兵全副武裝，在頭戴鋼盔的聯隊長渡邊多粮大佐的指揮下，按照偽命令，正準備向皇宮開進。此時，一輛車子停在了正前方，車子剛一停下，不破參謀便跳了下來，大聲喊著「軍司令官閣下到！」部隊只好就地待命。田中軍司令官和渡邊聯隊長一同來到聯隊長室。所謂的命令都是偽命令，森師團長已被殺害，當渡邊聯隊長從田中軍司令官那裡得知這些消息時，驚愕萬分。根據聯隊長的報告：師團參謀石原少佐就在隔壁房間，第一聯隊受他指揮㊿。田中軍司令官命令不破參謀，將石原參謀帶上來。

作為叛亂指揮者之一的石原參謀一副不在乎的樣子。他臉色蒼白，緊咬嘴唇。看著面前這個直立不動的參謀，軍司令官嚴肅地說道：

「你們今天都幹了些什麼？作為帝國的軍人，聖斷一旦下來，只能絕對服從。你們這是叛逆！」

石原參謀沒有作任何反駁，只是默默地忍受著軍司令官的怒喝，似乎在無言地接受著失敗的事實。

軍司令官命令不破參謀「把他抓起來」！已經放棄所有希望的石原參謀沒有作任何抵抗。無論是肉體，還是精神，都已全盤崩潰。石原參謀臉上的表情彷彿在訴說著，最後時刻快點到來吧，這是我唯一的願望。石原參謀不再是一名光榮的軍人，而是一個罪人，不破參謀把作為罪人的叛逆者交給了室內待命的憲兵曹長。

接下來，田中軍司令官從乾門趕到皇宮。在逮捕石原參謀的同時，軍司令官透過渡邊聯隊長，打電話找到皇宮內的芳賀聯隊長，命令他在乾門迎接軍司令官。事件正快速地得以解決。眼前漆黑的大門緊緊關閉著，軍司令官的車子向它快速駛去。步哨戒備森嚴，並寒上了刺刀，他警惕地端起槍，質問道：「誰？」

「軍司令官！」

田中司令官凜然回答道。

透過唯一一部被留下的直通電話，侍從戶田康英總算得知「東部軍司令官不久將出面鎮壓」這一消息，為了把該消息轉達給御文庫的入江侍從，他穿過紅葉山隧道，朝御文庫走去，而此時正是石原參謀被逮捕之時。由於隻身前往多少有些害怕，所以戶田侍從讓大重側衛緊跟其後。

到達吹上門後，如事先預料的那樣，他們被嚴格地盤問了一番。「我是侍從戶田，請讓我們通過！」儘管一再相求，可少尉拒絕說：「誰也不能通過。」爭論中，戶田侍從忽然想起德川侍從腫脹的臉。吹上御苑鬱鬱蔥蔥的樹林上方，一隻鳥冷不防發出一聲啼叫，在戶田侍從耳裡聽來，彷彿就是自己的哀鳴聲。

這時，第一大隊的小山唯雄准尉恰好經過此地，他聽了少尉的報告後，漫不經心地說道：「沒關係。放這些小職員過去，他們又不能怎樣！我們現在正商量要不要進御文庫。不過，多半都會進去的，到時，這些樹葉一樣的傢伙還能阻止我們嗎？」

戶田侍從聽到這個消息，第一次將沉痛帶進了御文庫。「……如此說來，軍隊即將進入御文庫！」戶田侍從的臉色陰沉下來。皇后宮大夫廣幡忠隆、入江侍從、永積侍從等人聚在一起，臉上還帶著睏意。軍隊要直搗陛下所在的御文庫，難以想像的不幸之事即將發生。是依靠護衛官的槍和刀死守呢？還是開城投降？藤田侍從長推開一扇沒有上鎖的鐵窗，偷偷向外張望㊿。只見從吹上門到御文庫，士兵不斷地聚攏過來，部署在周圍。他們架起機關槍，槍口對準御文庫。第三大隊的石川誠司兵長命令道：「有人計劃把天皇陛下帶到別的地方。為了保護天皇，誰要是想把天皇帶出去，一律擊斃！」

此時，終於瞭解到整個事件經過的陸軍省一片混亂。大多數的軍官首先想到並擔心的是：陸相是不是將擔負起所有的責任？兵務局長那須義雄少將最先知道事件真相，他擔心叛軍會擁立大臣，連忙和來上班的若松次官商量，決定把大臣從血氣方剛的青年軍官手中奪回。絕不能讓陸相變成另一個西鄉隆盛。陸相是全體陸軍的支柱，要是讓這位忠誠的將軍蒙上國賊的汙名，那麼全軍都會崩潰的。

那須局長沒有絲毫的猶豫，他驅車趕往陸相官邸。那須局長離去後，在陸軍省昏暗的走廊裡，圍繞誰該負責鎮壓事件的問題，荒尾軍事課長與參謀本部作戰課長天野正一少將開始了唾沫橫飛的爭辯。天野課長主張：既然已經調動軍隊，那就該由作戰課來負責；而荒尾軍事課長反駁道：即使出動了軍隊，但這屬於國內問題，應該由軍事課負責。

當這場嚴格守法的辯論沒完沒了進行之時，那須局長趕赴的陸相官邸裡，陸相結束了酒宴，站起身來，穿上了純白色的襯衫。

「這可是我當侍從武官時，陛下賞給我的衣服，陛下曾穿過的。我想穿著它，結束自己的一生。作為一名軍人，這可是無上的光榮。」

接著，陸相把所有的勳章佩戴在軍裝上，穿上以後，又把它脫下來，小心翼翼地放在壁龕前，說：「我死後，再幫我穿上吧！」

陸相打算穿著天皇曾穿過的襯衫，用天皇賜予的勳章來裝飾自己的遺骸。井田中佐默默抬頭看著陸相，淚水再次奪眶而出。陸相把次男惟晟的照片放在壁龕前軍裝的兩袖之間。在中國中部戰役中，他以二十一歲的年輕生命，早於父親離開了人世。看到大臣這樣，竹下中佐突然聯想到乃木大將。

五點三十分，憲兵司令官大城戶三治中將來到官邸，報告近衛師團事變一事。陸相命令竹下中佐：「你去見憲兵司令官。」然後又讓井田中佐在走廊外守衛。兩名中佐都出去以後，陸相穿著襯衫，靜靜地來到走廊。

東京的日出時間為五點三十分。與此同時，空襲警報又一次響起。雖然陸相官邸的窗戶緊閉，但一到天亮，太陽光便從縫隙中照射進來。陸相端坐在冷冰冰的走廊裡。陸相的內心正在審判身為罪犯的自己。如果自己真是罪人，他寧可作為陛下的罪人死在庭院裡。如此謹慎穩重的將軍，是不會允許自己死在榻榻米上的。他緩緩地拔出細長的短刀。

竹下中佐回來時，陸相已經剖腹完畢，正用右手摸尋著右頸動脈。中佐蹲在他身後，注視著這一切。陸相的身體開始搖晃起來。他把短刀頂在右頸上，用力向前一拉。鮮血一下子噴射出來，身體卻依然沒有倒下。

竹下中佐輕輕問道：「您需要幫忙嗎？」陸相用和往常一樣的聲調說：

「不需要，走開！」

井田中佐跪坐在庭院的泥地上，低垂著頭，肩膀微微顫動著，一看就能明白中佐是在哭泣。

陸相穿著襯衫來到走廊之時，「國民神風隊」佐佐木大尉等人帶著機關槍，襲擊了本鄉丸山町的鈴木首相私邸。但是，他們打算在這裡抓住首相的計劃也落了空。在「國民神風隊」到達首相私邸之前，鈴木首相夫婦就得到了消息，與一、武兩名秘書官，從後門逃了出去。

「叛軍已經把官邸給燒了。那支軍隊現正乘車趕往您那裡。」

接完電話，首相迅速逃離，私邸裡只剩下傭人原百合子。佐佐木大尉和學生尾崎等人從大門一擁而入。原百合子在十四日傍晚，聽到戰敗的消息後，就做好了必死的準備。美軍四處宣揚：要姦污所有的女性，她對此深信不疑，並簡單地認為與其遭此毒手，還不如一死了之。她略施粉黛，又換了一條新褲子。此時她已做好了死的準備，因而勇氣倍增。

佐佐木大尉把刀對準了這個化了淡妝的女人，問道：「首相不在嗎？」原百合子回答說：「不在！」本打算故作鎮靜，卻因為頭昏腦花，以致懷疑這到底是不是自己的聲音。

尾崎等學生以及士兵們搜遍了所有的房間，用刺刀插進壁櫥。尾崎對原百合子說：

「我們不會傷害妳的，到外面去吧！」

士兵們飛快地捅破了隔扇紙，並點著了火。原百合子不顧一切地把手伸向水桶。

「妳要是把火滅了，我們就殺了妳！」

一個士兵惡狠狠地把她撞到一邊。

火焰在黎明的晴空中高高升起。看著在空襲中都未燒毀的房子，竟然在暴徒手中化為灰燼，原百合子心如刀割。儘管消防車很快趕來了，面對眼前的機關槍卻毫無反抗之力。柱子著了火，大樑倒了下來，屋頂漸漸向右傾斜，最終垮塌了，目睹這一切，人們也只能袖手旁觀㊷。

阿南陸相面向皇宮，坐在走廊裡，身體開始微微向右倒。接著輕輕搖晃起來。那須局長看見陸軍大臣背影時，怎麼也想不到他已經切腹了。那須局長急忙趕到這裡，本想要將陸相從青年軍官的手中救出，但陸相官邸一片靜謐，讓他有些洩氣。那須局長曾想，作為叛軍的司令部，官邸早應被眾多的士兵和機關槍團團圍住，所以他早抱定拼死的決心。但是在大門附近，就只見竹下、井田兩名中佐在竊竊私語，四周沒有一個士兵的身影。儘管如此，那須局長還是衝著陸軍大臣的背影，說出了自己想說的一句話：

「我是來接您的。」

只聽陸相大聲訓斥那須局長：

「你來幹什麼？回去！」

聲音鏗鏘有力，不知道是從哪裡發出來的。聽到這聲怒喝，那須局長不由得仔細地看了看陸相，才發現他右頸上已經沾滿鮮血。原來陸相已經剖腹自刎了，那須局長的心被深深打動了。

那須局長雙手撐地跪在陸相身後，就像是在參拜活神仙一樣。在另一間房屋裡，竹下中佐正把他那惡魔般的咒語吹入井田中佐耳中：

「我這裡保管著大臣的印章。如果想幹的話……可以假借大臣的命令，號令全軍。幹還是不幹？難道就這樣毫無面子地敗下陣來？」

井田中佐豎起耳朵聽著，禁不住凝視著竹下中佐的臉。這難道是大臣的意圖嗎？的確，只要自己死了，一切都將恢復原狀。如果讓大家知道了大臣的這一想法，之後即便他們堅持出兵，也是完全可以的。或許大臣的內心深處，真的抱有這樣的期待。但是，井田中佐又想到：陸相如此從容直面死亡，不正是委身於歷史長河的洪流，豁達看人生的表現嗎？到了這個時候，任何拼命掙扎都是白費力氣。

「偽造大臣的命令很快就會暴露。再說，這樣做，能讓大臣高興嗎？」

竹下中佐立即推翻剛才的話，慌忙說道：「我是開玩笑的。」

看著竹下就這樣讓大臣孤零零地作為罪人死去，井田不知為什麼，一下子生起氣來，差點出手打他。井田太想通過某種形式，讓心中的悲哀、憤慨爆發出來，即使他明白，那樣做根本就是徒勞……

演藝部部員森永武治在東京車站下車後，立即向皇宮趕去。戰敗的早晨似乎比平時來得更晚些，下車的人很少，車站前的廣場如同墳地一般，萬籟俱靜。太陽早早地照射在燒焦的大地上，宣告著今天的酷熱。森永一面擦著汗，一面快速地走近皇宮。日本戰敗了，從明天開始，這裡就將飄起星條旗吧。森永腦海裡浮現出這些莫名其妙的事情，然後他晃了晃頭，像是要把它們趕走似的。

到了坂下門，只見機關槍槍口朝外架設著。黑洞洞的槍口在旭日下閃閃發光，告誡所有人：禁止入內。森永部員連忙逃了出來，因為對皇宮地勢非常熟悉，他很快做出判斷：從坂下門和大手門之間的內櫻田門進入，應該安全吧。

他的判斷是正確的。雖然在內櫻田門也有官兵駐守，卻僅僅只有兩個人，並且一旁站著的皇宮警衛官，還是熟人。這名警衛官勸他說：「沒用的，還是回去吧。」森永回答說「我有特殊的使命在身，不能回去！」他堅持闖了進去。兩個士兵也沒有阻止。

儘管把皇宮作為政變的據點的計劃已被放棄，但它仍是一個依舊混亂的大舞台，正上演著戰爭即將結束的戲碼。對於這些，森永部員事前並不知曉。所以，他眼裡呈現出來的皇宮非同尋常。在宮內省前的丸池，裝上刺刀的士兵將不予配合的皇宮員警官團團圍住，解除了他們的武裝。看見這一幕時，森永部員才瞬間明白了自己的處境，怎麼鑽進了這樣一個危險的地方？但是，他很快又意識到，跟自己的安危比起來，趕緊向大橋會長通報才是最重要的。森永部員絕對是位忠實、精神飽滿的男子。

⑲原注：

關於佔領廣播局、強迫要求播音的「少佐」，一說為小松少佐（留守第二師團第三聯隊補充隊的東部第六部隊所屬）。但是，從時間上判斷，認為不可能為畑中少佐，這並不能成為理由。從皇宮被驅逐出來以後，是絕對能趕到廣播局的。根據東部軍參謀稻留勝彥大佐手上的資料，在田中軍司令官從皇宮回來之後，立即下令「畑中少佐在廣播局，速將其逮捕」！可是，在NHK的廣播史編修室裡，為了喚起相關人員的回憶，展示有畑中少佐的照片。看過照片的人，有的說：「就是他！」有的卻說：「不，不是他！」無從確認。結果到現在，都依然還是一個謎……

⑳原注：

叛亂軍的計劃是：石原參謀指揮第一聯隊，古賀參謀指揮第二聯隊。從某種意義上來說，這個計劃獲得了成功。高嶋參謀長拼命想與第一團長取得聯繫，但卻不得要領，最終沒有聯絡上。

㉑原注：

侍從長藤田尚德這天回到舊本丸內的機關宿舍後就睡下了。在皇宮警察告知事件發生後，又連忙向御文庫趕去。他彎著腰，不斷說著：「辛苦您們了！」一面穿過佩帶有刺槍的士兵來到御文庫。誰也沒有想到這個身材矮小的老人就是侍從長。

㉒原注：

首相的逃亡是非常幸運的。第一，佐佐木大尉們的車子走錯了路，才又慌忙折回。這為首相他們創造了逃脫的機會。第二，若在平時，車子都是朝裡停放著，而那天車子碰巧朝著便於逃跑的方向停放。原本車子沒有順利地爬上斜坡，在原地打滑，就在私邸的警官們把它推上去之時，佐佐木大尉一行闖進了空無一人的私邸。真可謂是千鈞一髮。關於這一幕幸運的逃亡劇，在《聖斷——天皇和鈴木貫太郎》（文春文庫一九八八年刊）中有詳細記載。

午前六點——七點

八月十五日

「朕親自去把朕的決定解釋清楚。」——天皇御文庫裡，關於軍隊入侵時必須採取的措施，依然在進行討論。侍從們都非常認真，他們面對叛亂軍的暴動已經有四個小時了。就在剛才，三井侍從突然出現在大家面前，得意地說道：「誰也沒有阻攔，這次來還真順利！」結果，當戶田侍從告訴他軍隊入侵的計劃後，三井不得不認輸，心想：自己該沒有把事情越弄越糟吧！

的確，事情看上去正朝著壞的方向發展。軍隊或許馬上就要進入御文庫了。想來想去，也沒有好主意。最終好不容易商定，要是士兵真的闖進來，就帶他們在眾多的房間裡來回空轉，好讓天皇和皇后乘機逃離。不過，這個方案的可行性也不大。

沒有誰敢面對機關槍和步槍。只有皇宮員警才擁有武器，但都已被近衛兵沒收。側衛隊長小菅警部得到解除武裝的通知後，馬上趕來和眾人商量。當他出現在御文庫時，只見全部人員都表情黯淡。

小菅警部說：「近衛軍一個大尉來了，要求我們解除武裝。」

入江侍從給小菅警部打氣：「不要理他，你就說：『若是皇宮員警部長的命令，倒還會執行，我們不會因為某個軍隊的命令，就摘下佩刀。』」

小菅警部雖然嘴上信誓旦旦：「沒錯，我就這樣說！」但走出御文庫時，卻一副無精打采的樣子，沒有打算再回來。侍從們面面相覷，紛紛擔心：對這麼一件大事，這樣說會不會壞事了呢？近衛兵不會殺了小菅警部吧？要是被繳了械，一旦遭遇攻擊，豈不是很快就擋不住了。

森永部員所看見的正是解除武裝：員警們站在太陽下，從外套到褲子，被脫得一件不剩。

由於御文庫的鐵窗緊閉，所以完全聽不到外面的聲音。既沒有鳥叫，也沒有蟬鳴。不僅如此，盛夏灼熱的陽光也和這裡毫無關係。所有人都在昏暗的電燈下，屏住呼吸，無比窘迫。

戶田、三井、入江三名侍從認為：政變一旦變得殘暴起來，僅依靠自己的力量是很難有所作為的。在軍隊進入御文庫以前，戶田侍從說：「必須叫醒陛下……」害怕軍隊闖入的恐懼，讓三人的表情都僵住了，胸口疼痛難忍，腰部以下癱軟無力。三井、戶田兩名侍從一面往御文庫深處走去，一面為了不遭對方嘲笑，努力硬撐著，勉強維持住了自己即將走形的身體。

天皇很快起床，出現在他們面前。三井侍從畢恭畢敬地低下頭，報告了皇宮被佔領的實情。

天皇猛然一驚，問道：「是政變嗎？」

緊接著，戶田侍從把軍隊在內廷所做的野蠻粗暴之事告訴給天皇，所幸木戶、石渡兩名大臣安然無恙。

天皇深思片刻，說道：「我出面吧。」

「通知他們在花園集合，朕親自去對他們講話，把朕的決定解釋清楚。」

聽天皇這麼說，兩名侍從感動得差點掉下眼淚，怎麼也抬不起頭來。

天皇又補充道：「總之，快把侍從武官長叫來。」

蓮沼侍從武官長被軟禁在宮內省。去叫他可是一件很困難的事。誰都能想到，御文庫外架起了機關槍，只有從它前面突破。三井侍從委託最年輕的戶田侍從：「這裡就拜託你了。」戶田侍從輕輕應允道：「您身為庶務課長，這事就由您來做吧！」

這場嚴肅的商談仍在御文庫進行之時，田中軍司令官剛跨進乾門，就與芳賀聯隊長會面，並告訴他：昨晚所有的命令都是偽命令，近衛師團長已被畑中少佐等叛亂者殺害。聯隊長吐了長長一口氣，說道：

「師團長閣下果真被殺害了嗎……」

田中軍司令官肯定了這個事實，並嚴令道：「從現在開始，就由我田中來指揮近衛師團。」

事件正式宣告結束。田中軍司令官又命令芳賀聯隊長：「迅速撤兵，回原部署去。事情處理完畢後，即刻報告軍司令官！」

接下來，田中軍司令官便朝皇宮內的御文庫走去，他要將事件處理的情況報告給陛下。通往御文庫的是一條很寬的道路。只見一名侍從從道路另一端，一路小跑過來。侍從戴著一副深度近視眼鏡。

遵照天皇的命令，為了叫來蓮沼侍從武官長，三井侍從豁出性命，飛快地趕往內廷。當他看見迎面走來一位將官模樣的軍人時，不由得放慢了腳步。此人大概就是叛亂軍的頭目了吧。

兩人正要擦肩而過，田中軍司令官問道：「侍從長在嗎？」

儘管侍從長藤田尚德的確是在御文庫，但三井立刻撒謊道：

「不在。」

「侍從武官長在嗎？」

「他也不在。」——不過，這倒說的是真話。本來他就正打算去叫蓮沼侍從武官長的。

「陛下呢？」

「陛下在。」

田中軍司令官笑了起來。「你不用這麼驚慌失措，叛亂已經鎮壓下去了，不用擔心。我是……」說著，便把自己的名片遞到了三井侍從面前。侍從一看，彷彿立即失去了身體裡所有的力量，緊張的心情一下鬆弛下來，他長歎一口氣，說道：

「啊，原來是這樣。終於得救了。」

三井眼前此人正是東部軍管區司令官——田中靜壹大將。

「陛下還在裡面，而侍從長、侍從武官長卻不在，是不是有點奇怪呀？」

三井侍從默默一笑，搔著腦袋回答說：「不，其實侍從長在裡面。但侍從武官長還在外面，我正準備去叫他。」

三井侍從把田中軍司令官帶到御文庫，當田中親手打開御文庫的鐵窗時，裡頭的入江侍從感覺自己從未見過如此鮮豔的紅日。它高懸在空中，耀眼而且巨大，似乎要把世上一切事物都熔化掉。

「這場大騷亂終於平安鎮壓下去了，已經沒有問題了！」田中軍司令官的聲音鏗鏘有力。

畑中少佐去了被第一中隊佔領的廣播局，這時，還有椎崎中佐他們留在皇宮內。得知由於田中軍司令官的鎮壓，他們的計劃已全然無望時，椎崎中佐神色驟變。他突然拔出軍刀，奮力砍在身旁的松樹上。由於使出了渾身力氣，軍刀差點被折斷了。或許他也是在斬斷自己的執迷不悟吧！椎崎中佐大吼一聲。森永部員注視著眼前的這一幕，身體不由自主地直打哆嗦。

在皇宮騷亂鎮壓下去的同時，廣播會館內，畑中少佐們的最後掙扎也終於走到了盡頭。少佐們收起手槍，懇求而非恫嚇地不斷重複著：希望能向全國國民表明自己的想法。柳澤副部長、播音員和田信賢等人也以同一個理由加以拒絕：

「在空襲警報發佈時，不管什麼廣播，都不能進行。需要通知東部軍。」

一邊這麼說，一邊為了以防萬一，廣播局也採取了萬全之策。技術局現業部主調整主管西島實，早已將廣播會館和廣播所的聯絡線路切斷。即使畑中少佐要強行播音，也只是徒勞。

報導部長室裡，大家都依然在互相對峙著。畑中少佐忽而意志消沉，忽而又氣勢洶洶，先在精神上敗下陣來。這時，東部軍參謀給畑中少佐打來了電話。

少佐拿起話筒，開始沒完沒了、千方百計地說服對方：為了維持君臣一體的國家體制，除了徹底抗戰，別無他路。他已不再是剛才那個手槍在握、眼睛充血的少佐，而只是一個焦躁不安又心中膽怯的男人，一個面頰消瘦、嘴唇發紫的敗將。

館野播音員呆呆地望著畑中少佐，出於職業習慣，目光掃到了少佐放在桌上的播音草稿，當然，也就僅看到了一行字。上面寫著「負責守備皇宮的我部隊」少佐仍在苦苦相求。儘管不知電話對方是誰，但館野播音員能夠察覺，那個人正在竭力勸說少佐放棄廣播。少佐仍不示弱，他懇乞對方：「只要五分鐘就可以了。我真的想把我們青年軍官的心情傳達給國民。」不知疲憊的畑中少佐進行著最後的努力。

過了一會兒，畑中少佐說著：「那麼，只好這樣了。」他放下話筒，一動不動地站在那裡，抬頭仰望天空。接著他身子搖晃起來，差點向後倒去。他連忙退後兩、三步，好不容易才站穩了。他面朝前方，用拳頭使勁擦拭眼角，然後，轉過身去，朝其餘的軍官們用力說道：

「該做的我們都做了。到此為止吧！」

畑中少佐們堅持到最後的組織性反抗，就這樣終結了。他們的志業全部落空。

現在，只有佐佐木大尉的「國民神風隊」，還在繼續活動。早上七點，畑中少佐等人開始從廣播局撤出。五、六分鐘後，樞密院議長平沼騏一郎位於西大久保的家，便被吞沒在熊熊烈火之中。「國民神風隊」燒毀首相私邸後，在撤回橫濱的途中，又闖進了平沼議長的私邸。

「平沼，就是臭名昭著的親美英派頭目，就是他，要毀滅我們偉大的祖國。」

佐佐木大尉衝著大火中的平沼私邸，夾雜手勢，大聲謾罵著。大火撲滅後，偌大的私邸也就只剩下車庫的一部分。佐佐木大尉他們也不知道平沼議長是死是活，分別坐上汽車和卡車，在晨光的照射下，一陣風似的撤離了。而平沼議長立刻逃進了附近國本社本部的建築物中，平安無恙。

美艦載機一〇三機的第一波空襲部隊，從太平洋上的機動部隊起飛，此時正沐浴著陽光，出現在關東平原上空，準備發起攻擊。在這之前，密蘇里號戰艦上的「蠻牛」海爾賽將軍收到了來自太平洋艦隊司令長官的命令。

「停止空中襲擊。」

那時是六點十四分。當時，第二波攻擊隊正朝著目標地區前進，而第三波攻擊隊已聚齊在各自的航空母艦甲板上，開始了暖機運行。

從「日本投降」的消息裡，海爾賽首先想到的是「勝利了」。這位猛將中的猛將，沒有命令官兵們進行殊死決戰就取得了勝利，為此他十分感謝上帝。他立即向全體攻擊部隊指揮官發出命令：

立即停止攻擊，回到基地。

八月十五日

午前七點—八點

「請謹聽玉音。」——館野播音員

那天早上，形形色色的人們，在不同的地方，帶著各自的感慨，仰望刺眼的太陽。從私邸逃出來的鈴木首相，投靠了位於本鄉西片町的妹妹家，然後往自己家中打電話，告訴對方：「首相已經到了本鄉。」沒想到對方竟反問道：「啊，你是貫太郎嗎？」看來，私邸已被叛軍佔領，本鄉的這所房子也會成為他們的目標。無奈，鈴木一行只得再度離開。如此流離失所的逃亡，跟戰敗國的首相身分還真是相稱。他們又朝位於芝白金的弟弟鈴木孝雄大將私邸趕去。好不容易到達住所，進入大門的那一刻，鈴木一秘書官下意識地抬頭凝望藍天，天上沒有一絲雲彩。陽光照在臉上，讓人睜不開眼，似乎正在講述擺脫險境、得以倖存的喜悅。

竹下中佐從陸軍大臣官邸趕往陸軍省，途中他也仰頭看了看同一個太陽。一大早，太陽便發出耀眼的光輝，預示著當天的高溫。中佐聯想到陸相那頑強的生命。陸相切腹一個小時後，雖然身體向前微傾，但依然保持跪坐的姿勢，連呼吸聲都能清楚聽見。中佐看了看，吃驚地問道：「不難受嗎？」卻發現陸相早已失去了意識。為慎重起見，他拿起短刀，走上前去，朝大臣右頸部深深刺了下去。

離開官邸之前，竹下中佐給三鷹的陸軍大臣私邸打去電話，將陸相自殺一事告訴給陸相夫人，也就是中佐的姐姐，讓她立即前來官邸。姐姐異常冷靜，似乎早有心理準備。在走出官邸時，他真切感受到，一切都畫上了句號。冉冉升起的太陽對他來說，顯得格外耀眼。

竹下中佐到達陸軍省後，向若松次官報告了大臣自刃的消息。聽完報告，次官問道：「據說大臣的遺書裡寫有『以死謝大罪』，請問您覺得，這『大罪』指的是什麼？」中佐心裡明白，其實次官是在問：近衛師團的宮城事件和大臣是否有直接關係。為將來計，中佐認為，必須說明事件和自刃毫無任何牽連。

「關於『大罪』，我沒有特別問過大臣。但是，我覺得在滿洲事變以後，陸軍領導國家，進行了大東亞戰爭，沒想到最後卻陷入今天這樣的局面。對於過去和現在的陸軍行為，陸軍大臣代表全體陸軍官兵，表達了自己的歉意。」

竹下中佐一邊說，一邊反思：是不是我們全體陸軍軍人都應該服罪。戰敗的罪過，應該全部由陸軍承擔吧。呼籲統帥權的獨立，無視政治，一意孤行，先斬後奏處理一切事情。正是這樣的一支陸軍，才應當受罰。

從警備司令所最內側的房間放出來時，這十七個男人(63)感受到的陽光和鈴木一秘書官、竹下中佐所感覺到的都不相同。在這間令人窒息的房間內，禁止竊竊私語，禁止睡覺，對外界情況一概不知，足足軟禁了六個小時。他們只知道發生了類似政變的事件。可是，陛下怎麼樣了？廣播局呢？報社呢？鈴木首相、東鄉外相的臉不斷浮現在眼前。不安，此刻讓人無比揪心。

川本秘書官嗓子乾渴，他心裡暗想：要是就這樣渴死的話，肯定也會死不瞑目。趁著看守每隔一小時換班的時候，他從門縫向外張望，隱約可見衛兵所裡，軍官們正喝著茶、高談闊論。這讓川本秘書官格外憤怒。我們這裡也有很多老人呢。你們也該好好想想，好好照顧一下嘛。然而，如此憤怒的結果，使秘書官越來越覺得口渴難忍。

天亮後，一位士兵突然走了進來，對他們說：「讓你們久等了。這邊請。」——就這樣，大家便被釋放了。什麼叫讓你們久等了？十七個人心裡都在犯嘀咕。一出房間，川本秘書官便怒吼道：「快給我水！」

他們終於走到屋外。太陽光芒四射，森林鬱鬱蔥蔥，小鳥宛轉歡叫。空氣新鮮而清爽，萬事萬物呈現出一派生機盎然的景象。昨夜，還刺刀林立的警備司令所周圍，現在只有幾個士兵在悠閒地打哈欠。十七人中的一些人，同樣長長地伸著懶腰、打著哈欠。

森永部員終於在這裡見到了大橋會長。他被帶著在皇宮裡四處亂轉，不斷被詢問：「特別命令」到底是什麼，但森永始終堅持拒絕回答。現在，總算可以公開地把命令報告給會長。但是，對於大橋會長以及矢部局長等人來說，廣播局被佔領的不祥消息，在得以釋放的喜悅面前，已經無足輕重了。

給這十七個男人帶來如此巨大喜悅的特等功臣田中軍司令官，此時，正在藤田侍從長面前，深深地低著頭。「希望侍從長能代我向陛下表達歉意。因為我的行動晚了一步，給陛下帶來了巨大麻煩，非常對不起。」

看著不停恭恭敬敬道歉的軍司令官，藤田侍從長思量：即便是違反規定，也要把他帶到陛下面前。

田中軍司令官走出御文庫，帶上副官和三井侍從，驅車前往宮內省。那裡的戰火尚未平熄。蓮沼侍從武官長依舊被軟禁著，木戶、石渡兩位大臣仍無法從金庫室脫身。並且，其中的一間房屋裡，剩下的一名叛軍主謀——師團參謀古賀少佐，正無力地呆坐在椅子上。宮內省的四周，站滿了上刺刀的哨兵。但是，田中軍司令官對這一切毫不畏懼。他坐在車上，大聲叱責道：「我是軍司令官，讓開道路！」順利地進了宮內省。

看到田中軍司令官的瞬間，昨晚開始逐漸緊繃的緊張情緒，終於從蓮沼侍從武官長身上消失了。「真的是萬分抱歉。不勝惶恐。我向您賠罪。」田中軍司令官說道。蓮沼武官長問他：「真是讓人頭疼，這到底是怎麼回事？」於是，軍司令官將事件原委作了說明。

初次得知發生了如此危險的事情，蓮沼武官長不由得長歎一聲。「你們幹得很不錯，可是太對不起阿森了。」

「是啊，他們殺死了一個令人惋惜的軍人，我深深體會到自己的責任。」說著，軍司令官的臉上浮現出悲痛的表情。

七點三十五分，蓮沼武官長來到御文庫，謁見天皇。武官長報告了昨天晚上的情況，並稟告：事件已經讓田中軍司令官給鎮壓平息，以及森師團長殉職等事情。同樣，天皇也為森師團長的死感到難過。

「那什麼時候見田中好呢？」天皇問道。

侍從武官長回答說：「下午五點左右如何？」

天皇同意說：「把這個意思轉告給田中。」

在十四分鐘前的七點二十一分，一個「預告」隨著電波，傳向全國各地，而這個「預告」讓舉國上下為之一震。由於第一中隊的佔領，預告的播放時間比預計推遲了兩小時二十一分。雖然內容和昨晚九點最後報導中的預告相同，但在昨晚九點的報導中，預告的是「重大廣播」，而現在則更改為「天皇陛下的親自廣播」。

館野播音員平靜地念完廣播預告的全文。他知道，這意味著戰爭結束，所以語調嚴肅而凝重。

「現在開始播音。誠惶誠恐蒙陛下頒佈詔書。……誠惶誠恐蒙天皇陛下於今日正午親自進行廣播。不勝惶恐，請全體國民謹聽玉音。」

這時，館野播音員又把剛才的話重複了一遍：「請全體國民謹聽玉音。」

在稍作停頓後又繼續播音：「白天沒有供電的地方，在正午播放的時候，會特別供電。另外，在政府機關、事務所、工廠、停車場、郵局等地方，請儘量利用收音機。全體國民務必以嚴肅的態度，謹聽講話。天皇廣播時間為正午。」

館野播音員擦了擦汗水，再次重複道：「天皇廣播時間為正午。」㊽

對這次廣播，作家高見順在日記中記下了心中的疑惑：

「警報。我正打算聽消息時，收音機裡傳出正午有重要廣播。說是天皇陛下要親自廣播。天皇廣播，這還是第一次，以前從未有過。『怎麼回事？』已經聽說明天將會宣佈戰爭結束，但是，難道天皇陛下會因為此事，親自向國民賜話嗎？或者——，他不是宣佈戰爭結束。敵機侵襲，這太奇怪了。如果已經休戰，不會出現什麼敵機呀……『要是天皇陛下說：請大家都跟朕一起死，那我們大家都必須死吧。』妻子說道。此刻，我的心情跟她一樣。我心想：到了最後關頭，才有話告訴大家，若是這樣，為什麼不早些說呢？」

作家長與善郎也在其日記裡描述了當時的驚訝：

「到底出了什麼事情？直到兩、三天前，我都還在想像，在決定成敗之際，在日本即將走向死亡之時，陛下除了透過收音機親自廣播外，別無他法。這是鎮壓暴動、拯救國家的唯一出路，是最後的一張王牌。從去年開始我就這樣認為，並且也曾提到過，甚至還告訴了我的某個朋友。然而，那都只是我的憑空想像，我無法相信，這居然會變成事實。我以為，所有私情的障礙，都會在這個生死存亡的關頭，阻擋它的發生。可是，儘管並不容易，卻如此迅速地成為了現實，這是自開天闢地以來，讓整個日本都天下大亂的事件。」

大橋會長、矢部局長等人則抱著不同的感慨聽完了預告。廣播局安然無恙，自己也平安無事，他們為此感到由衷的高興。

七點四十分剛過，警戒警報被解除。

⑥③ 原注：
中途，荒川局長被青年軍官帶走，為他們領路去廣播局。

⑥④ 原注：
當時的記錄顯示了當天從早上七點二十一分開始的半小時廣播內容：
・謹聽陛下的廣播；

・十三日鹿島灘航空部隊的戰況；
・十三日傍晚，航空部隊在沖繩本島東海岸攻擊軍艦；
・七月二十四日至八月十二日，中部太平洋方面潛水部隊的戰果；
・滿洲、朝鮮方面的戰況（八月十二日，蘇聯軍隊在羅津登陸，蘇聯包圍瀋陽。八月十三日，牡丹江激戰。八月十一日，佳木斯、海拉爾、樺太、惠須取登陸）；
・緬甸——錫當河的主力會合；
・巴厘巴板方面的戰況（八月十日、十一日三馬林達）；
・謹聽陛下的廣播；
・延安、新華社電；
・華盛頓電；
・關島電；
・莫斯科大使館工作人員的狀況；
・原子彈爆炸。

八月十五日

午前八點——九點

「從現在開始，就不該由我們老人出場了。」——鈴木首相近衛步兵第二聯隊的官兵們，威風凜凜地走出皇宮。田中軍司令官表情嚴肅，目送聯隊旗消失在乾門。當最後一個士兵的身影從視野中消失後，軍司令官長長地歎了一口氣。兩個大隊的士兵，以軍旗為先導，整頓好隊伍，肅然撤出了皇宮。

下級士兵們對任何事情都不知曉。他們完全不知道，在過去的幾個小時內，自己成為叛軍的一分子，採取了行動，參與了政變。他們僅僅只是聽從命令，進行部署，在規定的上午八點換班時間列隊退出。他們不是叛軍，至少軍司令官這樣認為。正因為他這樣認為，士兵們才能在換班時間光明正大地離去。

如此一來，在皇宮內重新開始值勤工作的，就只剩下一大隊了。昨夜的暴動情景全部被拋在了腦後——田中軍司令官凝視著在風中飄揚的軍旗，內心充滿感慨。與此同時，侍從們也在想：這下終於沒事兒了。三井侍從匆忙奔向地下金庫室。沉重的鐵門牢固地保護著室內的五個人。三井侍從開始用力地拍打鐵門。在此之前，他曾經和石川秘書官約定：敲三下㊅，就是同伴的信號。但是，從裡面沒有傳來任何回應。他又敲了第二次、第三次，都因為鐵門太厚，裡面的人根本聽不見。三井侍從脫下鞋子拿在手上，再次奮力敲打鐵門。門終於打開了，石川秘書官無比憔悴的面容出現在眼前。

「已經沒事了。」三井侍從說道。

這一句話讓石川秘書官立即欣喜若狂。他為自己的平安感到高興，更為終於可以吃上東西而欣喜萬分。與外界隔離這麼久，石川餓得已經快無法忍受了，他本打算離開金庫室去找些食物，但石渡宮相勸阻他說：「就一個晚上，忍忍吧。」這個告誡現在也變成了永生難忘的回憶。

木戶、石渡兩位大臣走出地下室，見到了德川侍從，大家都為彼此能安全渡過難關而倍感欣慰。這時，有人從旁邊插嘴問道：「大臣，早飯怎麼辦呢？」本來也是真心話，結果被大臣冷冷地呵斥道：「現在不是談論早飯的時候！」

由於天皇的召見，藤田侍從長連忙趕到御文庫讀書室。現在時間為八點十分。天皇深深地陷在椅子裡，表情陰沉。連日來的辛勞清楚地刻在臉上，而這一天，更顯得格外委靡不振，侍從長看在眼裡，異常難受。怎麼也抬不起頭。天皇放低聲音，說道：

「藤田，那幫傢伙到底想幹什麼？我的心情也很痛苦，為什麼那幫傢伙就是不理解呢？」

藤田侍從長沉默良久，沒有立即作答。他重新注意到天皇身後的林肯和達爾文雕像。早晨的陽光，把這兩尊雕像照得通體發白。

木戶、石渡兩位大臣也前來謁見，都為天皇的安然無恙長長地舒了一口氣。這時的御文庫，由於刺刀聲的消失，再次恢復了安靜。

折回橫濱的「國民神風隊」佐佐木大尉，決定和橫須賀鎮守府的小園司令取得聯繫。他的使命是：督促志同道合的小園司令，一起出兵，採取行動。可就在進入橫須賀之前，佐佐木便被海軍的巡邏隊逮捕了。一打聽才知道，他所信賴的小園司令去了厚木基地。海軍已經統一了意見：對天皇的詔書，一律服從。憤怒和失望使得佐佐木全身發顫，在年輕的少佐參謀面前，他大聲斥責道：

「真是太沒出息了！海軍即將不存在了，難道這也沒關係嗎？」

「那也是沒有辦法的事。請回吧！」

少佐謙恭起來，一下子澆滅了大尉的氣焰。

隊伍停在橫濱新子安的兵營，學生尾崎獨自一人返回弘明寺的學校。學校裡不見一個人影。宿舍裡也看不見人。一種令人難以置信的寂靜籠罩著四周。在這一片寂靜之中，尾崎滾燙的心終於開始冷卻下來。

並不是一切都結束了。八點三十分，趕來上班的侍從岡部長章騎著自行車，來到侍從室前。瞭解了事件發生的情況後，他首先想到的是錄音盤是否安全。打開皇后宮職的事務官室大門，只見三井侍從正和筧庶務課長湊在一起，商量著什麼。空氣中飄浮著一股沉悶的氣息，「壞事兒了」、「一切安全」正反兩種預感，同時向岡部侍從襲來。它們最後匯成一句話，從岡部侍從的嘴裡蹦了出來：

「發生了什麼事情嗎？！」

「在黎明時分……」

三井侍從一邊用低沉、輕鬆的口吻回答著，一邊瞇縫著眼睛看著岡部侍從。岡部侍從急切地問道：「那，現在放在什麼地方？」三井侍從把套在舊制服裡的胳膊微微一彎，指著腰部後面說：

「在這裡。」

然後，莞爾一笑。

在他所指身後的輕型保險櫃裡，放著兩盤錄音盤。桌上擺放著紫色的小綢巾和帶有飾章的方形托盤。兩人正在商量的是，如何將錄音盤平安無事地送出去。雖說叛軍已經離開皇宮，但依然不能掉以輕心。從這間房屋到總廳的總務課，需要拐上好幾個彎，還要通過一條長長的走廊。途中，很可能會潛伏著瘋狂的官兵，要奪取錄音盤。

商量的結果，決定按照岡部侍從想出的辦法行事。他們將最初錄好的一盤定為「副盤」，裝在托盤裡，蓋上絢麗的紫色綢巾，由筧庶務課長畢恭畢敬地捧著托盤穿過走廊——這是所謂的誘餌戰術。接著，岡部侍從用自己拎來的帆布袋裡取出大豆丸子的便當，把「正盤」塞了進去，若無其事地挎在肩上，走出了房間。岡部侍從和筧庶務課長約好在總務課的房間裡碰頭。

與此同時，田中軍司令官一回到東部軍司令部，便立刻下達命令：

「畑中少佐在廣播局，馬上逮捕。絕對不要讓他廣播。」

稻留參謀剛給憲兵隊司令官傳達完命令，就接到了不破參謀的電話。不破參謀慌慌張張地告訴大佐：「聽說錄音盤不見了……」現在的情報一片混亂。稻留參謀一直守在電話機前，處理著不斷傳來的消息。參謀不知道，這到底什麼時候才能真正結束。

好不容易逃離私邸的鈴木首相一行，此時，正在鈴木孝雄大將私邸避難，剛用過早餐。熱氣騰騰的醬湯，消除了大家的緊張心情。鈴木一秘書官瞅準這個機會，開口對首相說道：

「估計正午就會播放天皇的講話。這下，我們的任務也算是完成了。是不是該提出總辭了？」

經歷了混亂、震盪的漫長歲月後，父子兩人還是第一次如此親密地交心商談。首相立即表示贊同。由秘書官草擬辭呈。這也是早晚都會發生的吧，一秘書官事前早已預料到了——「先前接受重任，為打破戰局危急之狀況，臣等日夜辛勞。無奈，臣等能力微薄，致使最終仍不得不頒佈《終戰詔書》。身為臣子，不知惶恐……」筆尖一刻不停地在紙上沙沙地移動著。老首相閉目聽完全文後，說道：

「寫得很好。」

隨後，又補充道：

「從現在開始，就不該由我們老人出場了。竟然兩次仰仗聖斷，實在是抱歉。新帝國應該讓年輕人成為中心……」

老首相無比憔悴的臉上，浮現出一絲安心的表情。首相仰仗天皇的信任所導演的一齣大戲就此謝幕。

這時，在已經告別終戰戲台的陸軍省，阿南陸相自殺的消息傳了開來。省內的氛圍很快發生了改變。陸相臨終前的從容不迫，在軍官們消沉、氣餒的心中，點燃了一盞微弱的燈。面對戰敗——這個嚴酷的事實，儘管心情怎麼也無法輕鬆起來，但省內的管理逐漸恢復正常。陸相的死，讓每個軍人的責任心復活了。陸軍省全體人員都在心中纏上黑紗，默默地開始服喪。

⑥⑤原注：

三井侍從並不記得有此事，或許應該是戶田侍從。但石川秘書官則記得曾和三井侍從商量過。

八月十五日

午前九點——十點

「立即將兩人逮捕！」——塚本憲兵中佐

首相所在的芝白金鈴木孝雄大將私邸，萬籟俱寂。九點剛過，迫水書記官長就急忙趕到了這裡，發現經歷了九個小時才出現在眼前的首相，臉上一片茫然。書記官長匆匆祝賀完首相平安後，便飛快地報告著各種情況。而首相只是靜靜說道：

「我打算在今天的內閣會議上，把全體閣員的辭呈聚在一起，進行集體辭職……」

聽到這句話時，書記官長的心一下子放鬆下來。忙碌的他，根本沒有想到這天會集體辭職，所以，首相的話在某種意義上，多少令他感到有些意外。但是，在感到意外之餘，一種放心的感覺油然而生。沒想到長期積累起來的身心疲勞，竟然會如此嚴重。

書記官長和首相商量完當天的詳細日程，踏出大門後的步伐變得格外輕鬆。接下來只需履行完最後的義務就萬事大吉了。就任以來的四個月，儘管六十六公斤的體重少了八公斤，可現在，連體重的減輕也讓書記官長異常滿足。

下村總裁和川本秘書官從長達六小時的監禁解放出來後，喝了一杯淡茶解渴，然後火速趕往首相官邸。他們心想：可能內閣會議還在進行吧。這個決定日本帝國命運的歷史性內閣會議應該是徹夜進行吧！

從車裡望出去，官邸還和平時一樣，森嚴、肅靜。然而，曾遭遇過關押的二人，絲毫不敢疏忽大意。說不定，這裡已經落入叛軍之手。

「左近司君怎麼樣了，快去看看！」

下村總裁出於擔心，於是這樣命令。因為下村總裁的辦公室就在左近司國務相的隔壁。

川本秘書官跑進官邸。從外面雖一點都看不出來，但官邸裡面被滅火的水浸泡著，陰森得宛如廢墟一般。奔跑中的川本秘書官，踩上了「國民神風隊」潑灑的柴油，重重地跌倒在走廊上。頓時全身上下，都沾滿了黏糊糊的柴油，秘書官一邊咒罵，一邊巡視空蕩蕩的房子。但這裡到底發生了什麼，依然無從知曉……

此時，塚本憲兵中佐聽完部下的報告後，深深沉浸在悲痛之中。報告說：兩名軍官分別騎著馬和摩托車，沿著皇宮四周，散佈印有戰鬥到底檄文的傳單。居然還有人在做著徒然的抗爭。中佐的腦海裡，不斷浮現出幾張可怕的面孔。

四天前，塚本中佐拜訪陸軍省的時候，強硬派的軍官們——井田、畑中、椎崎，把他團團圍住，七嘴八舌地說道：「鈴木內閣是巴多格里奧政權⑯，把天皇從巴多格里奧內閣手中拯救出來，是我們的責任。塚本中佐你怎麼看？」

塚本中佐回答說；「如果要起義的話，一定會全軍步調一致，但必須是在聖斷下達之前舉行。若是這樣，憲兵隊也會參加。但聖斷一旦頒佈，就絕對不能採取行動。」

他想起當時那幾個人的表情——殺氣騰騰的背後，同樣隱藏有悲哀。現在，聖斷已經公諸於世，他們的行動也不再具備任何意義。現在堅持起義是對國家的背叛，毫無用處。真是無可奈何，塚本中佐命令部下：「立即將兩人逮捕！」

這時，米內海相正驅車前往陸相官邸。

「這人太可惜了！」米內海相朝著身邊的麻生孝雄秘書官說道，長長歎了一口氣。之後，便陷入了沉默。麻生不禁感慨：海相剛才說的不是「軍人」，而是「人」。

陸相夫人綾子和高級副官美山要藏接待了二人，並把他們帶到內室，此處安放著陸相的遺體。遺體躺在房間稍微靠裡的地方，上面蓋有被褥。在被褥的遮蓋下看不到血跡，從陸相臉上也看不出痛苦的表情。海相毫無顧忌地走到枕邊，端詳著陸相的臉，用目光致意，然後默默地就地坐下。他一言不發，一直凝視著陸相安詳的臉龐，待了很長時間。

接著，海相叫上站在門口的秘書官，兩人一起走出官邸。這期間，海相仍一言不發。

坐在車上的時候，緊閉的嘴唇最終還是沒有開口。麻生秘書官跟在海相身後，回憶起在那間已收拾完畢、幾乎感覺不到血腥味的房間，映入眼簾的那一點點血紅的顏色。遺體旁邊，散落著一張留有墨痕的紙，那應該是陸相逝世前曾用過的。濺出的鮮血隱隱約約滲到了紙上，這一切都沒有逃過麻生秘書官的眼睛。正因為隱隱約約，反而鮮豔無比，令人印象深刻。

隔了好一會兒，海軍大臣終於一字一頓地說道：

「這人真的太可惜了！」

一股青煙，從陸軍省中庭升起。這是他們又在焚燒機密文件。工作人員安靜地搬運著文件。無論怎麼燒都燒不完的文件檔案堆成一座小山。在光輝燦爛的夏日陽光下，發黑的火焰熊熊燃燒著。

⑯編注：

巴多格里奧（Pietro Badoglio）是一位曾參與兩次世界大戰的義大利軍事將領，1943 年接替墨索里尼擔任義大利首相，與盟軍達成停戰協議，使義大利順利退出了第二次世界大戰。在衣索比亞戰場他下令使用毒氣和轟炸紅十字醫院和救護車。南斯拉夫、希臘和衣索比亞希望作為義大利的戰犯引渡受審，但他從未被起訴過。

八月十五日

午前十點

十一點

「我現在去廣播局。」——加藤局長

定於十二點，在皇宮內召開樞密院全體大會。為了做好準備，迫水書記官長來到宮內省。結果在大門口碰到加藤總務局長。只見他穿著隨從服，紮著裹腿，肩上挎著帆布袋，正向外走。局長死死地捂著帆布袋，神色緊張，走近書記官長說道：「我現在去廣播局。」然後，一躍跳上警視廳的車子。十幾分鐘後，「正盤」的錄音盤被裝在岡部侍從的帆布袋裡，安全送到了廣播會館的會長室。筧庶務課長則手捧「副盤」，由宮內省的車子運送到廣播會館大門附近、靠近日比谷的地方，在那裡交給了早已等候多時的荒川技術局長。荒川局長又將其傳遞給足立現業部部長，保存在日比谷第一生命會館地下的備用播音室。這是萬一「正盤」遭遇不測，也能確保廣播的萬全之策。

廣播會館裡，一直進行著玉音播放的準備。直到前一天還是十千瓦的廣播電力，增加到了六十千瓦，對白天停電的地方也下達了送電的指示。從八月一日開始，由於電子管的供應不足，全國百分之七十的臨時廣播站停止了廣播。但就在這一天，全部都必須重新開始使用。總之，必須要讓每個日本人都能直接收聽到玉音放送。為了這一天的那一刻，大家提供了一切便利。那些與廣播相關的人們，更是焦急等待，心緒澎湃。

在這張廣播節目預定表上，畫有數條表示取消的斜線。上午七點三十分，轉播京都的盂蘭盆節目，因為在和平宣佈之前播送而被取消。從早上零點十五分開始的「民謠夏日之旅·第二天」，因在和平宣佈之後，也被取消……和天皇廣播無關的節目一律取消。在新聞報導的時間裡，一遍又一遍地重複著：從正午開始，播放天皇講話。

迫水書記官長一進入宮中的樞密顧問官休息室，就看到了房間中央的平沼議長。議長彷彿一夜之間就老了許多似的。「閣下，您看上去有幾分蒼老，身體還好吧！」書記官長問道。聽完後，議長爽朗地笑了起來：「我睡覺時，習慣把假牙摘下來，放在枕邊。但今天早上遭到襲擊，逃難的時候，沒戴假牙就跑出來了。你覺得我的臉看起來有些奇怪，就是因為家被燒了，假牙也沒了的緣故。」

看來，無論誰都是躲過了危險，在慌亂中趕到這裡的。

天皇在表御座所，處理著不斷送來的終戰相關文件。木戶內府和內閣、宮內廳相關人員，也一個接一個地前來謁見。國民知道戰爭結束後的反應怎樣？——天皇每看到一張新面孔，便重複著同樣的問題。天皇以決死的心態，期望並實現了和平，但令他擔心的是，國民將如何接受這個事實。陛下的這份心情，讓侍從們已經淡忘的眼淚再次灑落下來。

上午十點三十分，大本營開始發佈戰況。這是自開戰以來，大本營第八百四十六次，同時也是最後一次發佈戰況了。

「我航空部隊在八月十三日下午，於鹿島灘以東二十五海里處，向以四艘航空母艦為主力的敵機動部隊發起攻擊，擊毀一艘航空母艦……」

聽到這則消息，許多人都感到奇怪。早上的廣播還以鄭重的語調預告說：「誠惶誠恐蒙陛下頒佈詔書……誠惶誠恐蒙天皇陛下於今日正午親自進行廣播。」人們甚至認為，終戰或許只是個謠言，天皇將會呼籲戰鬥到底。

同樣，在十點三十分，德川侍從奔赴御文庫。三十分鐘後，在御文庫會議室將召開樞密院會議，德川侍從就是趕來為會議做準備的。會議室隔壁有一間小小的準備室，那裡放有一台舊的手提式收音機。為了讓天皇能監聽到玉音放送，侍從們專門設置了特殊席位，重新調試了收音機的靈敏度。他們把天線伸長到極限。儘管御文庫會議室是一間地下室，但這樣一來，也能保證清楚地收聽。在收音機旁，安放了御座。天皇可以在這裡聽到自己的聲音。那是在十二小時前錄製完畢的、宣告日本戰敗的聲音。

一切準備就緒。之後，只需等待那個時候的來臨。時間正一分一秒地過去。德川侍從也在等待著它的臨近。一秒鐘過去了，卻讓人感覺不止一秒。他無數次地低頭看手錶，難道錶停了？又把耳朵貼上去，確認時間在滴答滴答逝去。

整個日本都在等待那一刻。在兒玉、厚木兩個基地，機組人員以及維修人員全都聚在一起，等候著正午的廣播。跑道上的混凝土反射著陽光，似乎即將蒸發。兒玉基地的野中少將曾目睹熊谷市毀於大火之中，於是分外懊悔自己沒有盡職盡責。正因為如此，他還以為天皇在今天的講話中會激勵大家加倍努力。

小園司令的判斷是錯誤的。他聽了詔書後，心裡開始盤算：自己現在做的事情會不會違背詔書。小園司令把集合部下的任務交給副司令，一個人盤腿坐在司令寢室的床上，等待那一刻的到來。他告訴自己：堅持戰鬥到底，絕不是一時衝動。地下防空指揮所悶熱難耐，小園司令兩眼瞪著前方，不停地擦拭臉龐。

東部軍司令部參謀室的稻留參謀，仍趴在電話前。警視廳打來電話詢問：「首相官邸的兵力有多少？」參謀自信地回答道：「連軍官共有三十人。」內閣的山下參事官報告說：「請放心，錄音盤找到了。」廣播協會催促道：「我們請求的警備兵力還沒有到……」好像是先遣部隊弄錯了目的地。稻留參謀馬上採取了善後對策。「神野參謀，請立即部署軍隊。」在應該安靜等待的時刻，最忙碌的大概非稻留參謀莫屬了。

不，還有一個忙碌著的軍人。在天亮時分，近衛師團長副官川崎嘉信中尉，必須找到安放森師團長和白石參謀遺體的棺材。處於戰爭末期的日本，尤其是已經化為焦土的東京，找到一口棺材真不是件易事。好不容易找到後，把遺體搬放到棺材裡，並在司令部的一間房屋裡，設置了簡單的祭壇。他們的死雖值得尊敬，卻沒有鮮花為他們送行。棺木上只放有軍服和軍帽。川崎副官一面清掃血流滿地的師團長室，一面小聲地自言自語：「要是我能代他們死，該有多好。」

鈴木首相緩緩換上了禮服。這件禮服還是鈴木一秘書官在從私邸逃出來時，在一片混亂中順便帶出來的。「二二六事件」時，鈴木一秘書官曾侍奉過岡田啟介首相，這也是經驗帶來的急中生智。穿上秘書官拼死帶出的禮服，首相不久就將進宮謁見天皇。之後召開樞密院會議，接著是內閣會議，此後，作為亡國首相的一天就該結束了。當然，這也是必須要結束的。下定決心的首相，邁著堅實的步伐，坐上了汽車。

十點五十五分，太平洋地區美國陸海軍全體部隊，收到來自美統一參謀總部電報。

「立即停止對日本軍隊的一切進攻。但必須保持巡邏偵察，在防衛和保安方面，採取萬全措施，以防止意外災害。」

太平洋區域的戰鬥全部結束。只是在滿洲的遼闊平原上，佔據優勢的蘇聯軍隊仍在進行著猛烈攻擊。脆弱的關東軍防線不斷被攻破，為數眾多毫無任何反擊力量的難民，繼續向後撤退，情形悲慘。

八月十五日

午前十一點—正午

「從現在開始，進行重要廣播。」——和田播音員中午，十七個男人來到地下室。御文庫大門斜對著望岳台，有一條鋪著葦墊子的台階，他們沿著這條路，排成一列往下走。就在二十四小時以前，二十三個男人也通過了這條狹窄、裸露著木頭的地下道。從那時到現在，已經整整過去了一天。由二十三位男人拉開的終戰大戲，此刻，將由這十七位老人來閉幕。屠殺結束了。慷慨激昂、破口大罵、刀光劍影、急促的呼吸……這一切全都結束了——在經歷了十五年的慘烈激戰之後，這是個讓人大失所望的結局。非常時期的感情總是猛烈而又短暫的。剎那間的輝煌，在厚重的歷史中轉瞬即逝。

平沼騏一郎議長、清水副議長、芳澤、三土、池田、奈良、小幡、深井、百武、林、本庄、泉二、櫻內、潮各樞密顧問官，以及政府方面的鈴木首相、東鄉外相、村瀨法制局長官三人，共十七位老前輩，端坐在原來的大本營會議室，靜候天皇駕臨。十幾個小時前的內閣會議上，阿南陸相彷彿是在做最後的反抗：「公佈《終戰詔書》前，是不是必須要通過樞密院的決議！？」因為這個緣故，才召開了此次的樞密院本會議。

或許這只是形式。但是，正是由於無數次地重複這些形式，對日本戰敗的認識，才不斷得以加深。會議室外一望無際，全是被戰火燒光的痕跡，磚瓦碎片隨處堆積。人們在廢墟上，搭起了矮棚，過著忍饑挨餓的生活。

十一點二十分，在小出侍從的引導下，天皇進入了會場。三十分，在和外面的熱氣形成鮮明對比的冰冷氣氛中，會議開始了。平沼議長站起身來，恭恭敬敬地鞠了躬，接著便代天皇宣讀起了指示書。

「朕已授命政府通告：接受美英中蘇的《波茨坦公告》。事前須向樞密院諮詢的事項，因情況急迫，已命樞密院議長停止參議，希望各位諒解！」

平沼議長讀完後，慢慢地捲好指示書，高高舉起。各顧問官連忙紛紛行禮。待再次坐下時，椅子挪動發出了一片聲響，但很快又恢復安靜。此時場內鴉雀無聲。就像是向池塘裡扔進一塊石子，沉下水中，波紋四散，到一切消失後，重又回歸寂靜一樣。

「鈴木內閣總理大臣」議長點名道。身著禮服的鈴木首相，深深吸了一口氣，挺直腰背，站了起來。他的任務即將全部結束……鈴木以極其嚴肅的語調開口說道：「關於戰爭結束的處理……」而事實上，和這語調完全相反，首相內心一片茫然。所謂「處理」，絕不是靠人為的力量，是隨時間流逝來做出決定的，他在心裡暗自思忖著。

至於另一邊的椎崎中佐、畑中少佐，他們二人打算由「自己來處理」。井田中佐所說的「仲夏夜之夢」，伴著黎明的到來結束了——日本的黎明並不需要他們。乘著摩托車，騎著馬匹，一定要讓國民知道自己的心意，這近似於垂死掙扎的願望，隨著最後一張傳單飄向空中，也落空了。在他們手裡，什麼也沒留下。如今，到了決定自己最後態度的一刻，必須拋棄讓國家再次面臨戰爭的固執想法。他們本來打算把祖國以及君臣一體的完美日本精神從屈辱中拯救出來，才因此堅守皇宮、領導全軍，決心戰鬥到底，但嶄新的日本卻不能接受這一切。

「為維護國體，於十五日拂曉起義的吾等官兵，告知全軍官兵及全體國民。吾等針對敵人的策略，欲擁戴天皇陛下，捍衛國體。所謂成敗利鈍並非吾等所關心之事。吾等惟想存活於絕對忠誠的大義之中。但願皇軍全體官兵及諸位國民，能將吾等起兵的本義銘記於心，是為剷除君側的奸佞小人，摧毀敵人的陰謀，守衛國體，直至奮戰到最後一人倒下。」

這或許也是他們為自己所寫的墓誌銘吧。

天皇現身於樞密院會議場的同時，在皇宮前二重橋和坂下門之間的草坪上，兩名軍官結束了自己的生命㊼——畑中少佐切腹後，用擊中森師團長的同一把手槍，對準額頭開了一槍。椎崎中佐則把軍刀插在腹部，也用手槍擊中自己的頭部，倒地而亡。陽光將他們四周照映成一片橘色。它意味著戰爭的結束，意味著他們最漫長一天的結束。

距此不久前，在近衛師團司令部的師團長室，也有一人死去。古賀參謀在安放森師團長遺體的棺材前，完成了切腹自決。那天早上，田中軍司令官在宮內省的一間屋子裡，告誡古賀參謀說：「花朵在即將凋零之時，都會毫無眷念地散落。日本陸軍最後的身影也該如此。」他遵照軍司令官所說，在腹部畫了十字，從容地如櫻花一般凋落了。川崎副官在早晨就已經注意到古賀參謀的意圖，便暗中一直觀察著參謀的一舉一動，但……參謀跪坐在棺材前，低垂著腦袋，一小時，兩小時過去了，仍然紋風不動。副官們都忙於自己的事務，對參謀疏忽了幾秒鐘。參謀就是利用了這僅有的間隙。當大家聽見聲響衝進來時，年輕的參謀早已停止了呼吸。為了告慰師團長的亡靈而點起的香燭，吐出裊裊青煙，環繞在古賀參謀遺體周圍。

十一點半，年輕軍官們都選擇了自刃的方式。而此時，佐佐木大尉撤回到位於鶴見的本部。危機已經遠去，三十分鐘後，就將公佈詔書。廣播局處於東部軍、憲兵隊的嚴格警備之下，錄音盤由報導部長高橋武治從會長室送來。包在上面的棉袋和報紙已被去除，放在蓋有紫色綢巾的桐木盒子內。

錄音盤被送到了第八播音室。在這間寬敞的房間裡，宮內省的加藤總務局長、筧庶務課長、情報局的下村總裁、川本秘書官、加藤第一部長、山岸廣播課長、廣播協會的大橋會長等人，均在場等候著試播。他們當中的大部分人不久前才在無比狹窄的空間裡，度過了身陷刺槍和軍刀的恐怖之夜，整晚都沒有闔眼。當時，被汗水浸濕的內衣雖然已經換掉，而現在，又被另一種汗水濕透了。

被派遣到廣播局的東部軍參謀副長小沼治夫少將，為了確保試播的順利進行，暫時離開了第八播音室。就在這時，事件發生了——真是一眨眼的工夫——播音室外面的走廊上站著一名軍官，就像什麼東西附體似的，死死盯著天花板的一個角落。東部軍參謀（通信主任）鈴木重豊中佐最先對他的這一舉動感到有些奇怪。在強烈不安的驅使下，鈴木參謀走上前去對他說道：「馬上就要播放陛下講話，這裡必須加強警備。」語音剛落，軍官突然緊緊地握住軍刀柄，發瘋似叫喊起來：

「怎麼能宣佈終戰呢？我要把這些傢伙統統殺光。」

說著，就準備闖入播音室。鈴木參謀一下撲了上去。將鬧事軍官的雙手反剪在身後，拼命拽住，大聲呼叫憲兵。即便如此，軍官並未停止反抗。

「住手！你要是再亂來，軍法嚴辦！」

軍官立即被押了下去，但嘴裡仍在不停叫嚷著。臨近天皇廣播前發生的這起事件轉瞬間就結束了。那名軍官帶來了二十多個手下，要是他們真的闖入播音室的話，想到這些，

鈴木參謀就不寒而慄。(68)

由於播音室和外界被隔斷了，所以裡面聽不見任何聲響，對剛才發生的一切，外人自然毫不知曉。播音員和田信賢臉色蒼白、表情嚴肅地坐在播音席。報導部職員木村與小島勇、春名靜人兩名技術人員坐在對面、由玻璃相隔的副調控室裡，等待著那一時刻的到來，個個緊張得嗓子乾啞。

距離正午還剩十五分鐘時，負責播放錄音的春名技術員注意到：要將第一盤錄音盤換成第二盤，卻還沒有進行兩盤銜接的測試。當第一盤即將播放完畢，進入第二盤時，針會開始轉動，以使兩盤錄音盤的聲音調成完全一致，這樣，就能順利地從第一盤過渡到第二盤。對於播放錄音來說，這個測試是必須做的。

但是，小島與春名不需要想也知道：怎麼會被允許測試天皇的「玉音」呢？那樣做會犯下不敬之罪吧！然而不做測試，他們又放心不下……從和田播音員前的小型擴音器裡突然傳出的天皇聲音，令大橋會長和下村總裁大驚失色。即使得知只是測試而已，也依然隔著玻璃，對裡面的技術員怒目而視。不管怎樣，測試算是順利完成。

大日本帝國即將隕落。幾乎所有的日本國民，都聚集在收音機前，耐心等待。通紅的太陽已經高掛在頭頂，人們都停止了工作，在整個日本，人們三五成群地湊在一起，默默地列隊佇立著。周圍迅速安靜下來，陷入一片沉寂。對於全體日本人來說，好不容易活了下來，終於迎來戰爭的最後一天。

十一點五十五分，透過收音機播放了東部防衛司令部、橫須賀鎮守府司令部的戰況報告：

「一、敵艦載機分三次，主要對飛機場、一部分交通設施進行了兩小時的攻擊；二、到十一點，根據確認的戰果，擊落敵機九架、擊退兩架。」

皇宮內，正在防空洞裡進行的樞密院會議暫時停止，首相和顧問官在狹窄的走廊上，排成了一列。天皇坐在會議室旁的休息室裡，御座前擺放著一台小型收音機，他將收聽到自己親口錄製的重大廣播。

收音機裡播送著最後的消息。

「……在目下、千葉、茨城上空未發現敵機。」

時間已經過十一點五十九分。正午的報時開始了。之後，收音機裡傳來和田播音員緊張的聲音，打破了全日本的沉默。

「從現在開始，進行重要廣播。請全國的聽眾起立。」

日本人紛紛站了起來。《朝日新聞》的柴田記者，把兩張椅子拼成簡易床，正如一灘爛泥似的睡在上面。本打算正午起床的，可極度疲憊讓他醒不過來。

第八播音室裡，下村總裁靜靜地走上前去，衝著話筒行大禮。沒有人覺得可笑。甚至還有人跟著行了大禮。

「誠惶誠恐蒙天皇陛下對全國國民宣佈詔書。接下來，請謹聽玉音。」

收音機裡響起了《君之代》。陸軍省裡的那須兵務局長、荒尾軍事課長等人，東部軍司令部裡的田中軍司令官、高嶋參謀長，都各自站立在座位旁，安靜地聽著。他們正列席於一場偉大的葬禮。

由於阿南陸相的自刃和森師團長的殉職，全體陸軍官兵如同服喪一樣，將戰鬥到底的夢想拋棄在腦後。殘留在官兵心中的那一絲難以割捨的東西，被一刀斬斷。死亡帶給人們無聲的教誨。陸相感受到的「大罪」屬於整個陸軍。椎崎、畑中、古賀等青年軍官之死給官兵們帶來了反省的機會。其實，那只不過是他們孤高心志引發的一次暴行。為了捍衛國體而主張本土決戰的全體陸軍軍人，同樣也是為了捍衛國體，現在重新提倡：好好生存下去，重建國家，並由此開始了一系列的運動。

在市谷台上，焚燒機密文件的濃煙高高升起。這等於是在埋葬他們的過去。一切都將灰飛煙滅。但是新的日本國絕不能死去。

《君之代》一完，便傳來了天皇的聲音。

「朕深鑒於世界之大勢與帝國之現狀，欲以非常之措施，收拾時局，茲告爾忠良之臣民……」㊾

皇宮內防空洞裡的樞密顧問官們，都在走廊上排成一列，傾聽廣播。十七個男人屏住呼吸，紋風不動。只聽見抽鼻子的聲音和想強忍未住的哭泣聲，隨著詔書的宣佈，戰爭終於結束的實際感受，不斷向他們迎面襲來。不一會兒，平沼議長竟彎下腰，開始慟哭起來。天皇則一直坐在休息室的椅子上，聽著收音機裡自己的聲音。低垂著頭、身體僵硬……站在一旁的侍從們臉上，顯出令人吃驚的無助。

㊲原注：

許多記錄中寫著：畑中、椎崎二人在被憲兵隊逮捕後，由於他們企圖自殺的緣故，又被釋放。但是，根據當時身處憲兵隊的人說，並沒有這樣一件事。另外，井田正孝的手記裡寫有：「聽說陸相自決以後，畑中等人也從容地結束了自己的生命。」

㊳原注：

近衛步兵一聯隊第一大隊第一中隊長小田敏生中尉接到的命令是：佔領廣播局，阻止廣播。小田中隊長忠實地執行了此項命令。然而在上午十一點半左右，東部軍參謀帶著少量兵力、臉色盡變地趕到，命令小田：剛才的命令是偽造命令。從現在起，一切服從東部軍命令。全面護衛天皇陛下的廣播。根據評論家高杉晉吾的調查，小田立即把此事傳達給第八播音室的富岡茂太少尉。在即將開始廣播之前，他們的任務從阻止廣播變為護衛廣播，發生了一百八十度的大轉變。毫釐之差的命令變更，將混亂防患於未然。而在播音室入口，鬧事的將校到底是誰，依然是個疑問。

(69) 原注：

詔書全文如下：

「朕深鑒於世界之大勢與帝國之現狀，欲以非常之措施，收拾時局，茲告爾忠良之臣民。朕著帝國政府通告美、英、中、蘇四國，接受其聯合公告。蓋謀求帝國臣民之安寧，同享萬邦共榮之樂，斯乃皇祖皇宗之遺範，亦為朕所眷眷不忘者。帝國所以對美、英兩國宣戰，實亦出於庶幾帝國之自存與東亞之安定。至若排斥他國之主權，侵犯他國之領土，固非朕之本志。然交戰已閱四載，縱有陸、海將士勇敢善戰，百官有司勵精圖治，一億眾庶克己奉公，各盡最善，戰局未必有好轉，世界大勢亦不利於我。加之，敵新使用殘虐炸彈，頻殺無辜，慘害所及，實難逆料。若仍繼續交戰，不僅導致我民族之滅亡，亦將破壞人類之文明。如此，則朕何以保億兆之赤子，謝皇祖皇宗之神靈乎！此朕之所以卒至飭帝國政府聯合公告也。朕對於始終與帝國共為東亞解放合作之各盟邦，不得不表示遺憾之意。念及帝國臣民死於戰陣，殉於職守，斃於非命者及其遺族，五內為裂。而負戰傷、蒙戰禍、失家業者之生計，亦朕所軫念也。唯今後帝國將受之苦難，固非尋常，朕亦深知爾等臣民之衷情。然時運之所趨，朕堪難堪之事，忍難忍之物，欲以之為萬世開拓太平。

朕於茲得以護持國體，信倚爾等忠良臣民之赤誠，常與爾等臣民共在。若夫為情所激，妄滋事端，或同胞互相排擠，擾亂時局，因而誤失前途，失信於世界，朕最戒之。宜舉國一家，子孫相傳，確信神州之不滅，任重而道遠，傾全力於未來之建設，篤守道義，堅定志操，誓必發揚國體之精華，勿後於世界之潮流。以此相期許，望爾等臣民體恤朕意。」

另外，作為參考，以下為當天的廣播順序：

詔書公佈完畢後，再次奏響了《君之代》。《君之代》過後，下村總裁說道：「天皇陛下的玉音放送到此結束。」

接著，由和田播音員開始廣播：

「誠惶誠恐蒙天皇陛下為開啟萬世之太平，命帝國政府通告美、英、中、蘇四國，接受《波茨坦公告》。誠惶誠恐蒙陛下同時頒佈詔書，宣示帝國不得已接受四國共同宣言之所以，於正午播放詔書。一想到此乃未曾有之事，極其惶恐，我等一億子民感激涕零。我等臣民必奉旨行事，為捍衛國體、維護民族榮譽，勢必滅私奉公。」

言畢，和田播音員說道：「現在由我奉讀詔書。」重新朗讀完詔書，「詔書奉讀完畢。」

然後，由和田朗讀了內閣告諭。

「今日誠惶誠恐拜受詔書，帝國參與大東亞戰爭已近四年，然最終以聖慮，依非常之措施，不得不至此結局，別無他途。身為臣子，不知何謂惶恐之處。回顧開戰以來，身首異處之將士，不知其數為何？本土被害、無辜犧牲，亦如此之極，思及此番境遇，無限痛憤。然戰爭目的未嘗實現，戰勢亦未必有利。加之，擁有科學史上未曾有過破壞力的新型炸彈的使用，戰爭方式瞬間即變。接著，蘇聯於九日向帝國宣戰，帝國面臨從未有過之災難。蒙聖德宏大無邊，為世界和平、臣民安康，於茲頒佈大詔。

「聖斷已下，赤子應走之方向想必自知。

「帝國前途因此本已更加困難，以至希求國民忍耐，然帝國必依此忍耐之成果，開拓將來國家之命運，本大臣於茲吞下萬斛之淚，斗膽敢向同胞們求得此難。

「今國民齊聚一堂維護國體，不可拘泥於既往，同胞相猜，因內爭而給敵人可乘之機，或是為情所激，輕舉妄動，失信於世界。另外，關於戰死者、戰災者遺屬及傷殘軍人之救濟，國民應效全力。

「政府同國民奉旨行事，刻苦勤奮，歸一奉御心，必恢弘國威，以期報父輩之遺澤。

「另在此之際，需特別告誡的是：處理此苦難局面乃官吏之任務。誠惶誠恐蒙天皇宣：朕已深知爾等臣民之衷情，交由官吏。作為陛下的官吏，奉行此仁慈聖旨，以期成為喚起復興精神之堅實先導。」

之後，由和田播音員花三十七分半鐘廣播了以下內容：「聖斷的經過」、「交換外交公函的重點」、「《波茨坦公告》內容」、「《開羅宣言》內容」、「八月九日至十四日的重要會議召開經過」、「通告接受的經過」、「和平再建的詔書頒發」，至此，廣播全部結束。

尾章

「陛下的一言一語不禁讓人眼眶發熱。這不是為戰爭結束而高興的眼淚，也不是為戰敗事實而悲傷的眼淚。是日本竟遭遇如此巨大的轉變，為此無比感慨所流下的眼淚。」

《朝日新聞》中村正吾記者在其著作《永田町一番地》裡曾這樣寫道：「那一天發生的事情，那一天過後到現在發生的事情，對於許多日本人來說，都是些生活瑣事，不足一提。」所以，我只是想清楚地記下：當歷史上最漫長的一天結束時，大日本帝國便成為了歷史。並且，在這裡，將挑選出幾位在歷史的最後一頁，扮演了重要角色的人物，看看他們之後的命運如何。

阿南陸相的香菸

十五日早晨，鈴木首相得知陸相自殺後，極度悲傷。同時，他也感謝陸相的誠意，沒有使用辭職這個方式，陪伴他走到了最後。在下午召開的最後一次內閣會議上，首相望著空空的陸相席位，首先表達了自己的哀悼之情。

「阿南陸相忠實地執行了政府決策。要是陸軍大臣提出辭呈的話，內閣將會立即崩潰瓦解。正是因為阿南大將沒有辭職，我們才實現了主要目標，也就是結束戰爭的目的。所以我向陸相表達最誠摯的謝意。阿南大將為人真誠，是一位世間少有的軍人。也是一位非常優秀的大臣。我為他的死感到無比遺憾。」

為陸相之死如此難過的首相，雖得到他的遺物香菸，卻根本不可能抽。幾個月以後，在陸相忌辰當天，首相把香菸當成供品，全部燒掉了。

被毆打的士兵和名片

那天夜晚，侍從和士兵，在黑暗中相持不下。在當時那個生命並不值錢的年代，對有可能被殺這件事，侍從們並不害怕。於是，才會有德川侍從和士兵的一番爭吵，結果德川侍從遭到了毆打。

戰爭結束十五、六年後，一個籍貫佐野市、名叫若林彥一郎的人拜訪了德川侍從。他帶著禮物，說是為那時自己的粗暴行為道歉來的。此舉動反倒讓德川侍從過意不去。兩人之間並沒什麼特別需要說的話。若林帶來了一個燒茶水的小鍋，這是將作為傳家寶收藏的鏡子打碎後製作而成的。但德川收下後，既沒有用來擺設，也沒有用來燒水，把它放在了一邊。

三井侍從在去吹上的路上，遇見田中軍司令官，因為實在是太高興了，就把當時得到的名片作為傳家寶保存起來。有時取出來看看，動亂當晚的場景便歷歷在目。

米內海相和詔書

詔書的文字就像和八月十五日有關聯似的，碰巧為八百一十五個字。戰爭結束後，前海軍大臣米內每天的課程就是端坐在桌前，謄寫這八百一十五個字。一直到去世，他都這樣不停地寫著，寫完後，便饋贈給部下或熟人。據說，將其視為傳家寶的人也非常多。

佐佐木大尉和學生們

十五日傍晚，他們全部出現在九段的憲兵隊本部。但是，戰敗後的憲兵隊本部，就像火災現場一樣混亂。一個年輕的憲兵中尉出來驅趕他們，並勸說道：「諸位的想法，我深有同感，沒有什麼好責備你們的，回去吧！」

全體學生和士兵，在憲兵隊本部前高呼「天皇陛下萬歲」後，便解散了。就在這之前，收到了來自警視廳的通知：「希望民間人士能來一下，聽聽他們是怎麼說的。」

學生們嚷著「一定要讓你們聽點有趣的」，說完精神抖擻地走了出去。接著，學生們便被逮捕了。審判結果，五個學生被判五年徒刑。學生們在戰敗後的千葉監獄被關押了一年半後便獲釋出獄；而佐佐木大尉的身影，卻就此消失了。聽說，大尉為了等待時機到來，轉為地下活動達十四年之久。

時機一到，前大尉佐佐木武雄重新回到社會。此時，鈴木首相、米內海相、東鄉外相、平沼議長等人，都已不在人世。佐佐木找到曾是首相秘書的鈴木一，為襲擊事件向其道歉，鈴木一安慰他說：

「你當初要是不那麼做，肯定會被認為很窩囊吧。算了，現在這樣不也挺好嗎？」

田中軍司令官的自刃

皇宮、大宮御所、明治神宮等，這些田中軍司令官必拼死守衛的地方，卻接二連三在空襲中被燒毀。每逢這種時候，軍司令官都會向天皇請求辭職，可天皇總是竭力挽留。在他看來，身為一名大將，縱然有九條命奉獻給天皇也是遠遠不夠的。

八月十五日之後的每一天，大將都在考慮自決。他早已決定：身為軍管區司令官，使命了結之日，便是自決之時。殊料，由於混亂和騷亂頻繁發生，這樣的機會卻遲遲未到。二十四日下午，預科士官學校學生占領了埼玉縣川口的廣播局，田中軍司令官處理完這一最後事件後，於當晚十一點十分左右，從容了結了自己的生命。他用手槍射中了心臟。塚本副官匆匆趕到，朝大將喊著：「您一定要挺住！」而田中軍司令官只重複說了一句話：「萬事拜託了。」

書桌上，排放著五封遺書，是分別給杉山元帥、各軍司令官和直轄部隊長、高嶋參謀長、塚本副官以及家人的。遺書中有這樣一句：「代表全體官兵。」大概是想自己一人承擔起責任，阻止部下的自決吧。

兩個基地

所有前線基地，在天皇廣播後，都陷入了混亂狀態。例如兒玉基地，血氣方剛的機組人員，根本無法接受戰爭的結束，他們把魚雷堆放起來，打算發起進攻。野中少將等人拼命勸阻，正在說服這邊時，剛才已經安撫的另一邊又準備衝出去了。混亂持續兩、三天後，才平息下來。

厚木基地的叛亂，一直持續到麥克阿瑟（Douglas MacArthur）將軍進駐的前一天。但是，值得慶幸的是，司令小園大佐從十六日晚上以來，高燒不退，精神處於癲狂狀態，因此，隊員們開始出現動搖，制訂好的作戰計劃沒能實施。但是，即便沒有首領，反抗依然發生了。八月二十六日，他們還是把飛機開上跑道飛上了天空。計劃隨之煙消雲散，而小園司令此時正躺在橫須賀海軍醫院精神病房樓的監禁室裡。

青年軍官們

儘管阿南陸相極力阻止，井田中佐仍然決定追隨陸相而去。作為政變陰謀的策劃者，他也想和畑中、椎崎等人一道，走向另一個世界。十五日晚上，井田中佐回到闊別已久的家中，向妻子告別：「明天早上來替我收屍。」說完，就又返回到陸軍省。

關於井田中佐即將自決一事，荒尾軍事課長是知道的。課長如此崇敬阿南陸相，他絕不會允許部下做出違背陸相遺志的舉動。所以，他派人監視井田中佐。

正當井田中佐準備自殺時，負責監視的酒井少佐衝了進去，說道：「要死的話，請先把我殺了再說。」中佐求生不能，求死不得，無奈地流下絕望的眼淚。少佐也淚流滿面。兩人面面相覷，徹夜未眠，直到天亮。

十六日早晨，妻子和岳父一起來到陸軍省領屍。當看見井田中佐活著出現在面前時，妻子忍不住哭出聲來。

八月十七日，水戶陸軍航空師團據守上野山頭，舉起了叛亂的旗幟。當時，有一名軍官和東部軍神野參謀一同趕到，勸說航空師團投降，卻被叛軍林少尉開槍射殺。這名軍官就是在司令部被田中軍司令官逮捕的近衛師團石原參謀。他也是不斷尋求人生終點的軍人之一。

竹下中佐於十五日下午，來到皇宮前收領了兩名軍官的遺體。據說，畑中少佐的遺容非常安詳，這還是竹下在十幾個小時後第一次看見他。軍服的口袋裡裝有遺書。椎崎少佐的遺書上只寫有四個大字：「死生通神。」畑中少佐的則是一首絕命詩：

「此生已無憾，暗雲去也，迎來新時代。」

阿南陸相的遺體也從官邸運送而至，從傍晚到夜裡，在陸軍省軍官集會所舉行了安靜的守靈儀式。陸相夫人綾子從市谷台上，遠眺沒有一絲燈光的東京，滿目瘡痍的景象，令她深感戰敗的悲涼。

過了不久，在山崗上，有三道濃煙在夜空中升起。被安放在炮架並澆上了汽油的陸相的棺木，似乎象徵著帝國陸軍的最後時刻，迸發出短暫即逝的火花。參謀總長梅津美治郎大將哭得兩眼通紅，站在棺材前，一動不動，宛若一尊雕塑。

航空士官學校

上原重太郎大尉為戰鬥到底而進行的鬥爭一直持續到了八月十九日。由於他的煽動，航空士官學校各中隊的許多區隊長均統一了步調。十五日，天皇廣播開始的時候，校內已完全處於一觸即發的緊張狀態。

事實上，這次行動的確爆發了。當全體人員集中在禮堂，收聽正午天皇廣播的時候（上原大尉不在場），第三中隊的區隊長本鄉英雄大尉、山村繁次大尉兩人，突然拔刀衝上講台，揮刀劈砍收音機，一面叫嚷著：

「這次廣播一定是陛下身邊的奸人所為。為了捍衛國體，我們必須全體起義，向皇宮進軍。」

學生們都對此紛紛響應道：「就這麼辦！」於是，整個禮堂混亂不堪，連校長德川好敏中將及整個教官團體，都被持刀的區隊長和學生追趕，並被軟禁在一間房屋內。接著，在上原大尉和本鄉大尉的指揮下，第三中隊的兩百名學生打開了兵器庫。他們一個個全副武裝，分別坐上兩輛卡車，準備向皇宮進發。幸虧豊岡憲兵分隊的分隊長柄澤勇太郎中尉，發揮其聰明才智，阻止隊伍開赴京城。就這樣，學生們在全副武裝狀態下，度過了數小時，最終，這場叛亂隨著時間的流逝，走到了盡頭。

儘管上原大尉在這之後，仍未放棄戰鬥的念頭，四處尋求志同道合之人，但畢竟志向不同，加之因為背負有殺害森師團長的罪名，憲兵隊也下達了讓其歸隊的命令。上原大尉抱著與其可恥地生，不如一死的決心，於十九日凌晨兩點，在士官學校內的航空神社前，切腹結束了自己年輕的生命，享年二十四歲。上原的同學荒武禎年大尉則擔任了他的介錯人。

前少佐窪田的戰後情況

離開陸相官邸以後，窪田少佐就此行蹤不明，但據說是什麼事情都沒做，只呆坐在皇宮前的草坪上，曾一度決定自刃。或許是和椎崎中佐以及畑中少佐有約在先，人生的最後一刻要在這裡度過。可是，當窪田少佐看到厚木航空隊散發的呼籲戰鬥到底的傳單後，卻改變了主意。

而關於此後的事情，千葉大學教授秦郁彥先生曾直接採訪過前少佐窪田，以下是他本人的回憶。

「如果阿南支持的話，全軍必將呼應，為此我覺得非常遺憾……看完傳單，我決定把畑中未做完的事情做完，於是便藏在近衛第二聯隊的單身宿舍，召集志同道合之人，訂下計劃：生擒麥克阿瑟作人質，這是捍衛國體的捷徑。但是中途不斷有人放棄，最後竟只剩下我一個。就連稻葉中佐都吃驚地對我說：『你太固執了。』這時，我的學弟，預科士官學校區隊長的本田中尉趕來了，所以就想反正是碰碰運氣，佔領川口廣播所，向全國人民申訴……」

至於佔領川口廣播所的暴亂，前面已經寫道，在田中軍司令官率領下，憲兵已經輕而易舉地將其鎮壓下去。窪田被憲兵逮捕後不久就釋放了。因為陸軍中央決定將戰敗時的一切行為，都不認定為是犯罪。

窪田少佐參與殺害森師團長的事實，在戰爭結束三十多年後，才公諸於世。

最後一頁

窗外，焚燒屍體的火焰在夜空中熊熊燃燒，照亮了竹下中佐的臉龐。他正在日記上寫下最後一頁，這是一本自七號以來，一直記錄著各項事件的大本營機密戰爭日記：

昭和二十年（1945 年）八月十五日星期三

一、向次官閣下報告。

二、十一點二十分，椎崎、畑中在皇宮前（二重橋和坂下門之間的草坪）自決，下午去收領屍體。

三、火化陸軍大臣、椎崎、畑中，守夜。

以上即為所愛祖國的投降經過，就此擱筆。

後記

三十年前的現在，我每天早上四點起床，開始撰寫書稿。時任月刊《文藝春秋》的副總編一職，公事繁重。由於定於七月下旬出版，哪怕一天都未能休息，只得如此盡力而為。每當坐在桌前，都會感歎黑夜消逝得如此迅速。我也把自己的這種感受寫到書裡：「窗外，早晨似乎正在悄悄地臨近。天空由暗黑變成濃灰，又從濃灰變成深藍，緩慢地轉變著。」就這樣，於一九六五年夏天完成了全部書稿。

由於當時的種種具體情況，此書以編著大宅壯一和當代一記者之名出版發行。多虧如此，翌年，該書被東寶公司拍成電影，因此得到眾多讀者的翻閱。這次，時逢本書將以決定版再次發行之際，得到已故大宅先生的夫人大宅昌女士允許，作為我離開公司的紀念，重新承認了我對此書的編著權。就像是對著離別已久的孩子，自報家門「我才是你的父親」

一般，心裡無比辛酸。

當然，在這裡不該如此感傷。無可否認，由於本書最初出版於三十年前，因此存在幾處錯誤。其中雖不乏粗心大意所致，但像殺害森師團長的人員名單等，在當時的情況下，皆因有不便之隱，不得不有意掩蓋。在勘誤、增補並發行決定版之時，我非常清楚作為一名編者的責任。

本書的獨特之處在於，直接向當事人取證，重視實地調查。放在三十年前，這是有可能完成的。儘管當時也有數冊文獻發行，但即使已成定論的事情，也依然會透過直接相關人的證言，再次加以確認，絕不留下任何令人心存疑惑的地方。這一次，還加入了我所知道的新事實，至於是否完善，就無從知曉了。我深切地感觸到：正確地書寫歷史有多麼困難。更何況是持有不同說法的當事者所演繹的現代史。

三十年前，我曾冒昧地要求當事人回憶往事，給他們增添了巨大的麻煩，在這裡，我想重新記下他們的名字，附上採訪時他們所任職位，作為參考。如今，他們的大部分已和我們陰陽兩隔。在此謹為故人乞求冥福。

赤羽宏治郎（歌舞伎友之會）、麻生孝雄（佐世保重工株式會社顧問）、安倍源基、荒川大太郎（協和電設株式會社社長）、池田純久（東和株式會社顧問）、石川忠（宮內廳京都事務所長）、石渡莊太郎、板垣徹（厚生省援護局副局長）、稻留勝彥（田安商店董事）、稻葉正夫（防衛廳戰史室）、入江相政（侍從）、岩田正孝（原姓井田，電通總務部長）、宇田道夫（經營旅行公司）、大橋八郎（前日本電電公司總裁）、大山量士（本名佐佐木武雄、亞細亞友之會理事長）、岡部長章（鶴見女子大學講師）、尾崎喜男（神中壓鑄工業董事）、覓素彥（全國市町村職員共濟組合聯合會事務局長）、加藤進、加藤右三郎、川本信正（運動評論家）、木村龍藏（NHK中央研究所教授）、小沼治夫（電通印刷所社長）、近藤泰吉（東海廣播株式會社）、佐野小門太（第一法規株式會社顧問）、柴田敏夫（朝日新聞論說委員）、鈴木重豊（高屋電氣株式會社董事）、鈴木一（日本馬術聯盟會長）、周藤二三男（關東電波監理局監理部長）、清家武夫、曾我音吉（日本 Hermetics 株式會社董事）、高嶋辰彥、高橋武治（日本廣播顧問）、竹下正彥（陸上自衛隊幹部學校校長）、館野守男（NHK廣播輿論調查所長）、塚本清（塚本總業社長）、塚本誠（電通社長室長）、德川義寬（侍從）、戶田康英（東宮侍從長）、富岡定俊（史料調查會）、長友俊一（佐世保高工專門學校教授）、那須義雄（小松製作所）、灘尾弘吉（眾議院議員）、野中俊雄（富士市社會福利協議會理事）、不破博（防衛廳戰史室）、山岸重孝（日本大洋海底電線株式會社董事）、原百合子（現姓：細田，主婦）、久富達夫、平井政夫（近畿大學教授）、古川勇（現姓名：山本啟四郎，海上自衛隊幕僚長副官）、保科善四郎（眾議院議員）、松本俊一（眾議院議員）、三井安彌、皆美貞作（書法教授）、美山要藏（千島淵墓苑理事）、保木玲子（主婦）、柳澤恭雄（日本電波新聞株式會社社長）。

看著這份名冊，我想起了雜誌社內的好友安藤滿先生和竹中巳之先生，為我分別對橫濱警備隊相關人員以及宮內省的相關侍從進行了採訪。雖然軍部、政府和ＮＨＫ的採訪是由我本人進行的，但如果沒有他們兩位的幫助，這本書就無法完成。在此我想對他們二位表達心中最誠摯的謝意。並且，在我差點沒有趕上限期時，竹內修司先生也給予本人極大的幫助，在此一併向他表達感謝。

一九九五年五月二十一日

半藤一利

參考文獻

服部卓四郎《大東亞戰爭全史》
外務省編《終戰史錄》
布特《終戰外史》
迫水久常《機關槍下的首相官邸》
加瀨俊一《通往密蘇里的路程》
下村海南《終戰秘史》
塚本清《皇軍的最後一天》
藤本弘道《陸軍最後一天》

竹下正彥《阿南大臣的自刃》
井田正孝《宮城事件》
岡部長章的手記
不破博《東部軍終戰史》
德川義寬的手記
《鈴木貫太郎傳》
伊藤正德《帝國陸軍的最後》
永松淺造《自決》
原四郎《終戰時的報紙》
安倍源基的手記
細川隆元《兩個詔書》
《證言記錄——太平洋戰爭史》
高見順、德川夢聲、長與善郎的日記
小園安名《最後的對美抵抗者》
藤田尚德《侍從長的回憶》

高嶋辰彥《東部軍的最後與天皇》
東條勝子《戰後的路還很遠》
丹羽文雄《日本戰敗》
豊田副武《錯誤的御前會議》
蓮沼蕃《令人戰慄的八一四事件》
日本外交學會編《太平洋戰爭終結論》
鈴木貫太郎《終戰的表情》

*在這次的全修改中，所參考的文獻：
秦郁彥《裕仁天皇的五個決斷》（講談社）
飯尾憲士《自決》（集英社）
大井篤《終戰史資料》（未發行）
防衛廳戰史室《大本營陸軍部（10）》（朝雲新聞社）
倉林和男《續：追蹤陸軍航空士官學校的史跡》（《翼》航空自衛隊聯合幹部會機關雜誌）
高杉晉吾《逆轉阻止玉音放送行動的士兵們》（朝日週刊）
茶園義男《終戰詔書成立的真相》（中央公論）

決定命運的八月十五日

特別收錄

關鍵人物

書記官長

迫水 久常

1902.08.05 － 1977.07.25
《終戰詔書》起草人之一。戰後於新內閣任職郵政大臣。

內閣總理大臣

鈴木 貫太郎

1868.01.18 － 1948.04.17
對於日本無條件投降的決策具有主要影響。內閣總辭後曾任樞密院議長。

海軍大臣

米內 光政

1880.03.02 － 1948.04.20
二戰因傾向美、英，而成為日本陸軍死對頭。對日本無條件投降有決定性影響。

陸軍大臣

阿南 惟幾

1887.02.21 － 1945.08.15
於日本投降時切腹自殺，死前拒絕了竹下正彥提出的介錯。

國務大臣

左近司 政三

1879.06.27 － 1969.08.30
戰後配合內閣總辭，後任新海軍再建委員會顧問。

外務次官

松本 俊一

1897.06.07 － 1987.01.25
出生於台灣台北。戰後曾任駐英大使、眾議院議員等職。

外務大臣

東鄉 茂德

1882.12.10 － 1950.07.23
戰後以甲級戰犯身分起訴，被遠東國際軍事法庭判處有期徒刑二十年，後病逝。

宮內大臣

石渡 莊太郎

1891.10.09 － 1950.11.04
1942 至 1944 年曾任汪精衛政權最高經濟顧問，直接參與對汪政權的控制和對中國佔領區的經濟掠奪。

內大臣

木戶 幸一

1889.07.18 － 1977.04.06
戰後被判處終身監禁，1955 年釋放後自政治界引退。其妻為第四任台灣總督兒玉源太郎的女兒。

內務大臣

安倍 源基

1894.02.14 － 1989.10.06
戰後被以甲級戰犯嫌疑逮捕，獲釋後組成新日本協會，就任理事。

法制局長

村瀨 直養

1890.10.12 － 1968.08.08
戰後配合內閣總辭，後任商工組合中央金庫理事長、日本電子計算機株式會社社長。

農林大臣

石黑 忠篤

1884.01.09 － 1960.03.10
戰後配合內閣總辭，後當選參議院議員。

司法大臣

松阪 廣政

1884.03.25 － 1960.01.05
戰後被以甲級戰犯嫌疑逮捕，獲釋之後轉當律師。

公爵、前首相

近衛 文麿

1891.10.12 － 1945.12.16
為二戰的日本核心人物。戰後被列入甲級戰犯名單，被捕前在自宅服毒自殺。

情報局總裁

下村 宏

1875.05.11 － 1957.12.09
1915 至 1921 年曾任台灣總督府總務長官。曾為連雅堂的《台灣通史》寫序。

樞密院議長

平沼 騏一郎

1867.10.25 － 1952.08.22
戰後被定為甲級戰犯，判處終身監禁。1952 年因病假釋，同年病逝。

第一總軍司令官／大將

杉山　元

1880.01.01 － 1945.09.12
為二戰的日本核心人物，並策畫發動全面侵華行動。戰後開槍自盡。

軍令部總長／大將

豊田 副武

1885.05.22 － 1957.09.22
與阿南、梅津並稱軍部三巨頭。戰後被以戰犯嫌疑逮捕，1949年無罪獲釋。

參謀總長／大將

梅津 美治郎

1882.01.04 － 1949.01.08
被天皇委派為全權代表日軍在密蘇里艦簽署降書。後被以甲級戰犯身分判處無期徒刑，病逝獄中。

東部軍管區司令官／大將

田中 靜壹

1887.10.01 － 1945.08.24
於宮城事件中成功鎮壓企圖叛亂的軍官。戰後待騷亂弭平後，舉槍自盡。

教育總監／大將

土肥原 賢二

1883.08.08 － 1948.12.23
為二戰的日本核心人物，並策畫發動全面侵華行動。戰後以甲級戰犯判處死刑。

第二總軍司令官／大將

畑　俊六

1879.07.26 － 1962.05.10
戰後被定為甲級戰犯，判處終身監禁。1954年假釋後行遍日本以慰勞戰亡者家屬。

軍事課員／中佐

竹下 正彥

1908.11.15 － 1989.04.23
阿南惟幾的妻弟。宮城事件策劃人之一。後任陸上自衛隊幹部學校校長。

近衛師團司令部參謀／少佐

古賀 秀正

1919.02.22 － 1945.08.15
前首相東條英機女婿。宮城事件策劃人之一，事敗後於森赳棺木前舉刀自盡。

近衛師團長／中將

森　　赳

1894.04.25 － 1945.08.15
在宮城事件中與其妻弟白石通教被意欲發動政變的畑中健二等人殺害。

軍務課員／少佐

畑中 健二

1912.03.28 － 1945.08.15
與竹下、井田等人受皇國史觀影響甚深，為宮城事件主要策劃人。事敗後於皇宮前以槍殺森赳的槍轟頭自盡。

軍務課員／中佐

椎崎 二郎

1911.09.20 － 1945.08.15
宮城事件策劃人之一。事敗後於皇宮前切腹並舉槍自盡。

軍事課員／中佐

井田 正孝

1912.10.05 － 2004.02.06
宮城事件策劃人之一。初始為連繫重任，後轉為勸說角色。為當日重要關鍵目擊者。

侍從

入江 相政

1905.06.29 － 1985.09.29
宮城事件當夜值班御文庫。經其他侍從匯整，由他將事件始末傳達給天皇知曉。

侍從

戶田 康英

1911.04.30 － 1977.04.02
曾於1942年到台灣新竹州（今桃、竹、苗）巡視。因其聲音與天皇相像，成為玉音盤試錄調音的測試對象。

侍從武官長

蓮沼　蕃

1883.03.26 － 1954.02.20
日本最後一任侍從武官長。宮城事件時被軟禁於宮內省。

播音員

和田 信賢

1912.06.19 － 1952.08.14
播報天皇「玉音放送」的播音員。

播音員

館野 守男

1914.04.28 － 2002.02.28
預報即將「玉音放送」的播音員。為知名經濟評論家。

侍從

德川 義寬

1906.11.07 － 1996.02.02
接受保管命令，將玉音盤鎖進金櫃。於宮城事件中為叛軍毆傷。後於1985年接替入江相政成為侍從長。

相關
史實資料

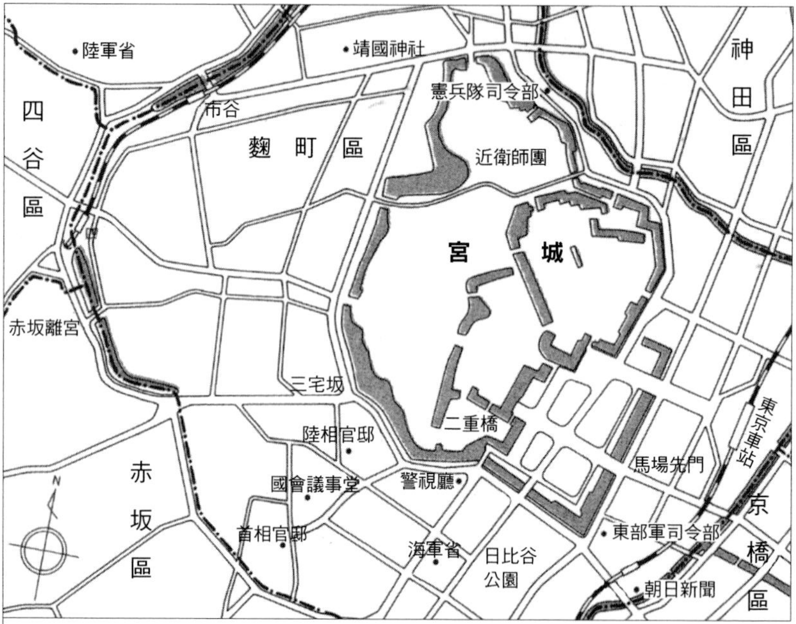

宮城位置圖

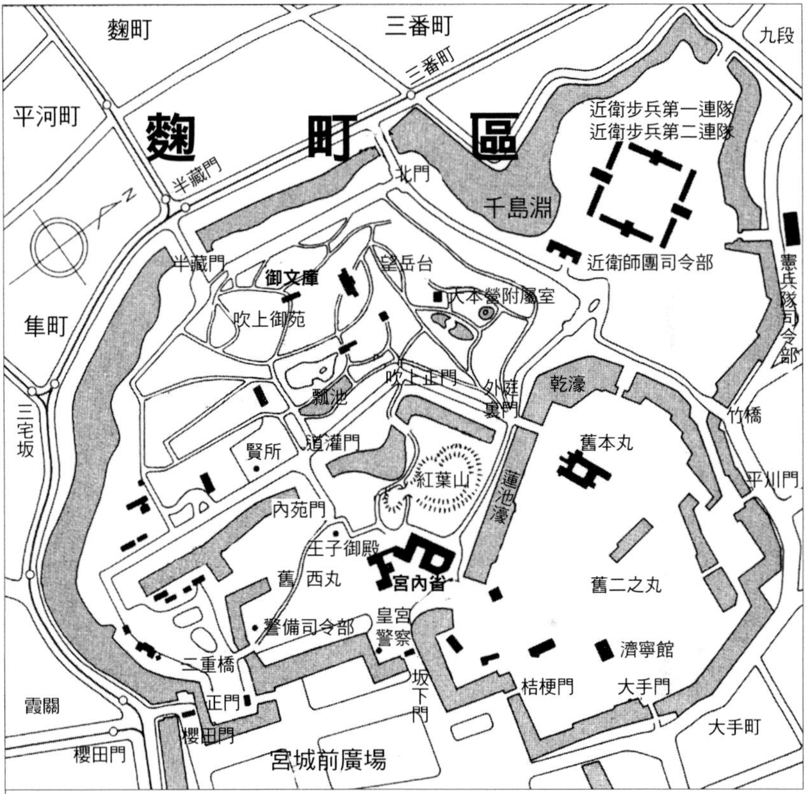
麴町
三番町
九段
三番町
平河町
麴 町 區
近衛步兵第一連隊
近衛步兵第二連隊
半藏門
北門
千島淵
半藏門
御文庫
望岳台
近衛師團司令部
憲兵隊司令部
大本營附屬室
吹上御苑
隼町
吹上正門
外庭裏門
乾濠
瓢池
竹橋
三宅坂
道灌門
舊本丸
賢所
蓮池濠
紅葉山
平川門
內苑門
王子御殿
宮內省
舊西丸
舊二之丸
皇宮警察
警備司令部
濟寧館
二重橋
坂下門
桔梗門
大手門
霞關
正門
櫻田門
大手町
櫻田門
宮城前廣場

宮城內部圖

鈴木內閣成員留影

八月九日的御前會議（白川一郎・繪）

八月十四日的御前會議（白川一郎・繪）

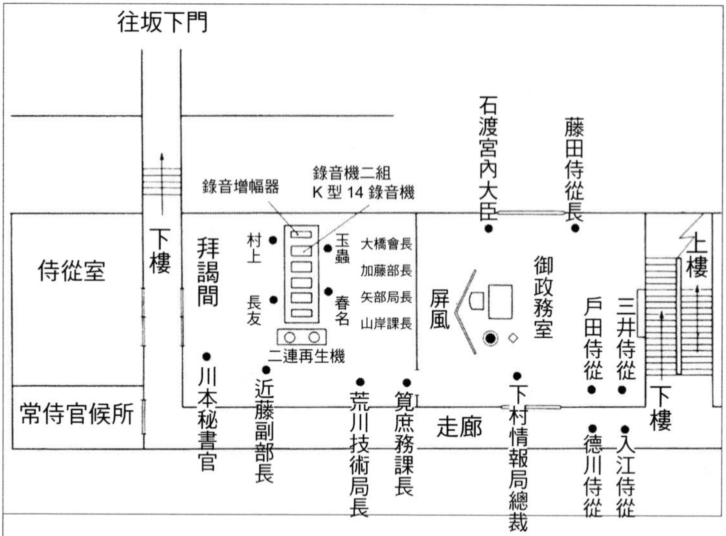

玉音放送錄音配置圖（宮內省二樓）

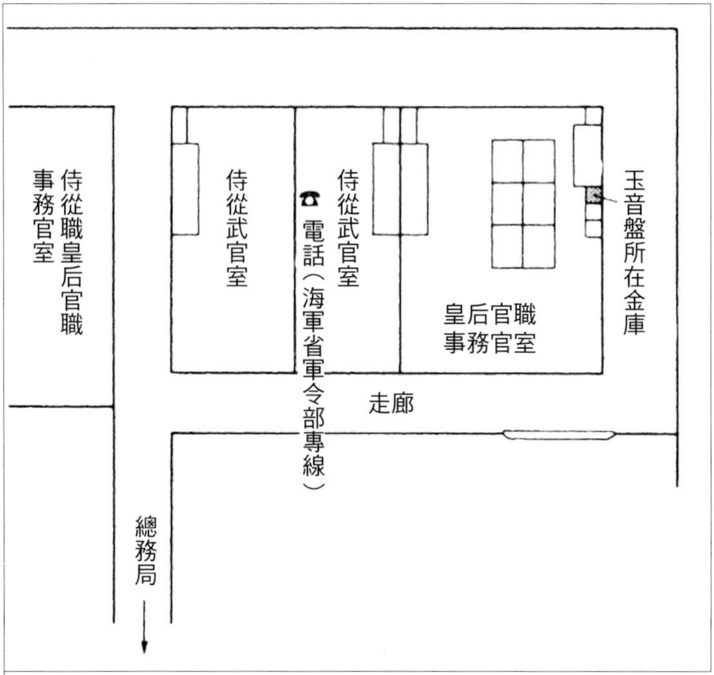

玉音盤保管場所（宮內省一樓）

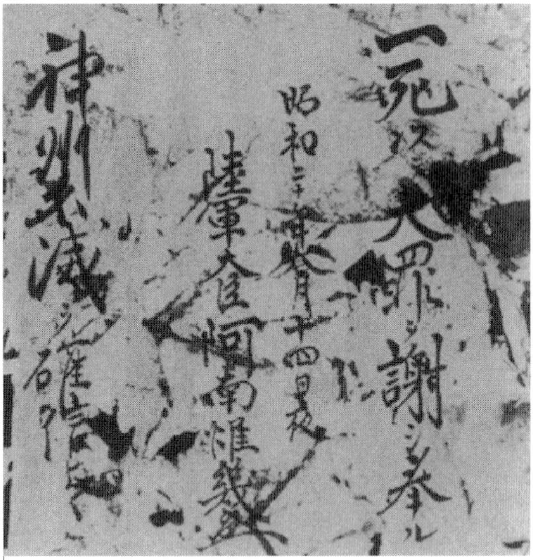

一死以テ大罪ヲ謝シ奉ル
昭和二十年八月十四日夜
陸軍大臣阿南惟幾
神州不滅ヲ確信シ

阿南陸相血染的遺書

當年的陸相官邸

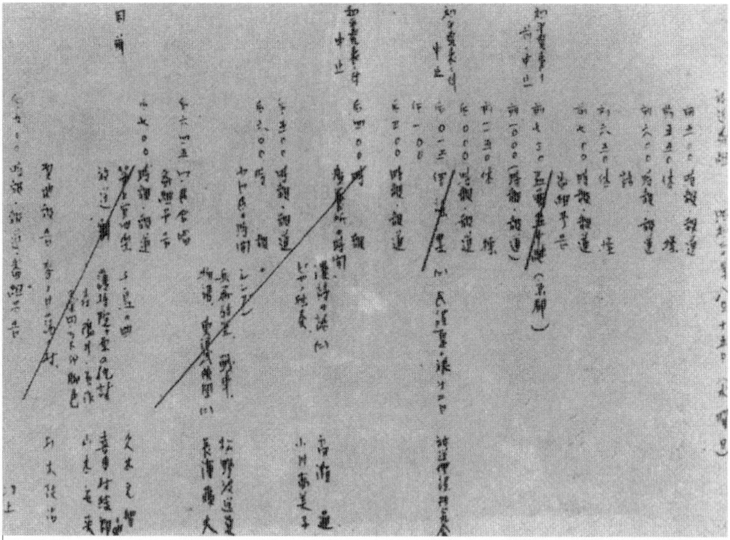

斜線處為八月十五日因「玉音放送」而被取消的廣播內容

播放「玉音放送」的 NHK 第八播音室